급변하는 IT 트렌드, 제주 인문학적 요소로 이해하다

21세기 학습자가 필수적으로 갖춰야 할 IT인문학 융복합 역량
한 권으로 마스터하기

제주 문화로 만나는
미래기술 인문학

최은선, 박남제 지음

도서출판 홍릉

머리말

이 도서는 "어떻게 하면 더 많은 사람들이 어렵고 낯설지만 우리가 꼭 알아야 하는 미래 신기술을 더 쉽고 재미있게 접할 수 있을까?" 라는 생각에서부터 시작되었습니다. 여러 방면의 재미난 요소들을 탐구하던 중, 어느 날 학교 연구실에서 한라산을 보게 되었습니다. 그러다, 뇌리에 스친 것이 '제주 문화'였습니다. 제주는 우리나라의 가장 큰 섬으로 언어, 역사, 민속 등 육지와는 조금 다른 특별한 문화를 가지고 있고 독특한 요소가 많아 새로운 기술과 접목시켜 설명하기에 적절했던 것입니다. 필자는 그때부터 미래를 대비하기 위해 꼭 알아야 할 새로운 기술들을 나열하고, 제주의 문화 요소들을 수집하여 정리했습니다. 그리고 연결점을 찾아 비유를 통해 여러분들에게 지루하지 않고 쉽게 읽힐 수 있도록 고심했습니다.

필자가 속한 제주대학교 과학기술사회연구센터는 2012년 설립되어 과학문화와 사회의 소통, 지역 내 과학기술사회 관련 현안 이슈를 발굴하고 해결방안을 선도 연구하여 관련 분야 인재양성과 과학문화 기반 확충에 이바지하고자 설립되었습니다. 또한 본 연구센터는 과학과 사회의 소통·융합 관련 현안이슈 발굴, 해결방안 연구를 선도하며, 과학기술·사회 관련 연구 및 소통프로그램 확대를 통한 과학문화 기반을 확충하고 있습니다. 나아가 융합인재교육 특성화 연구 및 프로그램을 기획, 운영하여 제주지역 융합 ICT 우수인재 양성을 주도하고 있으며, 도내 공공기관과 지역 대학 간 협력연계 전략을 마련하고 있습니다.

"계획이란 미래에 관한 현재의 결정이다."

현대 경영학의 아버지 피터 드러커Peter Drucker의 위와 같은 명언처럼 우리는 우리에게 다가오는 미래를 알고 이해해야 현재의 결정을 현명하게 내릴 수 있습니다. 우리가 지금 내리는 결정은 우리가 미래에 기술에 휩쓸려 신기술로 무장한 로봇에게 대체될 것인지, 기술을 이해하고 필요한 곳에 활용할 수 있는 사람이 될 것인지를 결정할 것입니다. 미래에 기술을 내 것으로 만들어 사용하는 사람이 되기 위해서 우리는 지금부터 준비해야 합니다. 어떠한 기술이 미래에 등장하게 될지, 지금은 어떠한 것들이 중요한 시점인지 알게 될수록 미래를 두려워하지 않고 설레는 마음으로 기쁘게 맞이할 수 있을 것입니다.

제주의 미술, 민속, 관광, 역사, 자연의 다양한 제주 문화 요소들과 함께 첨단 기술인 블록체인, 빅데이터, 인공지능, 정보보안 등, 다양한 지속가능한 미래 기술들을 탐구해 보도록 하겠습니다. 기대하는 마음으로 페이지를 넘겨보면, 새로운 세계가 펼쳐질 것입니다.

저자 최은선, 박남제

일러두기

이 도서는 우리 미래의 기둥과도 같은 10대 청소년, 청소년들을 현장에서 가르치시는 선생님, 청소년들과 함께 미래 기술에 대해 논의하고 앞으로 필요한 기술과 직업에 대해 알아보고 싶으신 학부모님, 미래 기술과 제주에 관심 있는 대학생, 일반인까지 다양한 독자분들을 대상으로 합니다.

특히, 미래 유망 기술, 첨단기술, IT, ICT, 지속가능성, 인공지능 등 여기저기 신문이나 뉴스에서는 많이 이야기하지만 정작 무엇인지 정확하게 이해하기 어려웠던 분들에게는 이 도서가 참고가 될 것이라는 생각이 듭니다.

그리고, 사라져가는 제주 전통 문화와 멋진 경관들, 아픈 사건들, 이제는 젊은 제주 사람들도 잘 사용하지 않는 제주어와 많은 육지 관광객이 찾는 관광지 등 제주 곳곳의 아름다운 특색을 잘 엮어내려 노력했으니 탐라국 제주가 궁금하신 분들에게도 이 도서를 추천 드립니다.

시대를 관통하는 인문학은 인간과 사회의 본질에 대해 논하고 연구하는 학문 분야입니다. 미래 신기술에 대한 책이라면서 갑자기 인문학을 이야기하는 이유는 무엇일까요? 국내외 많은 전문가들이 미래 사회에 필요한 존재로 '인문쟁이'를 말합니다. 이 도서는 인문학적인 관점으로 미래 첨단기술을 이해하는 IT인문학 연구의 한 가지 방법론입니다.

이 책의 구조는 먼저 Part 1에서 'IT인문학'이라는 학문 주제에 대해 먼저 설명을 드리고, Part 2에서 제주 문화와 연계한 주요 IT 트렌드를 살펴보는 것으로 구성됩니다.

교사분들이나 수업 자료로 활용하실 독자분들은 Part 2 제주 문화 속 IT 트렌드를 좀 더 중점적으로 봐주시면 됩니다. 디지털 인문학, 인문학 컴퓨팅, 미래 인문학과 같은 융합적 학문 분야에 관심이 있으신 분들과 미래 사회에 인문학이 필요한 이유, 그리고 그 방법론 중의 하나인 IT인문학의 실질적 사례에 대해 더욱 자세히 알고 싶으신 분들은 Part 1 IT인문학의 이해부터 천천히 읽어 보시면 되겠습니다.

이 도서는 모듈형으로 구성되어 필요하신 부분들을 쏙쏙 골라 참고하시기에 좋습니다. 예를 들면, 블록체인이 궁금하신 분들은 Part2 제주 문화 속 IT 트렌드의 Chapter 1 블록체인과 제주 예술을 확인하시면 됩니다. 혹은, 제주 역사와 관련된 정보 기술이 궁금하시다면, Part 2의 Chapter 4 정보보안과 제주 역사를 확인해주시기 바랍니다.

목차

제주 교대
JEJU
ISLAND

Part 1

IT인문학의 이해

Chapter 1

IT와 인문학의 융합, IT인문학

01 IT인문학과 융합의 힘
02 IT인문학의 등장 배경
03 IT인문학은 무엇인가?
04 IT와 인문학의 융합 사례

IT인문학과 융합의 힘

비즈니스 관점에서의 융합의 이점과 교육 관점에서의 융합의 이점에 대해 알아보자.

'융합'이라고 하면, 단순히 다른 어떤 분야나 학문, 기술, 지식 간의 경계를 무너뜨려 통합에 이르는 과정이라고만 생각할 수도 있다. 마치, 절구통에 과학 두 스푼, 인문학 한 스푼, 컴퓨터 공학 한 스푼을 넣고 절구로 잘 섞어서 무언가를 만든 다음, "짠! 신기하지!" 라고만 할 수 있는 것이 아니다. 또한, 2000년대 이후 미래 사회에 필요한 역량에 '융합적 사고력'을 포함시키고 있는데, 여기에서 말하는 융합적 사고력을 지닌 사람을 여러 분야의 지식에 통달한 사람만으로 생각한다면 큰 오산이다.

진정한 융합은 우리가 상이하다고 나눠 놓은 분야의 기술이나 지식을 결합하고 수렴하여 이전에 없었던 새로운 개념이나 아이디어를 창출하는 과정과 그 결과를 뜻한다. 그리고, 이러한 융합의 목적은 우리 일상의 사소한 문제든 기후 변화나 기아 대책과 같은 인류의 난제와 같은 커다란 문제를 해결하는 것이다. 그리하여, 문제 해결을 위해 문제의 난편만을 바라보는 것이 아니라 좌, 우, 위, 아래, 안, 문제의 모든 면면을 살펴보고 여러 학문, 연구 분야, 첨단 기술 등의 다양성을 인정하고 융합하여 문제 해결에 사용한다면 이러한 사람이야말로 진정한 의미의 융합적 소양을 지닌 것이라 볼 수 있겠다.

그런데, 21세기에 들어서서 융합이 주목을 받는 이유는 무엇일까? 기술이 인간을 초월하는 시점에 대한 예측으로 미국에서 엄청난 논쟁을 불러 온 『특이점이 온다』의 저자이자 미국의 선구적인 미래학자 레이 커즈와일[Ray Kurzweil]에 따르면, 우리는 향후 100년 안에 본래 2만 년에 걸쳐 발생할 만한 기술적인 변화를 경험하게 될 것이라고 한다. 이전에 국지적이고 선형적으로 경험하던 변화를 기하급수적인 속도로 경험하게 되는 이유가 바로 융합에 있다. 예를 들어, 의학

기술의 발전의 빠른 발전은 생명공학 분야의 발전과 더불어 머신러닝, 딥러닝, 인공지능과 같은 컴퓨팅 기술이 개발되고 기술의 깊이가 깊어지면서 생명공학 분야와 함께 융합하여 발전하고 있기 때문에 가능한 것이다.

비즈니스 관점에서의 융합의 이점

1990년대 컴퓨터와 통신의 융합으로 산업의 첫 번째 물결이 시작되었고, 2008년 경제 위기 이후 경제가 회복되면서 투자와 혁신이 금융 서비스 산업에 집중되면서 두 번째 물결이 시작되었다. 2020년 우리는 전 산업이 디지털화되면서 많은 산업 분야에 전례 없는 혁신과 변혁이 찾아와 제3의 물결을 만나게 되었다. 2021년 발간된 디지털전략컨설팅 회사인 알티미터 그룹[Altimeter Group]의 보고서에 따르면, 융합을 적극 수용하는 기업으로는 건축, 엔지니어링, 건설, 설계, 제조 기업이 포함되며 해당 기업 중 65% 가 2020년도부터 디지털 전환이 전 산업에 큰 변화를 가져왔다고 말했으며, 71%가 산업과 디지털의 융합이 계속될 것이라고 보고 있다는 분석 결과를 내놓았다. 눈여겨볼 만한 결과는 95%의 기업이 오늘날 업계에 융합이 영향을 미친다는 사실에 동의했으며, 73%의 기업이 자신들의 기업에 융합이 잘 접목된다면 해당 산업에서 경쟁 우위를 점유할 수 있을 것으로 확신했다는 것이다.

우측의 그림은 자신의 기업에 기술융합을 경험한 응답자들이 기업에 기술적 융합을 도입했을 때의 이점에 대해 논한 것이다. 가장 많은 응답자들이 이점으로 꼽은 것은 '효율성의 개선 및 운영비용 절감'이다. 뒤이어 '혁신 주도', '고객

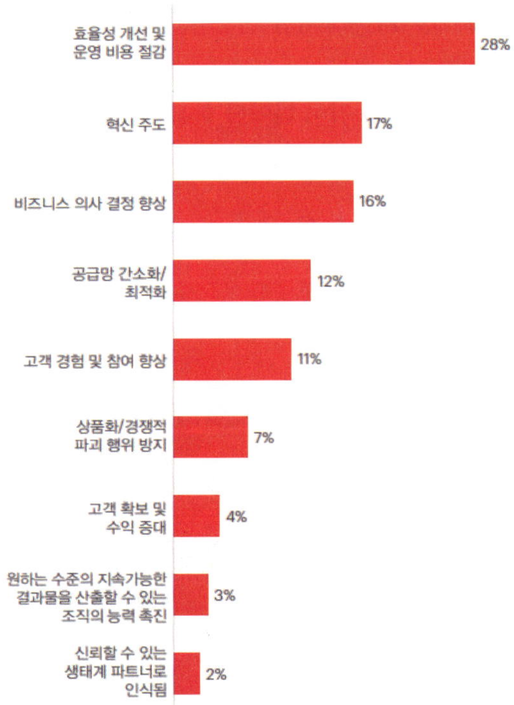

| 출처 | 기업에 기술적 융합 도입 시 장점
Understanding convergence : The next wave of digital transformation(https://damassets.autodesk.net/content/dam/autodesk/www/pdfs/AUT27_2021_understanding_convergence_KO.pdf)

경험 및 참여 향상' 등을 이점으로 보았다. 기업에서는 기업의 매출만큼 비용이 중요하다. 효과적으로 비용을 줄인다면 그만큼 수익이 증가하기 때문이다. 이에, 최근 많은 기업들이 융합의 개념을 이해하고 기업에 도입하기 위해 노력하고 있음을 알수 있다.

교육 관점에서의 융합의 이점

산업이 변화함에 따라 긴밀하게 영향을 받는 분야 중 하나는 교육계이다. 각 국의 미래를 변화시키고 산업을 주도할 주역들을 성장시키는데 주력하는 분야이기 때문이다. 일찍이 교육계에서도 과학 Science, 기술Technology, 공학 Engineering, 수학 Mathematics의 상호작용을 중시하는 통합 교육인 STEM 교육을 실시하였고, STEM 교육에 창의성을 더하여 예술을 포함한 인문학 교육이 필요하다는 의견에 따라 STEAM 교육이 각광받고 있다. 우리나라도 이러한 관점에서 2011년부터 교육부의 핵심과제로 '창의적 융합인재 양성'을 강조하며 국가 수준의 교육과정 속에서 융합인재교육을 지향하고 있다.

아래 그림과 같이 다양한 학문을 융합하는 교육을 통해, 학생들은 21세기를 넘어 22세기에 필요한 문제 해결력, 비판적 사고, 창의성, 호기심, 의사 결정력, 리더십, 기업가 정신, 실패 수용 등을 기를 수 있다.

▲ 융합교육으로 기를 수 있는 역량

산업계와 교육계 외에도 의료, 공학, 천문학, 예술 등 모든 분야에서 융합은 핵심 키워드로 부상하고 있다. 융합을 하지 않으면 도태되어 살아남을 수 없는 세상이 온 것이다. 이제는 한 분야의 전문성을 갖춘 '스페셜리스트' 보다는 다양한 분야에 대한 경험과 안목으로 소통하고 협력하는 '제너럴리스트'의 시대가 도래하고 있다고 한다. 2018년 수행된 미국의 사회과학 민간 싱크탱크 퓨 리서치 센터Pew Research Center의 조사 결과에 따르면, 융합적 역량을 가지고 있는 직원이 그렇지 않은 직원보다 연간 약 11,000달러를 더 받는 것으로 조사되었는데, 특히 STEM 교육을 받은 컴퓨터 엔지니어나 건축가로 일하는 근로자는 미국에서 가장 높은 급여를 받는 근로자에 속한다는 연구결과를 내놓았다.

이러한 비용이나 급여적 조건 외에도 우리는 서로 다른 학문이나 기술이 융합하여 시너지 효과를 내는 현상들을 자주 목격할 수 있다. 특히, 정보 기술Information Technology, IT과 철학, 사회학, 언어, 역사 등을 포괄하는 인문학의 만남이 주목을 받고 있다. 다음 페이지에서부터 IT와 인문학이 만나게 된 배경과 기원을 이해해 보도록 하자.

02

IT인문학의 등장 배경

IT인문학의 정의와 유사 개념에 대해 알아보자.

『주역(周易)』과 컴퓨터

▲ 라이프니츠 | 출처 | 게티이미지

컴퓨터의 기본 언어인 이진법을 처음으로 제안한 사람은 17세기 독일의 철학자이자 수학자인 라이프니츠[Gottfried Wilhelm Leibniz]이다. 그는 32세가 되던 해『중국 철학자 공자(Confucius Sinarum Philosophus)』를 통해『논어(論語)』,『맹자(孟子)』,『대학(大學)』,『중용(中庸)』을 포함하는 사서와『시경(詩經)』,『서경(書經)』,『역경(易經)[주역(周易)]』을 포함하는 삼경을 알게 되었다. 이중에서도 그는 주역의 64괘를 알고 감탄을 금치 못했는데, 64괘란 한 일(一)자처럼 생긴 모양을 '양'으로, 이를 가운데에서 쪼갠 모양인 ‒ ‒ 모양을 '음'으로 하고, 이 둘을 조합하여 64가지의 기호로 표현하는데, '양'과 '음'을 조합한 64가지의 기호를 64괘로 부르며 점을 칠 때 사용했다.

그는 주역의 64괘를 알게 된 이후, 1703년 향후 컴퓨터의 계산 원리로 사용되는 이진법 체계가 담긴『0과 1의 기호만을 사용, 그 효용 및 그것이 복희[8괘의 창시자]의 고대 중국의 괘상[卦象]에 주는 의미에 관한 고찰』이라는 논문을 발표하였다. 또한, 현대 컴퓨터 프로그래밍 언어인 C, C++, JAVA의 기본 원리인 기호논리학은 라이프니츠가 아리스토텔레스[Aristoteles]의 '논리학'을 연구하다 고안해냈다고 한다. 이후 파스칼린[Pascaline]이라고 불리는 최초의 기계식 계산기는 프랑스의 심리학자, 수학자, 과학자, 신학자이자 철학자인 블레즈 파스칼Blaise Pascal에 의해 발명되었다. 이 계산기는 컴퓨터의 시초가 되었다.

이진법과 주역, 기호논리학과 논리학, 철학자이자 수학자인 블레즈 파스칼의 계산기와 컴퓨터와의 관계를 살펴 본다면, IT는 결국 인문학으로부터 시작되었다고 볼 수 있다. 현대에는 이 둘을 서로 상이한 다른 분야로 인식하고 있지만, 결국에는 한 뿌리에서 자라난 것이라는 사실은 우리를 깜짝 놀라게 하기에 충분하다. 그래서일까, IT를 제대로 이해하고 활용하려면 인문학이 필요하고, 4차산업혁명 시대에 인문학을 꽃피우게 하기 위해서는 IT의 접목이 요구된다.

소크라테스와 스티브 잡스

IT와 인문학의 융합이 각계에서 주목을 받게 된 것은 스티브 잡스Steve Jobs가 이끌었던 애플Apple의 성공 신화로부터 시작되었다고 볼 수 있다. 애플은 13년 연속 시가총액 1위를 달성한 기업이며, 휴대폰, 컴퓨터, 주변기기 등을 새롭게 출시할 때마다 거대한 팬덤을 몰고 다닌다. 그런데, 전세계 사람들을 매료시킨 애플의 매킨토시, 아이폰, 아이패드는 컴퓨터 전공이 아닌 서체를 사랑하고 인문학을 공부했던 스티브 잡스를 통해 이 세상에 나오게 되었다. 그는 기술만으로는 충분치 않다고 생각했으며, 결국 우리의 가슴을 뛰게 만드는 것은 인문학과 결합한 기술이라고 강조했다.

▲ 최초의 매킨토시 컴퓨터 | 출처 | Computerworld

그가 매킨토시를 만들기 전 컴퓨터는 컴퓨터를 전공한 전문가들이나 사용할 수 있을 정도로 매우 복잡한 구조를 가지고 있었으며, 코드를 입력하고 해독할 줄 알아야 했다. 또한, 도스Disk Operating System, DOS 입력체제로 검은색 바탕화면에 초록색 글씨를 입력하면 출력이 되는 복잡한 계산기와 같은 구조였다. 기계를 사용하기 위해 사람이 공부해야 하는, 그야말로 기계에 사람을 끼워 맞추는 형태로 기술을 사용하였다.

그러나, 스티브 잡스가 개발한 매킨토시에는 아름다운 서체와 직관적이지만 세련된 디자인을 가진 그래픽 유저 인터페이스Graphic User Interface, GUI가 등장하였고, 사람들의 불편함을 크게 개선하여 컴퓨터 전문가가 아닌 일반인들도 컴퓨터를 사용할 수 있도록 보편성을 크게 높인 계기가 되었다.

이 GUI는 스티브 잡스가 대학에서 서체와 조형 디자인을 공부하였기 때문에 스티브 워즈니악이 가지고 있던 컴퓨터 공학 기술에 이를 접목하여 구현되었다. 그는 그 이후로도 심플하면서도 인간의 감성을 자극하는 디자인을 디지털 기기에 접목시켜 제품들을 개발하였다. 심지어 애플은 컴퓨터 엔지니어가 디자이너를 이끄는 여타 IT 기업들과 달리 디자이너가 엔지니어들을 이끄는 협업 방식을 택하면서, 기술에 비해 예술과 철학을 포괄하는 인문학을 중시하는 파격적인 행보를 보였다.

그가 애플을 이끌면서 얼마나 인문학을 중시했는지 보여주는 증명으로 그가 생전에 한 소크라테스를 두고 한 이야기가 있다. 그는 "소크라테스Socrates와 오후를 보낼 수만 있다면 자신이 가진 모든 기술과 맞바꿀 것이다."라고 했다고 한다. 물론 그런 일은 일어나지 않았고 일어날 수도 없었던 일이었지만, 그만큼 그는 기술에 있어서의 인문학적 접근을 늘 고민하고 연구하며 기업을 경영한 것으로 알려져 있다.

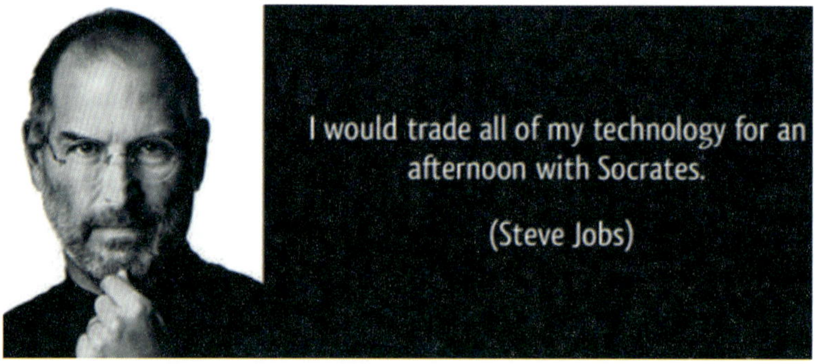

▲ 스티브 잡스의 명언

| 출처 | Believe in Yourself Twitter(https://www.pinterest.co.kr/pin/488922103269430660/)

또한, 그는 사내 대학으로 '애플 대학 Apple University' 을 설립하고, 교수진들을 직접 고용하는 등 이 교육기관에 대단한 애착을 가졌다. 이 대학의 커리큘럼이나 수업은 그가 떠나더라도 자신과 같은 인문학적인 가치관으로 기술을 바라볼 수 있도록 경영 정신, 기업 정신, 책임감, 디자인 등을 직원들에게 가르치기 위해서 설계되었다고 전해진다.

우리가 상상할 수 없는 기술이 생겨나고 양자 물리학을 활용하여 기존 슈퍼 컴퓨터보다 1,000배 빠른 양자컴퓨팅 기술이 만들어지는 이 시대에 IT와 인문학의 융합적 개념은 왜 등장하게 된 것이며, 사람들의 관심을 받고 있는 것일까? 이는 인간이 빠진 기술의 혁신에서 오는 반성적 사고에서 기원한다. 인간에 대한 배려와 존중이 없는 기술의 발전은 결국 인간을 해치고 더 나아가 인간을 지배하려 들 것이다.

공상과학 소설가이자 생화학 교수였던 아이작 아시모프Isaac Asimov가 제시한 로봇공학의 3원칙은 다음과 같다.

원칙 1: 로봇은 인간을 해쳐서는 안 되고, 게으름을 피워 인간이 해를 입도록 해서도 안 된다.
원칙 2: 로봇은 인간이 내리는 명령이 첫 번째 법칙에 위배되지 않는 선에서 명령에 복종해야 한다.
원칙 3: 로봇은 첫 번째 원칙과 두 번째 원칙에 위배되지 않는 선에서 자신의 존재를 보호해야 한다.

로봇공학의 3대 원칙처럼 로봇은 인간에게 해를 입히거나, 인간에게 반항하거나, 인간의 허락없이 자신을 파기할 수 없다. 로봇을 포함하는 광의의 IT는 어떠한 상태로든 인간을 위해 존재해야 한다. 이 개념에서 IT인문학은 출발한다.

03 IT인문학은 무엇인가?

IT인문학의 정의에 대해 알아보자.

IT인문학의 정의

IT인문학의 개념을 정의하자면, 먼저 IT와 인문학에 대한 각각의 정의를 살펴볼 필요가 있다. IT는 정보기술의 영어 표기인 Information Technology의 머리글자를 딴 단어로, 현대 사용되는 IT의 개념은 1958년 하버드 비즈니스 리뷰Harvard Business Review에 해럴드 리빗Harold J. Leavitt과 토마스 휘슬러Thomas L. Whisler에 의해 기고된 1980년대의 관리Management in the 1980's에서 시작되었다고 한다. 그들이 처음으로 정의한 IT는 다음과 같다.

- 빠른 정보 처리를 위한 기술
- 의사 결정을 위한 통계와 수학적 모델의 활용
- 컴퓨터 프로그래밍을 통한 고차원적 사고의 시뮬레이션

그들은 이 논문에서 IT의 많은 측면이 불확실하지만, 기업에 명확하고 광범위한 영향을 미칠 것이며, 빠르게 현장에서 활용될 것이 분명해 보인다고 강조했다. 그들은 제한된 범위의 특수 목적 기계와 다른 프로그래밍이 가능한 범용적 컴퓨팅 기계의 구분을 위해 IT라는 용어를 사용했다고 한다. 이때부터 사용되던 IT라는 개념은 기술의 발전에 따라 IT가 지칭하고 포괄하는 범위가 확장되었다. 한국정보통신기술협회의 정보통신용어사전에 따르면, IT는 정보의 생산과 획득, 가공 처리 및 응용에 관련된 모든 기술을 뜻한다. 여기에는 초고속 인터넷, 광통신, 이동 통신, 홈 네트워크 등의 통신 기술과 컴퓨터, 소프트웨어, 데이터베이스, 멀티미디어 등 IT의 융합에 따른 정보통신기술Information and Communication Technology, ICT이 포함된다. 정보화 사회에 들어서면서, 가치를 창출하는 모든 기술과 수단을 망라하는 유·무형의 광범위한

개념으로 확대되며 생명 공학 기술Bio Technology, BT과 나노 기술Nano Technology, NT과 함께 현재 사회에 존재하고 미래 사회에 존재할 것으로 보이는 광범위한 첨단 기술을 포괄하는 용어로 사용되고 있다.

한편, 미국의 국립표준기술연구소National Institute of Standards and Technology, NIST에서는 IT를 '집행기관에 의한 데이터 또는 정보의 자동 획득, 저장, 조작, 관리, 이동, 제어, 표시, 전환, 교환, 전송 또는 수신에 사용되는 장비 또는 상호 연결된 시스템 또는 장비의 하위 시스템'으로 정의한다. 이 용어에서 지칭하는 시스템에는 컴퓨터, 보안 및 감시에 필요한 영상 주변기기, 입출력 및 저장 장치를 포함하는 보조장비, 컴퓨터 중앙 처리 장치에 의해 제어되도록 설계된 주변장비, 소프트웨어, 펌웨어 및 유사 절차, 클라우드 컴퓨팅 및 서비스를 모두 포함한다.

IT의 기타 정의로는 '모든 형태의 전자 데이터를 생성, 처리, 저장, 보호 및 교환하기 위해 컴퓨터, 스토리지, 네트워킹 및 기타 물리적 장치, 인프라 및 프로세스를 사용하는 것', '컴퓨터를 사용하는 모든 것' 등으로 정의되고 있다. IT의 개념은 더욱 광범위해지고 있지만, 이를 정리해보면 넓은 의미로는 정보를 생성하고 저장하며 관리하는데 필요한 모든 기술을 이르는 말이며, 현대에 와서는 하드웨어나 소프트웨어, 통신 등 컴퓨팅과 관련한 처리에 대한 응용기술이라고 볼 수 있다. IT가 포괄하는 요소와 기능에는 클라우드 컴퓨팅, 데이터 콘텐츠, 컴퓨터, 서버, 스토리지, 데이터베이스, 데이터와 데이터 관리, 운영체계, 어플리케이션, 네트워크, 보안, 인터넷 등이 있다.

앞서 서술된 것처럼 우리가 주변에서 볼 수 있는 기술과 새롭게 개발되었다는 기술들은 대부분 IT를 기반하여 설계되었다. 따라서, IT는 ICT, 인공지능, 데이터 과학 등을 모두 포괄하는 개념으로 볼 수 있겠다.

그렇다면, 인문학은 무엇일까?

인문학을 정의하기 위해서는 인문학이라는 단어를 해체해볼 필요가 있다. 먼저, 인문학은 한자로 사람 인人, 글월 문文, 배울 학學으로 이루어져 있다. 이를 풀이하자면 '인간에 대한 문명과 문화를 배우는 학문'으로 정의할 수 있겠다. 또한, 인문학은 영어로는 Humanities로 번역될 수 있는데, 이 단어는 라틴어 Humanitas에 기원을 두고 있다. Humanitas는 고대 로마의 철학자 마르쿠스 툴리우스 키케로Marcus Tullius Cicero가 『웅변가론』에서 인간의 본성, 문명, 인간다움을 표현하고자 사용한 말이다. Humanitas는 서양 인문정신의 대표 개념으로 자리잡았다. 그가 Humanitas의 특징으로 세운 개념은 다음과 같다.

- 타인에 대한 이해와 배려 (Misericordia)
- 세련된 사람을 누리는 정신 (Urbanitas)
- 공동체와 더불어 사는 삶 (Sensus humanitatis)
- 인간다움을 위한 교양 및 문화 (Cultus)

동서양에서 바라보는 인문학의 개념을 종합해보자면, 그 중심에는 모두 '인간'이 있으며 '교양 있는 인간'이란 무엇인가에 대해 끊임없이 탐구하는 영역이라고 볼 수 있다.

인문학은 시대가 지나오면서 포함하는 범주가 다변화되어 왔는데, 고대 키케로의 Humanitas 정신을 따른 로마의 수사학 학교에서는 문학을 포함하는 문법, 수사학, 논리학, 산술, 기하, 음악으로 나누었고, 이것이 중세 말까지 지속되었다고 한다. 르네상스 시기에 와서는 Humanitas를 Studia Humanitas 즉, 인문학 연구로 부르며, 문법, 수사학, 시, 역사학, 도덕철학으로 그 범주를 한정하였다. 17세기에는 자연학이 철학으로부터 분리되어 자연과학으로 분류되었으며, 이후 아이작 뉴턴Isaac Newton의 역학을 도입하게 되면서 19세기부터 세상에서 일어나는 여러 현상을 객관적으로 탐구하는 자연과학과 분리되면서 인문학의 정체성을 찾게 되었다. 현대에 와서 인문학은 언어학, 문학, 역사, 법학, 철학, 고고학, 비교종교학, 윤리학, 예술학, 인문학적 콘텐츠를 사용하며 인문학적 방법론을 사용하는 사회과학까지 여러 학문을 포함하고 있다.

IT와 인문학 각각의 개념적 정의를 살펴보았다면, 이제는 IT인문학은 무엇인가에 대해 다뤄보려고 한다. IT인문학은 기본적으로 IT와 인문학을 융합한 연구 분야이자 학문이다. 세부적으로 보면, '인간을 위한 IT'라는 개발 방향 정립을 목적으로 경제·산업·정책 부문에서 IT

를 기반으로 하는 인공지능, 우주항공, 의료, 바이오 등의 기술의 발전에는 인간을 중심으로 하는 언어학에서부터 철학, 역사, 문화 등의 심도 깊은 인문학적 탐구가 수반되어야 한다는 기본적인 가치를 지향한다. 따라서, IT인문학의 발달에는 IT와 인문학 모두를 다양한 관점으로 바라보고 지식과 기술을 넘나들며 응용할 수 있는 융합적 사고를 지닌 인재의 함양이 중요하게 작용될 것이다.

아래 그림은 IT인문학의 개념적 정의 및 범주를 도식화하여 정리한 것이다.

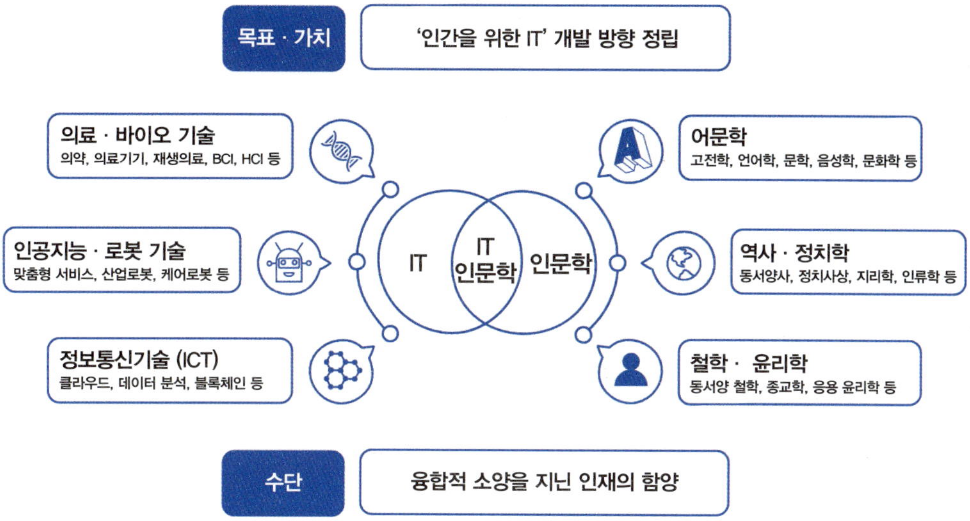

▲ IT인문학의 개념적 정의 및 범주

유사 개념의 함축적 의미

디지털 인문학 (Digital Humanities)

디지털 시대의 도래는 전통적인 학문영역에도 변화를 가져와 디지털 기술을 적용한 새로운 방법론인 '디지털 인문학Digital Humanities'이 등장하였다. 디지털 인문학은 많은 학자에 의해 정의되어 왔으나 여전히 이에 대한 질문은 계속되고 있다. 공통적으로는 '디지털Digital'과 ' 인문학Humanities'의 결합을 의미하며 인문학에서 단순한 디지털 도구의 이용이나 가공물이 아닌 디지털 기술을 통해 인문학이 예술 및 사회과학 분야의 융합으로 논의되고 있다. 디지털 인문학은 기존의 전통적인 인문학이 지니는 한계를 극복하고자 논의되기 시작하였고, 다량의 저널, 텍스트, 데이터를 바탕으로 한 아날로그 방식의 인쇄물 출판, 아카이브 작업을 통한 연구방식이 일반적이었으나, 시간적 효율성과 연구결과 공유의 한계 때문에 새로운 디지털 방식을 활용한 학문인 디지털 인문학의 필요성이 대두되었다. 디지털 인문학은 디지털 환경에서의 인문학 연구, 교육, 성과를 사회에 확산시키는 노력을 포함하며, 인문학 자료를 디지털화하는 수준을 넘어 정보기술의 환경에서 창조적인 인문학 활동을 전개하고 확산하여 인문 지식의 재생산을 하는 것을 의미한다.

디지털 인문학에서 설계는 문화적, 사회적, 경제적 기술적 요소를 활용하는 창조적인 실현 과정이다. 연구의 담화에서 설계는 단지 기법일 뿐이지만, 지식에 대한 질문을 제기하고 틀을 만들 때의 설계는 지능적인 방법이 된다. 수백 년 전에 설계가 존재함을 자각하는 동안, 문화 생산, 유용한 테크놀로지 설계, 문화의 테크놀로지적 상상력의 구현을 위해 테크놀로지가 이용되었다. 그 상상력에 대한 형태와 해석의 디지털 인문학은 실제를 통한 사고의 방법으로써 필요하였다. 디지털 인문학은 생산기반의 노력이 수반되고 있으며 이론적 토대는 실행의 설계를 통해 검증되고 반성되곤 한다.

디지털 인문학의 영역은 연구하고, 쓰고, 말하고, 편집하고, 코딩하고, 모델링하고, 설계하고, 네트워크하고, 다른 사용자와 담화를 나누는 "무엇이든 해낸다"라는 박식가의 등장처럼 보이기도 한다. 한편으로 특성화되고 협력하기에도 충분하다. '디지털 네이티브Digital natives'로 불리는 세대에는 디지털 인문학을 충분히 이해할 역량의 계발이 필요하다.

인문학 컴퓨팅 (Humanities Computing)

'인문학 컴퓨팅' 저서를 집필한 윌리어드 맥카티Willard McCarty는 컴퓨터와 인문학Computers and the humanities, 인문학에서의 컴퓨팅Computing in the humanities, 인문학 컴퓨팅Humanities computing을 구분하여 설명하고자 하였다. 관계가 바람직하더라도 크게 실현되지는 않았을 때를 컴퓨터와 인문학, 한 번의 시도가 있었다면 인문학에서의 컴퓨팅, 확신하지만 수수께끼 같다면 인문학 컴퓨팅으로 보았다. 인문학 컴퓨팅은 인문학 연구자가 IT 분야에서 흥미를 가진 다양한 접근이나 재료를 포함해야만 할 필요는 없다. 이런 관점에서는 인문학 컴퓨팅이 디지털 인문학의 용어로서 표현되기도 하지만, 디지털 인문학이 더 일반적이라는 관점에서 인문학 컴퓨팅의 학문적 경계나 인식문화와 관련된 문제를 살펴보면 다음과 같다. 우선, 인문학 컴퓨팅은 인문학에서 테크놀로지에 대한 수단적 도구에 머물러 있다. 정보기술이 연구해야 할 대상, 탐구할 실험, 표현 매체, 활동가로서 취급되지 않는다. 테크놀로지는 확장하고 새로운 도구나 방법을 개발하는 데 사용되는 기본적 역할에 머무른다. 전통적인 인문학 컴퓨팅은 도구를 새롭게 혁신하지는 않지만 존재하고 있던 것을 활용하고 발전시키는데 초점이 있다. 텍스트 인코딩은 전형적으로 인문학 컴퓨팅의 핵심적인 요소이며, 인문학에서 컴퓨터의 어떤 사용이든 토대를 제공할 수 있다. 두 번째로, 인문학 컴퓨팅은 방법론, 도구, 테크놀로지에 공통적인 관심사가 크다는 점이 지적받아 왔다. 그리고 인문학 컴퓨팅은 상당히 문맥 중심적이다. 인문학 컴퓨팅 정의 관련 연구를 수행한 멜리사 테라스[Melissa Terras]는 인문학 컴퓨팅 연구가 텍스트 중심으로 수행되어 왔다고 하였으며, 전통적 텍스트는 기술과 분석을 하기에 유용하다고 하였다. 마지막으로, 인문학 컴퓨팅은 서로 다른 학문적 문화를 아울러서, 엄격하고 시스템적으로 분명한 절차적 방법으로 인문학의 문제를 설명할 수 있다.

컴퓨팅 사고[Computational thinking]란, 컴퓨터 또는 사람이 효과적으로 문제를 해결할 수 있도록 문제를 정의하고 그에 대한 답을 기술하는 일체의 사고 과정을 말하며, 복잡한 문제를 단순한 문제로 분해한 후 이를 해결하기 위한 알고리즘을 만드는 과정이다. 일찍이 지네트 윙[Jeanette Wing]은 컴퓨팅 사고를 문제를 만났을 때 컴퓨터 과학자처럼 사고하는 과정이며 추상화 및 자동화를 통한 문제해결 능력으로 간주했다.

컴퓨팅 사고의 사고 과정을 보여주는 다음 페이지의 그림은 분해, 패턴 인식, 추상화, 알고리즘의 단계로 이루어져 있다. 분해 과정은 복잡한 문제나 시스템을 적절한 크기로 쪼개고 해체하는 작업을 말하며, 패턴 인식은 다양하고 복잡한 현상 및 정보 속에서 유사성, 인간관계 등의 질서를 파악하는 과정이다. 추상화는 불필요한 디테일을 제외하고 핵심적인 정보를 간추려 낸 단계이며, 알고리즘화는 파악된 문제를 해결하기 위해 단계적인 솔루션을 설계하는 작업의 과정이다.

컴퓨팅 사고는 문제를 해결할 때 어느 학문 분야에서나 사용될 수 있는 방법이며, 학생들이 거대하고, 복잡하고, 데이터가 많은 문제를 다룰 때 자신감을 높여준다.

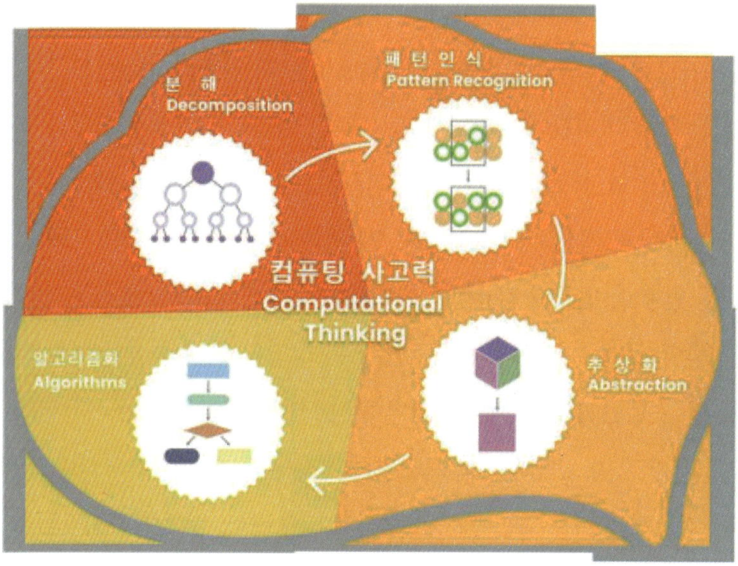

▲ 컴퓨팅 사고의 구성 요소

| 출처 | 컴퓨팅 사고(Computational thinking) 전략을 활용한 고전 읽기 교과목 설계
https://www.kci.go.kr/kciportal/ci/sereArticleSearch/ciSereArtiView.kci?sereArticleSearchBean.artiId=ART002792181

미래인문학

인문학은 미래의 세계에 관한 연구를 수행하기 위해 미래학으로서의 관점을 반영한 인문학을 새롭게 구축하여 영역을 개척하고 있다. 과도한 전문화에 따른 분과적 학문 간 소통이 부재하고, 급변하는 현실에 대한 조망이 불가능하며, 미래지향적인 학문의 방향성을 찾으려는 요구에 부응하여 복합적인 문제가 얽힌 상황에서 인문학이 새로운 방향 정립을 모색해야 할 필요가 높아졌다고 볼 수 있다.

미래인문학은 인문학적 시각에서 미래를 적극적으로 자기 문제로 인식하여 이질적인 분과 학문들의 경계를 넘나들며 통합적 시각에서 문제를 드러내고 분석하면서 해석을 제시하는 것이다. 미래인문학이 문제와 연관된 분과학문의 지식을 통합하여 대상을 인간과 인간의 삶과 연관 지어 고찰하고, 미래의 현재화라는 이중적 시점의 틀에서 장차 도래할 인간의 삶을 비판적으로 분석하고 해석해야 한다. 따라서 미래인문학은 메타meta- 적 사고를 요구한다. '메타'는 본래 그리스어에서 유래한 용어로서 사전적 의미는 '사이에, 뒤에, 한가운데, 후에, 그리고 나서, -의 위에, 변화하여' 등을 뜻한다. 미래인문학에서의 '메타'는 여타 학문들 위에 속하는 개념이 아니라 다른 학문들과의 네트워크를 활발히 필요로 한다는 점에서 '넘어서' 보다는 '사이에' , '한가운데' 등의 의미로 해석되어야 한다.

미래인문학은 오늘날 인문학의 연구범위 확장과 맞물려 인문학의 진취적 연구태도를 지향하고 새로운 인문학의 스펙트럼을 자기화하는 인문학의 확장 개념에서 전개되고 있다. 현실에 대한 올바른 이해와 미래와의 연계성 해석을 위해 인접 학문의 연구성과는 중요한 의미를 갖게 된다.

미래의 인문학이 e-R&D의 방법으로 사이버 세계에서 그 성과와 영향력을 증대하려면 인문학 연구자들이 스스로 인문학의 연구자원과 연구성과에 대해 디지털 정보자원으로서의 상호운영성을 부여하도록 정보기술을 습득시키는 일이 필요하다. 미래인문학은 고전의 지혜와 현재의 상상력이 결합된 지식 체계이고, 발달한 과학기술에 영혼의 숨결을 불어 넣을 수 있는 인간의 몫을 고민하게 한다. 창의성으로 미래의 설계도를 그리면서 그 내용을 채우는 것은 인류가 오랫동안 쌓아 온 학문과 문화, 전통과 관념에 따른 것이어야 한다. 미래를 예측하고 그에 필요한 대안을 모색하는 것이 단지 세상을 바꾸기 위한 것만이 아니라 궁극적으로 인간의 삶을 행복하게 만들기 위한 것임을 기억해야 한다.

IT와 인문학의 융합 사례

IT와 인문학의 다양한 융합 사례에 대해 알아보자.

오픈 바이오닉스의 히어로 암

저작권 사용에 엄격하고 민감한 태도를 고수하던 디즈니[Disney]가 스타트업 회사에 디즈니의 캐릭터 디자인을 무료로 제공했다는 소식은 전세계 뉴스에 보도될 만큼 화제가 되었다. 어떤 회사였을까? 이 회사는 3D 프린터로 전자 의수[義手]를 개발하는 오픈 바이오닉스[Open Bionics]이다. 이 회사는 이전의 금속으로 만들어진 갈고리나 마네킹 손처럼 만들어진 고무 재질의 의수에서 벗어나 저렴한 가격에 멋진 디자인을 가진 의수를 개발하기 위해 연구를 수행했다. 이를 위해 그들은 디즈니의 캐릭터 디자인을 의수에 입히고 전기신호를 통해 근육의 움직임을 감지해 의수를 제어하여 손가락을 움직일 수 있는 '히어로 암[Hero Arm]' 생체 의수를 제작했다.

▲ 히어로 암 | 출처 | Open Bionics

오픈 바이오닉스의 전자 의수가 기존의 의수와 차별화된 이유는 놀라운 성능과 저렴한 가격도 있겠지만, 사람들의 감성을 자극한 의료기기라는 것이다. 이들이 디즈니의 디자인을 의수에 도입한 것은 장애를 가진 어른들은 물론, 특히 어린이들을 위한 일이었다.

'히어로 암'이야 말로 어려움에 처한 사람을 살릴 수 있는 IT 기반의 의료기술과 인문학적 감성이 만나 시너지를 낸 IT인문학의 사례 중 하나이다.

MIT의 모럴 머신

아래 왼쪽과 오른쪽의 그림을 보고 한 번 선택해보자. 무인 자율주행차량은 어떤 선택을 해야 할까? 남성과 충돌해야 하나? 여성과 충돌해야 하나?

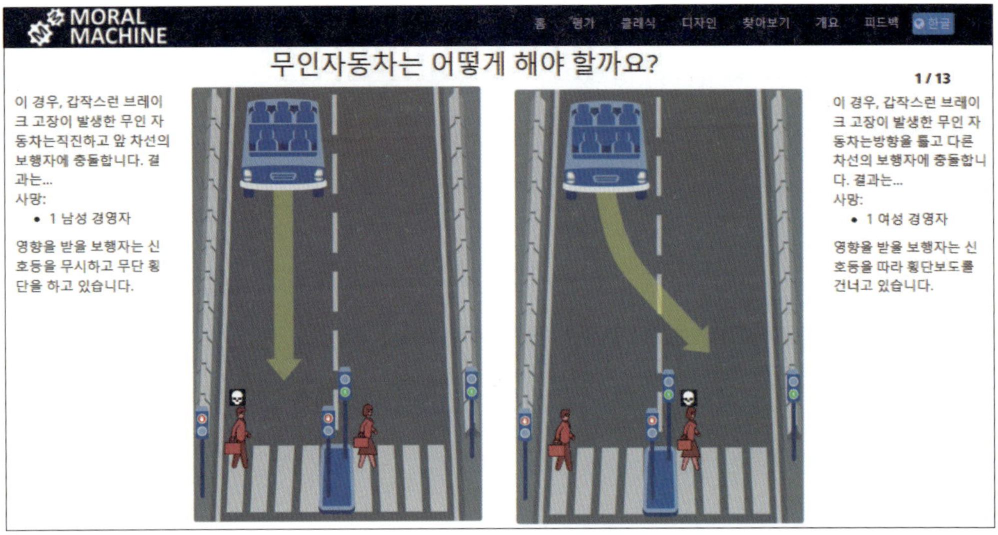

▲ 모럴 머신 | 출처 | https://www.moralmachine.net/hl/kr

무엇을 선택했는가? 정말 어려운 선택이었을 것이다. 모럴 머신Moral Machine으로 불리는 이 온라인 플랫폼 은 MIT 의 Scalable Cooperation 그룹이 개발하였으며, 무인 자율주행차량이 내릴 수 있는 여러 가지 경우의 수를 제공하고, 사람들의 윤리적 결정에 대한 데이터를 수집할 수 있는 공간이다.

이 플랫폼에서 우리에게 내리길 요구하는 결정은 1967년 영국 철학자 필리파 풋Philippa R. Foot이 고안한 윤리적 실험인 트롤리 딜레마Trolley Dilemma에서 따온 것이다. 다만, 트롤리 딜레마에서의 결정은 '다수를 위한 소수의 희생을 허용할 수 있는가' 로 좁혀지지만, 모럴 머신의 딜레마들은 성별, 나이, 빈부 격차, 건강 상태 등 다양한 상태의 사람들 중 누구를 살리고 누구를 희생시킬 것인지에 대한 여러 결정을 포함한다.

인간을 싣고 달리며, 인간과 충돌하여 인간을 해칠 수도 있는 자율 주행차량은 인간 없이 달릴 수 있는 기능을 탑재하고 있으며, 우리가 완전한 무인 자율주행차를 경험할 날이 가까워 오고 있다. 이 차량은 인간이 직접 운전하는 차와는 다르게 기계가 위험 상황에 스스로 판단하고 실행한다. 인간의 생명이 달린 일을 기계에게 온전히 맡기려면 인류가 만들어 온 문명, 철학, 윤리, 도덕성을 기계에 반영해야 한다.

이는 최대한 인간을 해치지 않고 운전이 어려운 사람들을 도와줄 수 있는 자율주행차량 개발에 인문학이 반영된 또 하나의 사례이다.

로스 인텔리전스의 로스

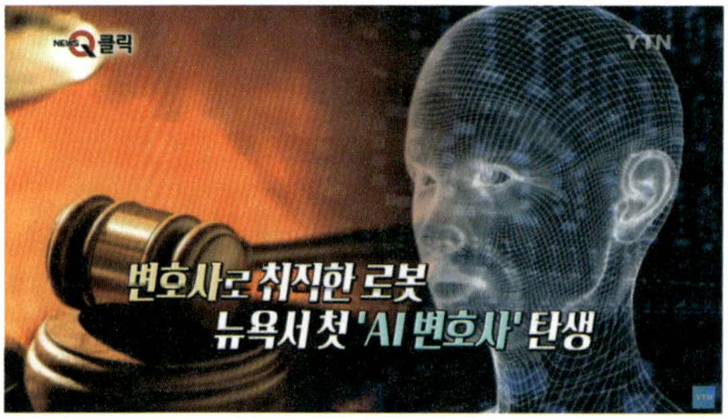

▲ 로스 | 출처 | YTN

로스Ross는 로스 인텔리전스Ross Intelligence와 미국의 글로벌 기술 및 컨설팅 회사인 IBM이 협력하여 IBM의 왓슨을 기반으로 개발한 인공지능 변호사이다. 로스를 개발한 로스 인텔리전스에 따르면 1초에 80조번의 연산이 가능하며, 백 만권 분량의 법률 데이터를 분석할 수 있다.

또한, 이러한 분석 데이터를 바탕으로 의뢰인이 맡긴 사건과 가장 유사한 판례를 찾아낸다. 이 판례를 바탕으로 로스는 가설에 따른 승소 확률 또한 계산해준다. 로스는 뛰어난 분석 능력과 더 많은 사건을 맡을 수록 자체적으로 기능이 업그레이드되는 머신러닝 기능도 장착되어 있다. 이러한 능력을 바탕으로 2016년 미국의 대형 로펌인 베이커 앤드 호스테틀러Baker & Hostetler에 스카우트되었다.

로스의 개발은 토론토 대학의 컴퓨터 과학자와 변호사의 합작품이다. 공동 창립자인 앤드류 아루다Andrew Arruda는 법률가였으며, 지모 오브비아겔레Jimoh Ovbiagele는 컴퓨터 과학을 전공하고 자율주행차량과 인공지능을 연구하던 개발자였다. 이 둘의 합작으로 세워진 로스 인텔리전스는 현재 엔지니어, 과학자, 디자이너, 변호사들과 함께 변호사들의 인지 능력 향상에 도움이 되는 인공지능 기반 제품을 개발하고 있다. 로스는 미국 법률 중 연방 판례법, 주법, 주 판례법, 연방법 등의 데이터베이스를 가지고 있으며, 주기적으로 업데이트된다. 현재 로스는 베이커 앤드 호스테틀러 외에도 다양한 미국 로펌에서 인간 변호사의 수고를 덜어주고 있다.

로스의 개발에서 알 수 있듯이 컴퓨터 과학자가 인공지능을 기반으로 기술을 개발해낼 수는 있지만, 법률적 지식이 적용되지 않으면 기술을 완성할 수 없으며, 실제 현장에서 사용되기 어렵다. IT와 인문학이 함께 성장하고 있다는 반증이며, IT와 인문학의 발달에 서로의 상호작용이 필요하다는 것을 보여준다.

이번 챕터에서 소개한 IT인문학이 융합된 사례들의 공통점은 무엇일까? 인간에 의하여, 인간을 위하여 기술이 존재한다는 것이다. 인문학과 통합된 IT는 인간과 함께 오랜 세월 함께하게 될 것이다. 그렇다면, 앞으로는 우리 모두가 IT인문학을 해야 한다. 그렇지 않으면, 세상에서 도태될 것이며, 기술을 위한 기술이 만들어지고 인간에 위협이 될 것이기 때문이다.

Part 2에서는에서는 IT인문학을 위한 융합적 사고를 기를 수 있는 다양한 지식들을 제공한다. 제주의 인문학적인 여러 요소와 연계된 미래 첨단 IT 트렌드를 만나면서 IT인문학의 세상으로 한 발짝 나아가보자.

제주 교대
JEJU
ISLAND

Part 2

제주 문화 속 IT트렌드

Chapter 1

블록체인과 제주 예술

블록체인이란?

블록체인의 정의와 동작 원리 등에 대해 알아보자.

블록체인의 정의

블록체인은 간단히 말해서 개인이나 기업 간의 거래 내역을 은행이나 기관에서 관리하는 것이 아닌 전 세계의 독립적인 커뮤니티에 분산 저장될 수 있도록 설계하여 거래 내역에 대한 투명성과 신뢰도를 보장해주는 기술을 말한다.

블록체인하면 가장 먼저 떠오르는 비트코인은 블록체인의 대표적인 구현 사례이다. 비트코인은 분산되고 변경되지 않는 원장에 모든 거래 내역이 저장되고 있다.

이 기술은 특별한 유형의 데이터베이스 관리기술로 안전하고 견고하여 민감한 정보를 저장하고 처리하는데 이상적이다.

블록체인을 신뢰할 수 있는 이유

모든 것이 쉽게 복사되고 익명의 사용자가 넘쳐나는 디지털 세상 속에서 어떤 정보가 진짜인지 어떻게 신뢰할 수 있는 것일까?

- 블록체인은 한 개인이 정보를 업데이트하고 검증하는 것이 아니라 정기적으로 수백, 수천 또는 수백만 명의 커뮤니티 구성원이 업데이트하고 검증한다.
- 회사, 정부 또는 은행과 같은 중앙 당사자 대신 전체 블록체인 네트워크는 공유된 "현실 사건", 즉 네트워크 내에서 발생한 모든 거래의 완전한 기록에 동의한다. 이 과정을 합의라고 한다.

- 네트워크 내에서 발생한 모든 단일 거래가 기록되고 영구적으로 저장되기 때문에 원장의 이력을 변경하거나 동일한 거래를 두 번 보내는 이중 지출이 어렵다.
- 단일 사용자가 시스템 전체를 속일 수 없다는 블록체인의 이와 같은 특징 때문에 블록체인 네트워크의 참여자는 서로를 신뢰할 필요조차 없으며, 자동으로 신뢰를 기반하는 체계로 설계된다.

블록체인의 동작 원리

동물원의 비유를 통해 블록체인의 동작 원리를 쉽게 이해해보자!

❶ 동물원에 코끼리, 사자, 원숭이, 호랑이, 사슴, 표범 등 다양한 동물들이 살고 있다. 이들은 모두 거래내역을 작성하는 장부를 가지고 있다.

❷ 어느 날 호랑이는 원숭이에게 바나나 10개를 빌렸다. 모든 동물들은 이를 보고 자신의 장부에 기록했다.

❸ 그런데, 원숭이에게 바나나를 되갚기 싫었던 호랑이는 자신의 장부에서 거래기록을 지워버렸다.

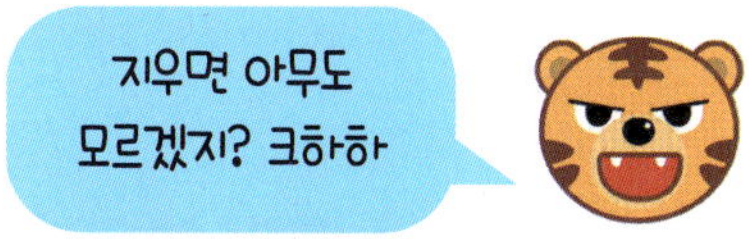

❹ 그러자, 다른 동물들이 일제히 호랑이에게 반발했다.
"내 장부에는 네가 원숭이에게 바나나 10개를 빌렸다고 돼있어!"

장부 덕분에 호랑이는 꼼짝없이 바나나 10개를 원숭이에게 돌려줄 수 밖에 없었다.

거래 기록이 모든 동물들의 장부에 적혀 있기 때문에 이를 조작하려면 모든 동물들의 장부를 일일이 변경해야 한다. 동물의 수가 늘어날 수록 조작이나 변경이 더더욱 어려워진다.

블록체인이 중요한 이유

블록체인은 산업 전반에서 중대한 역할을 할 수 있다. 먼저, 분산원장 기술을 적용하면 기업에서의 거래 속도가 증가하여 결제 시간을 절약할 수 있다. 둘째, 자동화 시스템으로 인적 오류가 감소되는 효과가 있다. 셋째, 동일한 정보를 분산하여 소유하게 되므로 정보를 조작하거나 변경하는 사기의 기회가 줄어든다. 넷째, 모든 거래 기록이 공개되어 거래의 투명성이 강화된다. 다섯째, 서버 운영자가 기업에 따로 필요하지 않아 공격과 해킹에 비교적 안전하다. 마지막으로 다수가 공동으로 정보를 소유하여 해킹이 어렵다는 장점이 있다.

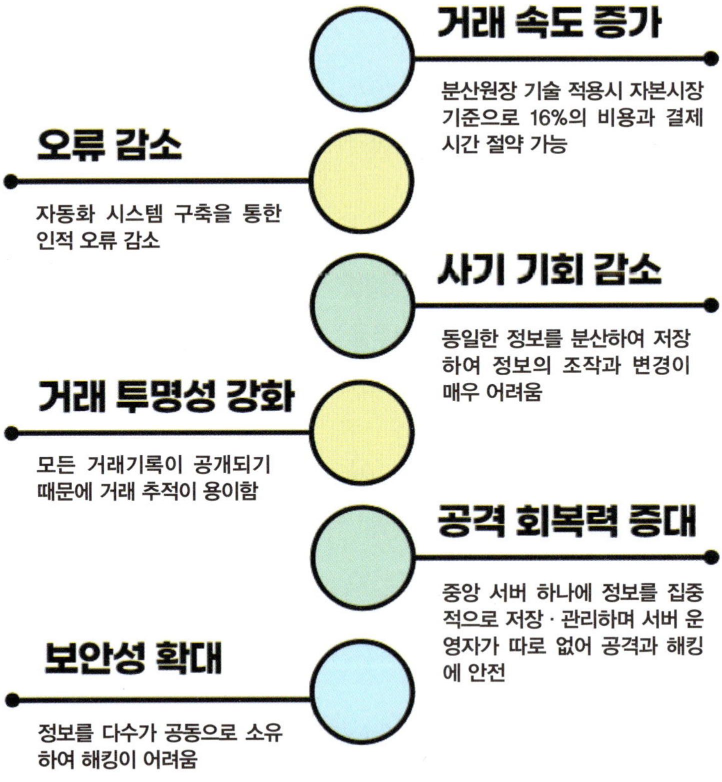

▲ 블록체인이 중요한 이유

02 합의 알고리즘과 미디어아트

블록체인 네트워크의 핵심 원리인 합의 알고리즘을 제주의 미디어아트 작품들과 함께 만나보자.

합의 알고리즘 (Consensus Algorithm)

블록체인은 위변조의 어려움, 강력한 개인정보 보호, 정보 투명성을 제공하는 분산 네트워크이다. 거래 내역을 검증하는 중앙기관은 없지만 블록체인 속 모든 거래들은 완전히 검증된 거래로 간주된다. 이는 모든 블록체인 네트워크의 핵심 개념인 합의 알고리즘이 있기에 가능하다고 본다.

합의 알고리즘은 어떤 개념일까?

합의 알고리즘은 블록체인 네트워크에 참여하는 모든 구성원이 분산 원장의 상태에 대해 공통적으로 합의하는 절차를 말한다.

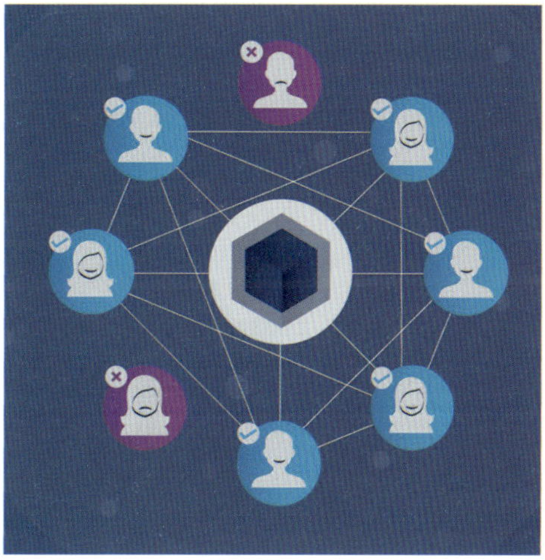

▲ 합의 알고리즘 구성도 | 출처 | Residence Style

기본적으로 합의 알고리즘은 블록체인에 추가되는 모든 새로운 블록이 블록체인의 모든 노드가 동의하는 유일한 버전의 '진짜 믿을 수 있는 유일한 정보' 인지 지연된 시간, 미도달에 따른 '변조된 가짜 데이터' 인지 확인하는 과정이 필요하다. 이렇게 합의하는 과정은 블록체인이 저장하고 관리하는 정보의 신뢰성을 높이고 분산된 컴퓨팅 환경에서 알려지지 않은 피어Peer 간의 신뢰를 구축하는 방법이다. 이를 통해 전체 네트워크에 이익이 되는 공통의 합의점을 찾는 것을 목표로 한다.

합의 알고리즘의 탄생 배경

'Ctrl+C', 'Ctrl+V'로 '복사'와 '붙여넣기'가 쉽게 이루어지는 인터넷 세상에서 화폐를 사용하거나 정보를 저장하고 관리하려면 신뢰성이 보장되어야 한다.

합의 알고리즘은 중앙시스템이 아닌 네트워크에 참여한 다수의 사용자들이 합리적으로, 효율적으로 의사결정을 내리는 방식을 말한다.

분산 원장 시스템을 기반으로 탈중앙화 체계를 특징으로 하는 블록체인은 특히 신뢰성과 관련한 두가지 문제 해결을 위해 합의 알고리즘을 제시했다고 하는데, 이 두 문제는 무엇일까?

01 이중지불문제	이중지불은 같은 돈을 두 번 지불하는 것을 말한다. 예를 들면, 천만원을 복사하여 준수와 민수에게 송금하는 것을 말한다. 실제 자신은 천만원을 썼지만, 이천만원을 쓴 효과를 낸다. 원본에 대한 신뢰가 보장되지 않으면 온라인에서는 이러한 문제가 나타난다. 은행과 같은 중앙기관에서는 이를 방지하기 위해 거래 순서대로 일을 처리한다. 블록체인에서는 중앙기관이 없기 때문에 이와 같은 문제를 어떻게 처리해야 할지 대응방안이 필요하다. 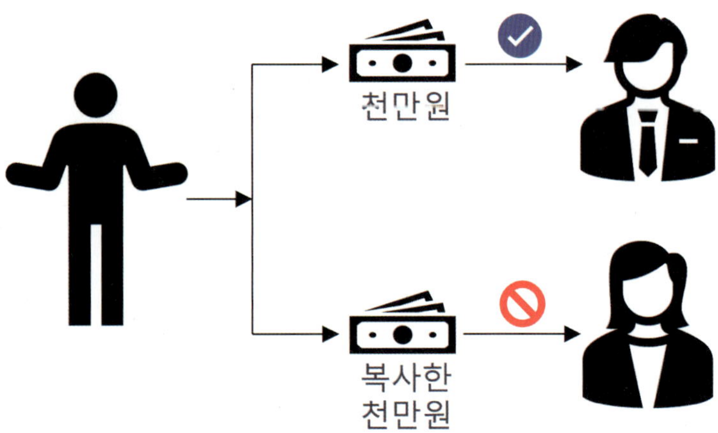

02 비잔틴 장군의 딜레마

블록체인의 분산 처리 시스템에 관련된 문제로, 비잔틴 장군의 딜레마는 네트워크에 참여하는 참여자 중 악의를 가진 참여자를 예를 들어 설명한 것이다.
300명의 병력을 가진 비잔틴 성 함락을 위해 100명의 장군을 보유하고 있는 5명의 장군이 협력하기로 했다. 동시에 성을 공격하기 위해 시계방향으로 공격 시간을 전달하기로 한다. 이때, 한 명의 장군이 배신하여 원래 시간보다 늦은 시간을 알려주고, 이를 전해 듣고 전달한 300명의 군인은 200명의 군인들이 공격할 때 함께 공격하지 못했다. 결론적으로 300명의 군인이 지키고 있던 비잔틴 성은 200명의 군인의 공격을 막아냈고, 다섯 군인의 연합작전은 실패하였다.

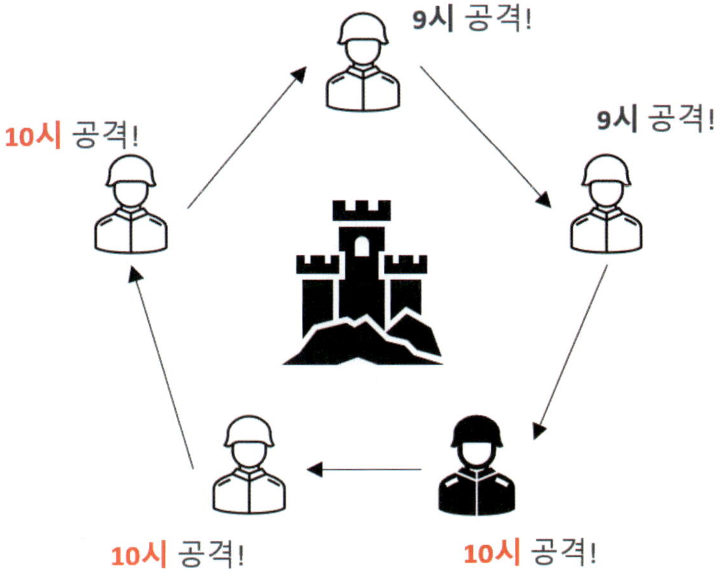

합의 알고리즘의 종류

❶ 작업 증명(Proof of Work, PoW)

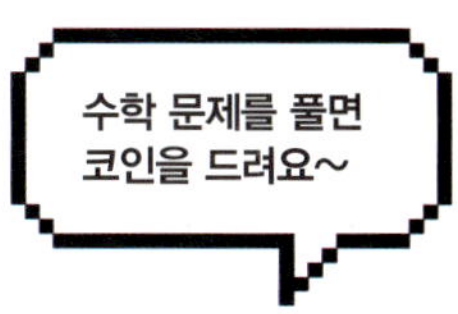

블록체인의 가장 대표적인 암호화폐인 비트코인에서 사용하는 합의 알고리즘으로 컴퓨팅 파워를 이용하여 특정 난이도의 해시값을 역함수로 해시화하여 임의값을 계산해내고 이를 검증하는 방식으로 합의를 도출한다. 임의값을 계산하여 채굴에 성공한 사람들에게는 비트코인으로 보상한다. 가장 암호를 많이 풀고 잘하는 사람이 합의에 대한 권한을 가지게 되는 것이 이 방식의 특징이다. PoS 방식은 말그대로 작업을 많이 하여

암호를 빠르게 풀어내는 파워가 중요하다. 이러한 해시파워를 높이기 위해서는 높은 전력과 고사양 컴퓨터가 필요하다.

❷ 지분 증명(Proof of Stake, PoS)

많이 가진 자가 최고?
자본주의를 닮은 PoS

PoW 방식의 에너지 낭비 문제를 해결코자 제안된 지분 증명은 블록체인 네트워크에 참여한 사용자의 코인 지분을 기준으로 블록을 생성하는 방식이다. 지분 증명도 작업 증명과 마찬가지로 블록이 생성되면 보상이 지급되는데, 지분에 따른 이자의 개념으로 보상을 제공한다.

PoS 방식은 채굴기가 필요 없기 때문에 컴퓨팅 파워 소비가 없어 하드웨어 인프라가 필요하지 않아 유지비용이 저렴하고 전기 소모량이 적어 친환경적이라 볼 수 있다. 그러나, PoS 방식에는 일명 '부익부빈익빈' 현상이 발생하곤 하는데, 지분 보유량이 많은 사용자에게 코인 쏠림 현상이 나타날 수 있다는 것이다. 이에, 지분에 대한 권한 부여를 통해 채굴이 일부 사용자에 독점되는 문제에서 해결하고자 했다. 최근에는 에너지를 아끼고 비용 효율적으로 합의에 다다르기 위해서 무작위 추출 방식을 사용한다. 무작위 추출을 통해 지분이 많은 특정 사용자로 정보가 집중되는 것을 일부 막을 수 있다. 이러한 특징은 본 방식을 사용하는 코인의 시장성 유지에 긍정적 작용이 될 수 있다.

❸ 위임된 지분 증명(Delegated Proof of Stake, DPoS)

안되겠다, 공평하게
투표로 결정해!

합의 알고리즘에서 가장 대표되는 종류는 앞서 소개한 PoW와 PoS이다. 그러나, 이러한 방식들의 단점 극복을 위해 여러 대응 방안이 연구되고 있다. 그중 하나가 DPoS 방식이다. 이는 마치 대통령이나 국회위원을 우리가 투표로 선정하여 정치적 결정들을 대신하게 하는 대의 민주주의 제도와 비슷하다. 이 방식은 투표로 선발된 소수의 대표자들끼리 거래기록을 관리, 증명, 승인하기 때문에 위 방식들보다 거래 속도가 매우 빠르다.

또한, 소수의 관리자들이 채굴에 대한 보상을 하기 때문에 온라인에 접속해 있지 않은 사용자들도 수익을 기대할 수 있다. 하지만, 여러 명의 사용자들이 거래 내역 관리와 승인에 참여하는 PoW에 비해 이 방식은 대표자가 워낙 적어 보안에 취약하다는 단점이 존재한다. 특히, 중앙정권의 거래내역 관리에서 벗어나 거래 내역을 증명할 수 있다는 블록체인의 특징인 '탈중앙화'도 실현이 어렵다. 이처럼 완전한 합의 알고리즘 방식은 지속적 연구가 필요하다.

암호화폐 채굴 방식, 어떻게 다른가

구분	PoW	PoS	DPoS
채굴 방법	복잡한 수학 문제 연산	지갑에 예치	투표로 뽑은 대표자에게 증명 위임
보상 기준	작업량	보유 지분에 비례	대표자 수익 배분
장점	보안성	친환경	빠른 처리 속도
단점	막대한 전기 소모	코인 쏠림 현상	네트워크 공격 취약
주요 코인	비트코인(BTC)	에이다(ADA)	트론(TRX)
	이더리움(ETH)	알고랜드(ALGO)	이오스(EOS)
	라이트코인(LTC)	테조스(XTZ)	루나(LUNA)
	모네로(XMR)	셀로(CELO)	리스크(LSK)

▲ 합의 알고리즘 종류에 따른 암호화폐 채굴 방식의 차이 | 출처 | 매일경제

제주의 미디어아트

제주가 미디어아트의 중심지로 떠오르고 있다. 넓은 공간의 사용이 용이하기 때문에 음향, 조명, 영상 등 다양한 기술의 융합으로 탄생하는 미디어아트의 종사자들이 2-3년에 한번 꼴로 제주에 방문하여 작품 교체 주기와 맞는 장소에서 다양한 전시가 개최되고 있다.

노형수퍼마켓

2021년 국내 최대 규모의 미디어아트 전시 공연장인 노형수퍼마켓이 제주시 해안동에 개관했다. 약 1200여평의 면적과 6층 건물의 높이와 맞먹는 규모에 프로젝터 46대와 7.1채널 EAW 스피커를 설치하여 화려한 시각적 효과와 웅장한 사운드를 구현해냈다.

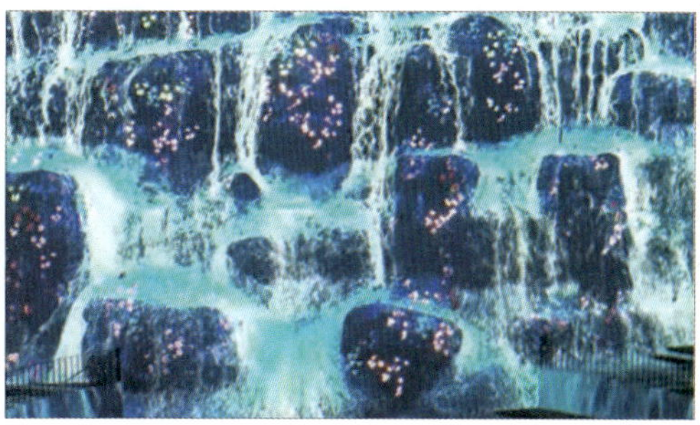

▲ 노형수퍼마켓 전시관 내부 | 출처 | 노형수퍼마켓

'1981년 제주의 색은 모두 이곳에 빨아들여졌다'

노형수퍼마켓은 단순 미디어아트 전시에서 벗어나 재미있는 스토리텔링과 레트로를 접목시켜 다양한 연령층에 속한 사람들의 눈과 귀를 자극한다.

색다른 미디어아트 전시를 접하고 싶다면 노형수퍼마켓을 추천한다.

▲ 노형수퍼마켓 전시관 내부

▼ 아르떼 뮤지엄 전시관 내부

제주 애월에 위치한 아르떼 뮤지엄은 CNN이 극찬하고 뉴욕 타임스퀘어에서 가장 큰 전광판을 가진 회사에서 상영을 요청하는 등의 화려한 이력을 가진 국내 유명 디지털 디자인 회사에서 국내에 처음으로 오픈한 몰입형 미디어아트 전시관이다.

과거 스피커 제조공장이었던 장소를 업사이클링하여 재탄생시킨 이곳에서는 '섬'이라는 키워드를 바탕으로 빛과 소리를 이용한 11개의 다양한 전시를 관람할 수 있다.

아르떼 뮤지엄

아르떼 뮤지엄은 작품과 관객과의 상호작용을 매우 중시한다. 이를 위해 관객이 작품에 직접 참여하는 경험을 제공한다.

아래 그림의 라이브 스케치북 나이트 사파리 공간에서는 본인이 직접 그린 그림이 화면에서 뛰어노는 모습을 볼 수 있다.

그 아래 그림은 Tea Bar의 모습이다. 여기에서는 온도센서를 이용하여 찻잔과 손의 온도에 따라 찻잔이나 손을 테이블에 대고 움직이면 그에 따라 꽃과 꽃잎들이 화려하게 펼쳐진다.

| 출처 | 아르떼 뮤지엄

라이브 스케치북 나이트 사파리

Tea Bar

빛의 벙커

빛의 벙커는 앞서 소개한 미디어아트 전시관보다 비교적 이른 시기인 2018년 개관한 전시관으로 본래 한국과 일본 사이에 해저 광케이블 통신망 운영을 위해 설치된 시설을 개조하여 시작된 곳이다. 방어 목적으로 설계되었던 이 벙커의 특징은 다음과 같다.

1. 외부의 빛과 소리가 완벽히 차단된다.
2. 자연공기 순환방식을 사용하여 쾌적한 온도를 유지한다.
3. 내부에 벌레나 해충이 없다.
4. 들어가는 입구가 미로처럼 되어 있다.

위와 같은 특징을 살려 미디어아트 전시공간으로 탈바꿈하게 되었는데, 방음효과와 미로 같은 입구로 더 깊은 몰입감을, 쾌적한 온도와 환경으로 방문하는 관객들에게 청결한 인상을 줄 수 있도록 설계했다.

▲ PAST 과거

▲ PRESENT 현재

| 출처 | 빛의 벙커

빛의 벙커는 근대 미술의 한 획은 그은 클림트를 시작으로 반 고흐 전展을 개막했으며, 2021년부터 모네, 르누아르, 샤갈 등 인상주의에서부터 모더니즘 시기에 지중해 연안에서 활동했던 여러 작가의 유명 작품들을 다루고 있다.

| 출처 | 조선일보

제주현대미술관 공공수장고

수장고는 박물관이나 미술관에 전시된 유물과 작품들이 보관되는 곳을 뜻한다. 제주에서도 본래 각 기관마다 수장고에 작품들을 보관해왔지만, 과포화되어 전국에서 최초로 공공수장고를 개관하게 된 것이다.

작품 보관 목적으로 사용되는 수장고는 본래 일반 대중들이 진입할 수 없는 공간이지만, 관객들과 함께 문화 예술을 체험할 수 있는 공간으로 만들고자 제주 작가들의 작품을 전시하기 시작했다.

공공수장고 외부 곳곳에는 이처럼 설치미술 작품들도 볼 수 있다.

여기에서도 미디어아트 전시를 확인할 수 있는데, 제주현대미술관의 소장품 120여 점을 활용하여 살아있는 제주를 만나볼 수 있다.

앞에 소개한 미디어아트 전시관보다는 작은 규모로 운영되지만 천장까지 공간 전체를 매핑하여 바람부는 제주 숲에 실제로 들어와 있는 것 같은 환상적 경험을 선사한다.

▲ 공공수장고 외부 설치미술 작품 | 출처 | 제주현대미술관

▲ 공공수장고의 미디어아트 전시관 | 출처 | 한라일보

합의 알고리즘과 미디어아트

예술과 첨단 컴퓨터 과학 기술이 만나고 있다. 미디어아트의 창시자로 불리는 백남준은 1960년 당시 최신 기술이었던 비디오아트의 선구자였다. 아래 작품은 백남준의 대표작인 '다다익선'이다. 이와 같이 예술과 과학을 융합하여 작품을 탄생시킨 사례도 있는 반면, 예술 작품의 거래와 보증에 첨단 기술이 사용되기도 한다.

▲ 다다익선 | 출처 | 글로벌이코노믹(https://cmobile.g-enews.com/view.php?ud=201509020633225827824_1&d=20170206235224_S)

최근 나타나는 미디어아트 작품들은 그동안 존재하지 않았던 유형으로 하드웨어 없이 다양한 공간에서 다양한 장비와 기술로 작품이 존재할 수 있으며 인터넷을 기반으로 개발되기도 한다. 이러한 특성으로 인하여 미디어아트는 진품 여부나 저작권 관련 문제로 거래가 어려웠다. 그러나 블록체인의 출현과 함께 미술품의 작품 출처나 기원을 뜻하는 프로비넌스provenance 보증에 블록체인 기술을 응용할 수 있게 되었다. 따라서 지금은 작품의 진위 확인은 물론 작품을 분할하여 판매하는 데에도 블록체인을 광범위하게 활용하고 있다.

본래 블록체인의 경우 원본과 사본의 구별이 어렵지만, 이런 상황에서 합리적인 의사결정을 내릴 수 있는 블록체인의 다양한 합의 알고리즘을 통해 이러한 문제를 해결할 수 있다.

스마트 컨트랙트와 제주 건축

블록체인으로 하는 새로운 계약 방식, 제주 건축 이야기와 함께 풀어 나가본다.

스마트 컨트랙트 (Smart Contract)

스마트 컨트랙트는 1994년 컴퓨터 공학과 법을 연구하던 닉 스자보 Nick Szabo 논문에서 처음 제안되었다. 이 논문에 따르면, 스마트 컨트랙트는 프로토콜과 사용자 인터페이스를 결합하여 컴퓨터 네트워크를 통한 관계를 공식화하고 보호하는 역할을 한다.

▲ 스마트 컨트랙트 | 출처 | https://rb.gy/1cujci

2013년 이더리움의 창시자 비탈릭 부테린 Vitalik Buterin 이 제시한 이더리움 백서에서 스마트 컨트랙트의 개념을 이더리움 블록체인에 도입하면서부터 사람들에게 본격적으로 스마트 컨트랙트가 알려지기 시작했다. 이때부터 스마트 컨트랙트를 여러 계약 상황에 도입하게 되었다.

스마트 컨트랙트의 작동원리

스마트 컨트랙트를 처음 제안했던 닉 스자보는 이를 자판기에 비유했다.

먼저 자판기의 판매 계약을 살펴보자. 자판기의 판매 조건은 다음과 같다.

1. 사용자가 물건에 맞는 금액 혹은 그 이상을 투입한다.
2. 사용자가 필요한 제품의 버튼을 누른다.
3. 사용자가 선택한 제품의 금액이 사용자가 투입한 금액과 일치하거나 많으면 상품을 제공한다.
4. 사용자가 투입한 금액이 사용자가 투입한 금액 보다 많으면 차액을 사용자에게 돌려준다.

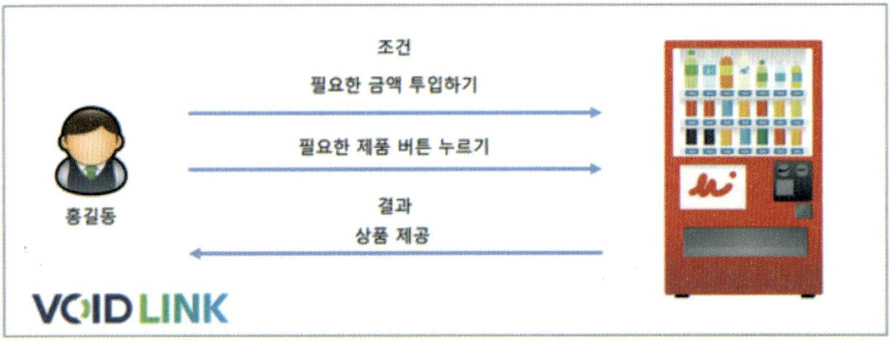

▲ 자판기의 판매계약 | 출처 | VOID LINK

우리는 자판기에서 물건을 구매하는 것처럼 자동화된 시스템을 이용해 사람에게 물건을 구입하지 않고도 서로 신뢰를 유지하며 거래를 성사시킬 수 있다. 계약은 꼭 서면으로 작성하고 서로 도장을 찍어야 성사되는 것이 아니라 서로 신뢰가 있을 때 조건에 따라 원하는 것을 교환하는 행위 자체를 일컫는다.

스마트 컨트랙트의 지향점은 현실 세계에서 이루어지는 거래들을 블록체인 기반으로 자동화할 수 있도록 구체화된 체계를 구축하여 계약자들끼리의 직접적 만남에 대한 번거로움과 불필요한 비용을 줄이는 것이다.

스마트 컨트랙트의 장단점

스마트 컨트랙트, 장점만 있는 것은 아니다. 스마트 컨트랙트의 장점과 단점을 관리, 비용, 보안, 투명성, 유연성의 측면에서 살펴보자면 다음과 같다. 첫째, 관리 측면에서 계약 실행이 자동으로 이루어지기 때문에 계약 이행이 위반될 가능성이 낮지만, 아직까지 사람이 최초의 코드를 작성하고 유지 보수에도 인력 투입이 필요한 상황이다. 둘째, 비용 측면에서 코드 작성이나 유지 보수에 인적 개입이 필요하다 하더라도 일반적인 계약 보다는 인력이 적게 필요하기 때문에 그에 드는 비용을 줄일 수 있지만, 스마트 컨트랙트에 필요한 소프트웨어의 유지 비용이 추가될 수 있다. 셋째, 보안 측면에서 공개적인 실행으로 계약이 성사되기 때문에 계약에 참여하는 모든 이의 동의로 이루어지지만, 아직 스마트 컨트랙트라는 기술이 도입 단계에 진입했기 때문에 다양한 보안 위협이 존재할 수 있다. 넷째, 투명성의 측면에서 계약자간의 모든 거래가 소프트웨어에 의해 검증되고 참여자가 확인할 수 있으므로 보다 투명한 거래가 성사될 수 있으나 공개적인 블록체인의 특징 때문에 프라이버시의 보장이 문제 요소가 될 수 있다. 마지막으로 유연성의 측면에서 사용자의 요구에 맞춤형으로 계약을 설계할 수 있지만, 그만큼 공격에 취약할 수 있다는 점을 명심해야 한다.

표 | 스마트 컨트랙트의 장단점

	장점	단점
관리	자동화된 실행으로 계약 이행 위험이 0으로 감소	인간에 의해 최초 코드 입력, 설계 및 관리 필요
비용	인적 개입/오류 감소, 제3자 감소 및 불필요한 서류 제거	소프트웨어 유지 비용 필요
보안	공개적인 실행으로 발생하며, 실행에 대해 모든 노드의 동의 요구	초기 상태이기 때문에 아직 취합되지 않은 다양한 보안 취약 사례가 있을 수 있음
투명성	계약자 간의 모든 거래는 프로토콜의 룰을 따르는 소프트웨어에 의해 확인되고 검증됨	퍼블릭 블록체인에서 프라이버시 보장은 아직 큰 장애 요소로 꼽힘
유연성	사용자의 요구에 맞게 계약 설계 가능	유연성이 높다는 것은 더 큰 공격의 취약성을 의미함

스마트 컨트랙트의 적용 사례

❶ 채권 거래

네트워크를 통해 금융상품의 제공자와 수요자가 계약을 맺는 거래이다. 제공자와 수요자가 계약을 맺으면 참여자의 ID와 계약정보를 블록체인에 올리고, 스마트 컨트랙트 계약 내용에 따라 거래는 자동으로 성사된다.

예 거래된 채권의 수익률에 따라 수수료 가격의 변동이 일어나도록 계약을 맺었다면, 스마트 컨트랙트를 통해 자동으로 가격이 조정됨.

❷ 보험 계약

보험에는 보험자, 피보험자, 보험사 등 다양한 이해관계자가 얽혀 있어 거래가 복잡하다. 또한, 계약정보를 계약조건들로 보험료 지급과 이행에 어려움이 있는데, 스마트 컨트랙트에 이를 시스템화하여 처리하면 자동으로 손쉽게 처리할 수 있다.

예 비행기 연착 시 보험료 지불이 되는 여행자보험에서 계약자가 보험사에 여러 서류들을 보내고 처리하는게 아니라 항공사와 보험사의 계약으로 지연 정보가 자동 선송되고 보험사가 정보를 받아 자동으로 보험금이 지급될 수 있도록 함.

❸ 기부금 관리

최근 기부금이 부정 사용되는 사건들이 여럿 발생하면서 NGO 기관의 기부금 관리에 대한 투명성이 중요해졌다. 따라서 자동으로 관리되고 모두가 확인할 수 있는 관리 시스템 구축의 필요성이 대두되고 있다.

예 목표 금액 달성에 따른 기부처 전송을 자동으로 프로그래밍하여 신뢰도를 높일 수 있음.

④ 공유 경제 시스템 기여

차량, 숙박, 패션잡화 등 구매할 수 있는 거의 대부분의 물품들이 공유되고 있다. 가성비가 중요해진 시대에 살게 되면서 우리는 모르는 사람과 차량을 나눠 타고 집을 빌려주고 옷이나 가방을 나눠 입거나 사용한다. 이때 가장 중요한 건 서로의 신뢰이다. 모르는 사람과 신뢰를 쌓아 공유의 이점을 얻기 위해서는 스마트 컨트랙트를 통해 조건을 충족하는 사용자끼리 거래를 할 수 있다.

예 운전면허 정보, 면허 기간, 사고 내역, 희망 렌트 기간 등을 차량 공유 업체에 전송하면 자동으로 이에 맞는 차량을 추천해주고 조건이 충족되면 스마트 컨트랙트로 결제까지 완료함.

⑤ 국내 스마트컨트랙트 기반 추진 사업

사업명	관련 부처	내용
투명한 전자투표 시스템	선관위	저장된 데이터의 위·변조가 어려운 속성을 지닌 블록체인 기술을 전자투표 시스템에 적용하여 투표과정과 결과에 대한 신뢰성을 확보하고 온라인 전자투표 활용을 확산
블록체인 기반 전자문서 발급 인증 시스템	외교부	블록체인 기반 아포스 티유 관리 시스템을 선제적으로 구축하여 우리나라 발행 문서의 해외활용 신뢰성을 제고하고, 글로벌 아포스티유 관리 시스템 구축 방안에 대한 국제 표준화를 추진
믿을 수 있는 축산물 이력관리 시스템	농식품부	사물인터넷 센서로부터 이력정보를 실시간 수집하여 블록체인으로 연계하는 '블록체인 기반 축산물 이력관리시스템' 구축을 통해 이력정보의 실시간 공유 및 검증체계를 갖춰 소비자의 신뢰도를 제고하고 각종 유통관련 서류에 대한 관리부담을 경감
종이 없는 스마트계약 기반 부동산거래 플랫폼	국토부	기존 부동산종합공부시스템에 블록체인 기술을 도입하여 금융권, 법무사, 공인중개사 등과 연계를 통해 부동산 거래를 원스톱 서비스로 제공하는 부동산 스마트 거래 플랫 폼을 시범 구축
빠르고 효율적인 스마트 개인통관 서비스	관세청	여러 이해관계자들이 블록체인에 함께 참여하는 스마트 개인통관 서비스는 상품구입부터 선적, 도착까지 각 유통단계별로 생산되는 정보를 블록체인으로 실시간 공유하여 위·변조로부터 안전하게 보호하고 다양한 참여자들 간의 정보공유를 통해 통관 절차 효율화
청년활동지원 온라인 플랫폼	서울시	서류발급 관련기관들(국민건강보험공단, 근로복지공단, 대학, 서울시 등)을 블록체인으로 연계하여 서류 준비 제출의 번거로움과 검증 소요 시간을 대폭 개선하고 연계된 데이터를 기반으로 다양한 맞춤형 청년 지원사업을 제공

| 출처 | 과학기술정보통신부

제주의 건축

세계 지질공원과 세계 자연유산을 보유할 만큼 자연 경관이 아름다운 제주는 세계적 유명 건축가들이 지은 여러 건축물들을 관람하는 재미가 상당하다.

재일한국인 건축가 이타미 준(Itami Jun)의 작품

방주교회

물 위에 떠있는 노아의 방주를 형상화한 작품으로 이타미 준의 유작이다. 건물의 전체적인 모습은 수면으로 튀어 오른 물고기의 모습을 형상화했으며, 지붕은 빛을 반사하며 빛을 낸다.

| 출처 | 방주교회

포도호텔

외관이 포도송이와 비슷해 이름이 붙여진 포도호텔은 오름의 완만한 능선과 조화를 이루며 강한 바람을 막기 위해 돌을 사용하여 제주의 풍토를 활용한 건축물이다.

| 출처 | 주제주일본국총영사관

비오토피아 수풍석 뮤지엄

휴양형 럭셔리 주거공간인 비오토피아 내 수풍석 뮤지엄은 제주의 상징과 같은 물, 바람, 돌을 테마로 하는 박물관이다. 자연과의 조화를 중시한 건축물을 구현하였다.

| 출처 | 수풍석 뮤지엄

세계적 건축가 안도 타다오(Ando Tadao)의 작품

유민미술관

휘닉스 섭지코지 내 미술관으로 운영되고 있는 건축물로 본래 '지니어스 로사이[GeniusLoci] – 땅을 지키는 수호신' 으로 불렸다. 제주의 삼다[三多]를 표현하고 풍광을 해치지 않는 것이 특징이다.

| 출처 | 유민미술관

본태박물관

본래의 형태를 의미하는 '본태' 에 대한 박물관으로 한국에도 잘 알려지지 않은 한국 본연의 문화 민예품에 대해 알리고자 설립되었으며, 기하학적 건물 형태에 빛과 물을 건축 요소로 하여 통합한 건축물이다.

| 출처 | 본태박물관

글라스 하우스

글라스 하우스는 유민미술관과 함께 휘닉스 섭지코지 내에 안도 타다오가 설계한 건축물로 거대한 조형물을 보는 것 같은 느낌을 준다. 전면은 통창으로 뒷면은 콘크리트 벽으로 구성하여 반전의 매력을 선사한다.

| 출처 | 위시빈

세계적 스위스 건축가 마리오 보타(Mario Botta)의 작품

아고라

대화의 광장을 의미하는 '아고라' 는 역시 휘닉스 섭지코지 내 위치해 있으며, 휘트니스, 스크린골프, 라운지 등 운동과 휴식을 누릴 수 있다. 건축의 특징을 살펴보면, 천장에 유리로 만들어진 피라미드 형태의 구조물이 설치되어있다. 또한, 완벽한 좌우 대칭을 이루고 있으며, 저녁이 되면 조명을 통해 그 아름다움이 배가 된다.

| 출처 | 휘닉스 섭지코지

세계적 건축가 승효상, 도미니크 페로(Dominique Perrault), DA Group 등의 작품

롯데아트빌라스

세계적 유명세를 가진 건축가들의 스타일이 표현된 건축물로 제주 자연을 모티브로 각 건축가들의 색깔이 서로 다르게 반영된 리조트이다.

| 출처 | 롯데아트라스

승효상 건축가는 제주의 지형적 실루엣을 표현했으며, 도미니크 페로와 켄고 쿠마Kengo Kuma는 오름을 연상시키는 곡선을 나타냈다. DA Group은 조각보 패턴을 적용했다. 롯데아트빌라스는 한 리조트에서 서로 다른 건축 스타일을 만나볼 수 있다는 특징이 있다.

여백을 설계하는 최무규 건축가의 작품

공백

제주에는 자연 경관의 빼어난 아름다움을 건축물에 반영하여 설계하는 경우가 많은데 '공백'도 이와 일맥상통한다. 이 건축물은 2020 한국건축대상 신진건축사부문 대상을 수상했다. '공백'이란 이름처럼 건축물을 비워 제주의 아름다움을 담아낼 수 있도록 설계되었으며 현재는 카페와 문화공간으로 사용되고 있다.

| 출처 | 비짓제주

한국을 대표하는 건축가 조민석의 작품

스페이스닷원

스페이스닷원은 본래 제주로 본사를 옮긴 다음Daum의 본사로 지어졌지만 카카오와 합병되고 난 이후 현재는 카카오의 제주 본사로 사용되고 있다. 이 건축물은 제주 화산석 색을 반영하여 화산동굴 같은 내부로 지어졌으며 오름을 닮은 외부로 설계됐다. 이 건물은 35회 한국건축가협회상 본상과 2012 한국건축문화대상 민간부문 대상을 수상했다.

| 출처 | 카카오

건축 계약에서 바라보는 스마트 컨트랙트

건설 업계의 계약은 인보이스를 발행하는 것부터 지불금을 수령하는데까지 평균 1개월에서 길면 3개월, 혹은 그 이상까지도 걸린다고 한다. 시공사와 건축주, 입점사 등 다양한 이해관계가 얽혀 있는 문제에서 이를 해결하기 위해 블록체인 기반의 스마트 컨트랙트를 활용하는 방안이 연구되고 있다.

건설 분야에 스마트 컨트랙트를 도입하기 위한 전제 조건은 다음과 같다.

표 | 스마트 컨트랙트 도입의 전제 조건

Name	Source
파트너쉽	갑을 관계가 아닌 상호 파트너쉽 문화
회계 투명성	이해당사자간 회계정보가 상호 공유되는 오픈 북(open book) 계약 방식 같은 투명한 가치 거래 제도 마련
작업결과 신뢰성	이해당사자간 상호 신뢰를 바탕으로 한 작업 프로세스 정착
발주계약 투명성	발주, 대가, 계약의 투명성
디지털화	스마트 계약에 필요한 데이터 소스의 디지털화
오픈 데이터 정책	데이터 접근성 확보 위한 오픈 데이터 정책

| 출처 | 한국건설기술연구원

최근 스마트 컨트랙트 기술이 건축에 활용되고 있는 사례로는 매월 반복되는 대금에 대한 청구나 건설 비용 지불 자동화, 계약 추적, 블록체인 기반의 계약 조건 정립 등을 들 수 있다. 이러한 사례들은 실시간으로 디지털 지불 및 분산처리가 가능한 스마트 컨트랙트로 작업 시간 단축에 기여하고 있다.

건축물 개발에 참여하는 모든 이해당사자들의 계약에 투명성을 가지고 대가를 합리적으로 지불할 수 있는 스마트 컨트랙트 시스템이 건설 산업의 발전을 가져오고 있다.

NFT와 제주 미술

NFT? 제 2의 비트코인? NFT란 뭘까? 제주의 미술품과 함께 알아본다.

대체 불가능 토큰 (Non-Fungible Token, NFT)

테슬라의 CEO 일론 머스크[Elon R. Musk]의 여자친구이자 가수인 그라임스[Grimes]가 NFT 예술품 판매로 20분 만에 65억 원을 벌었다는 소식은 전 세계 사람들을 깜짝 놀라게 만들었다.

심지어 유명인도 아닌 인도네시아 청년이 심심풀이로 찍은 본인의 얼굴 사진으로 11억의 수익을 내기도 했다. 도대체 NFT라는 것이 무엇이길래 어떻게 이렇게 큰 돈이 오가며 거래될 수 있는 것일까?

| 출처 | fnDB

암호화폐 시장은 여러 변수에 따라 활성화되기도 하고 위축되기도 하는 반면, NFT 시장은 갈수록 고공행진을 이어가고 있다. 2021년 4·4 분기 거래액은 14조를 기록했으며 2022년 1월 거래액도 4조를 넘길 것이라는 전망이다.

제2의 비트코인이라고도 불린다는 NFT가 무엇인지 자세히 알아보자.

NFT의 개념과 배경

NFT는 Non-Fungible Token의 준말로 대체 불가능 토큰이라는 의미이다. 이는 블록체인 속 데이터 단위로, 교환이나 복제가 불가능하여 각 토큰은 저마다의 고유성을 지니고 있다는 특징이 있다.

예술품의 경우 대개 원본의 가치가 가장 높고 이를 따라한 복제품의 경우 가치가 낮다. 그런데 인터넷에서는 복사가 매우 쉽게 이루어져 어떤 것이 진품인지 알아보기 어렵다. 디지털 세상에서 만들어진 자산의 가치를 판단할 수 있는 기준이 되는 것, 그게 바로 NFT가 세상에 나타난 이유이다. NFT는 원본과 복사본 구별을 위해 블록체인 기술을 적용하여 일종의 소유권을 부여하는 디지털 표식이라고 볼 수 있다. 디지털 파일에 토큰을 적용하여 디지털 자산의 소유자 확인이 가능하다.

NFT의 주요 용어

민팅

본래 민팅(Minting)은 '동전 같은 화폐를 만들다, 주조하다' 라는 의미를 가지고 있다. NFT에서는 블록체인을 통해 자산을 생성하는 것을 말한다. 즉, 디지털 자산에 고유자산정보를 부여해 작품을 발행하거나 판매하는 것을 뜻한다.

FP

FP는 Floor Price의 약자로 가장 낮은 값을 의미한다. NFT 브랜드 작품 안에서 가장 낮은 가격으로 형성되어 있는 금액을 말한다. 예를 들어, 유명 NFT 브랜드의 작품 1,000개 중 가장 낮은 가격의 NFT가 1억이라면, 이 가격이 FP이다.

거버넌스

거버넌스는 보통 공동체의 구성원들이 의사결정에 참여하여 중대 사항을 집단으로 결정하는 체계를 말하며, '협치' 라고도 한다. NFT에서는 NFT Holder들이 특정 안건에 대해 의사결정하고 투표하는 것으로 이 내용에 따라 NFT 가격이 변동되기도 한다.

NFT vs 가상화폐

NFT도 토큰이고 가상화폐도 코인, 즉 모두 '돈 혹은 화폐'로 해석되고 둘 다 블록체인에 기반하여 만들어졌기 때문에 NFT와 가상화폐의 개념을 혼돈하는 경우가 많다.

양자의 가장 큰 차이점은 가상화폐는 가상화폐로 대체할 수 있지만 NFT는 불가능하다는 것이다. 1BTC는 동일한 1BTC로 교환할 수 있지만 NFT는 모두가 고유성을 지니고 있기 때문에 동일한 것이 존재할 수 없고, 교체될 수도 없다.

▲ 화폐와 그림의 관계 | 출처 | Mario Taddei

위 그림은 4개의 사분면으로 이루어져 있다. 1사분면은 민팅을 한 NFT의 디지털 그림, 2사분면은 진짜 실물이 있는 그림 , 3사분면은 실물 화폐[달러 등], 4사분면은 가상화폐이다.

우리는 실물 돈으로 그림을 구매하는 것처럼 가상화폐로 NFT 작품을 구매한다. 소유한 NFT는 향후 다시 판매할 수 있으며 가상화폐로 돌려받을 수 있다. 이는 결국 NFT를 현금화하여 실물 자산으로 회수할 수 있다는 것을 의미한다.

NFT 제작·판매·구입 방법

우리도 NFT 거래를 할 수 있다! 그 방법을 알아보자.

먼저, NFT 작품을 만들고 싶은 사람은 민팅을 해야한다. 민팅을 하기 위해서는 아래와 같은 4단계의 절차를 찬찬히 따르면 된다.

1. 민팅에 앞서 디지털 지갑을 개설해야 한다. 대부분 메타마스크에 가입하여 디지털 지갑을 개설한다.
2. NFT 작품 거래의 대표적 플랫폼인 OpenSea에 로그인하여 디지털 지갑을 연결한다.
3. OpenSea에서 자신이 올리고자 하는 NFT 작품을 업로드하고 설명을 기입한 다음 원하는 판매액을 제시하고 포스트한다.
4. 민팅 수수료가 있다면 지불한다.

오픈씨에 NFT 작품 민팅하는 네 가지 방법

구분	방법 1	방법 2	방법 3	방법 4
마켓플레이스	오픈씨			
민팅 플랫폼	오픈씨		크래프터 스페이스	크래프트 맨십
리스팅 플랫폼	오픈씨			
지갑 종류	메타마스크		카이카스	
거래 가능 토큰	이더리움	폴리곤 기반 이더리움	클레이튼	
수수료	약 10만~20만원	무료	약 1~10원	

각 방법 장단점

	방법 1	방법 2	방법 3	방법 4
장점	이더리움 투자자가 많아 시장이 크다	수수료가 없다	국내 플랫폼이라 접근성이 높고 수수료가 비교적 저렴하다	
단점	수수료가 가장 비싸다	폴리곤 기반 이더리움으로 교환하는 과정이 복잡하다	이더리움 거래 방식에 비해 시장이 좁다	

| 출처 | TAX watch

NFT 작품을 만들기 보다는 구매를 통해 투자해보고 싶은 사람도 있을 것이다.

NFT 구매 방법은 민팅보다 쉽다. 구매를 위해서는 역시 디지털 지갑이 필요하다. 구매 방법을 알아보자.

1. 암호화폐 거래소에서 암호화폐를 구매한다.
2. 디지털 지갑에 구매한 암호화폐를 전송한다.
3. OpenSea 홈페이지에서 원하는 작품을 검색한다.
4. 원하는 작품에 들어가 "Buy Now"를 클릭한다.
5. 상품의 가격과 수수료를 지불한다.
6. 거래가 성사되면 자산의 소유주가 당신으로 변경된다.

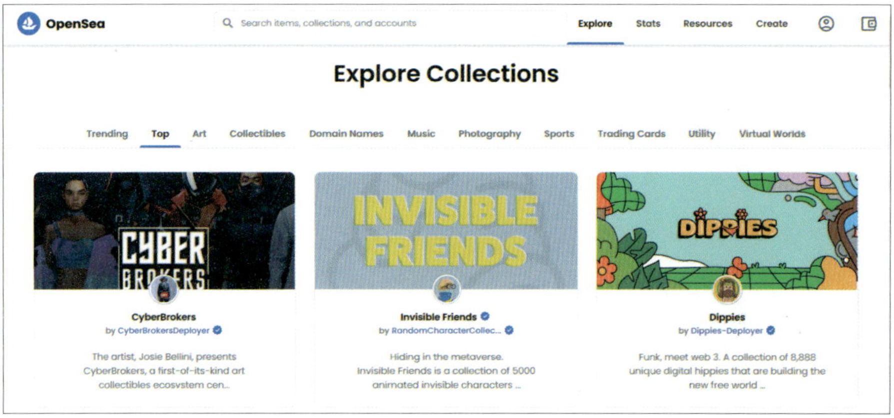

▲ OpenSea 홈페이지 화면 | 출처 | OpenSea

NFT의 가치

NFT도 블록체인처럼 그 역사가 매우 짧다. 이전에 없었던 새로운 개념으로 아직 그 문화가 사람들에게 일상으로 정착되었다고 보기엔 어렵다. 그러나 NFT 시장의 거래액이 빠른 속도로 증가하고 있으며 전문가들도 투자할 여유가 있다면 투자해 볼 가치가 있다고 말한다.

NFT 작품의 가치도 현실 세계에서의 거래처럼 누군가가 그만큼의 돈을 지불할 용의가 있어야 형성된다. 1년치 방귀 소리가 50만원에 거래되기도 하고 누군가의 '셀카'가 몇 십 억원에 팔리기도 하는 것처럼 사실 이 거래 시장에는 예측할 수 없는 요소들이 있다. 앞으로의 추이를 예측하기 어려워 더 흥미로운 NFT 시장에 관심을 가져보자.

제주의 미술

그림같은 풍경을 가진 아름다운 제주는 많은 예술가들이 영감을 얻고 예술성을 자극하기 위해 찾는 곳이다. 이렇게 자의로 제주에서 작품 활동을 펼친 예술가들도 있지만 피난을 오게 된 예술가들도 있었다. 이들은 작품 활동이나 후학 양성에 적극적이지는 않았지만 후대 제주의 예술가와 미술 학도들에게 직·간접적인 영향을 끼쳤다.

그럼, 제주의 대표적인 화가와 작품들을 알아보자.

물방울 화가 김창열의 주요 미술 작품

▲ 김창열 | 출처 | 부산일보

물방울 모양 그림으로 유명한 우리나라 현대미술 1세대 원로 작가인 김창열은 1925년 평안남도에서 태어난 후 6·25 전쟁 당시 약 1년 6개월동안 제주에서 피난 생활을 했다. 짧은 시간 머물렀지만 제주를 제2의 고향으로 생각했다는 그는 작품 220점을 제주에 기증하였고 제주도는 이를 보관하기 위해 2016년 제주도립김창열미술관을 건립했다.

▲ 김창열 미술관 개관식 | 출처 | 중도일보

◀ 제11 통일 (1986)

▼ 회귀 (2011)

▲ 회귀 (1993)

| 출처 | 김창열 미술관

천재 화가 이중섭의 주요 미술 작품

비운의 삶을 살았던 천재 화가로 불리는 우리나라 근대서양화의 대표 화가인 이중섭은 1916년 평안남도에서 태어났다. 한국에서 고등학교를 졸업한 후 일본으로 건너가 미술을 공부하던 이중섭은 1951년 제주 서귀포로 피난을 와서 약 6~7개월을 제주에 머물렀다. 그는 가난과 가족의 죽음으로 아픔을 겪었고 약 40세에 생을 마감했다. 제주도는 생전 이중섭이 제주에서 살았던 거주지를 복원해 미술관을 세웠다.

▲ 이중섭 | 출처 | 지역N문화

▲ 서귀포의 환상 (1951)

▲ 섶섬이 보이는 풍경 (1951)

▲ 황소 (1950년대)

▲ 이중섭 미술관

| 출처 | 이중섭 미술관, 국립현대미술관

제주 화가 김택화의 주요 미술 작품

1940년 제주에서 출생한 김택화는 제주 4.3 사건과 6.25 전쟁을 거쳐 성장하였으며 제주 출신으로는 최초로 홍익대 서양화과에 입학하였다. 당시 홍익대 교수 김환기 화백의 애제자였던 그는 1965년 잠시 제주로 귀향했다가 제주 풍광에 사로 잡혀 평생 제주를 그리며 전업화가로 활동하였다. 2019년 김택화의 아들인 작가 김도마의 주관 하에 김택화 미술관을 제주시에 개관하였다.

▲ 김택화
| 출처 | 김택화 미술관

▲ 제주 풍광 (1994)

▲ 한라초설 (1999)

▲ 산방산 (1995)

▲ 김택화 미술관 | 출처 | 김택화 미술관

중국 현대미술 거장 펑정지에(俸正杰)의 주요 미술 작품

▲ 펑정지에 | 출처 | Baidu

중국 현대미술의 대표 화가인 펑정지에[俸正杰]는 1968년 중국 쓰촨성에서 출생했으며 독일, 네덜란드, 인도, 영국, 프랑스 등 다양한 국가에서 전시회를 열었다. 중국을 대표하는 작가이지만 2011년 제주를 찾은 이후로 제주의 매력에 빠져 2013년 제주 저지리 문화예술인마을에 작업실을 오픈했다. 이후 제주현대미술관에서 40여 점의 작품을 선보이며 개인전을 열기도 했다. 그의 작품에 자주 등장하는 여성 인물화는 눈동자가 모두 바깥 방향을 향하고 있는데, 이는 자신감이 넘치지만 현대화에 대한 불안감을 표현하는 이중적 모습을 대변한 것이다.

▲ Chinese Portrait Series: No. 26, No. 38, and No. 53 (2008)

▲ Chinese Portrait No.06, Chinese Portrait No.08 (2004)

▲ 펑정지에 제주 작업실

| 출처 | Heritage Auction

NFT와 미술의 관계

NFT는 디지털 자산으로 디지털 문서, 음악, 게임 등 다양한 문화 콘텐츠가 여기에 속하지만 현대 미술 분야에서 NFT는 혁신을 이끄는 독보적인 존재이다. 세계적 가상화폐 분석기관 메사리에서 발간한 '2022년 가상화폐 업계 전망'에 따르면 NFT 미술은 향후 10년간 100배 이상의 성장률을 보일 것으로 예상된다.

▲ NFT와 가상화폐의 시장 규모 | 출처 | 크리스티 경매

위 그림의 왼편을 보면 NFT 미술품의 거래 시가총액이 2021년 12억에서 3분기 140억으로 10배 넘게 상승한 것을 볼 수 있다. 이와 함께 NFT 미술품 구입과 판매에 필수적인 암호화폐 시장도 2016년에 비해 2021년에는 약 300배 증가된 것으로 나타났다.

2021년 대한민국 미술사에서 높은 가치를 지닌 이중섭의 '황소' 그림과 김환기의 '무제', 박수근의 '두 아이와 두 엄마'를 디지털 아트 통합 플랫폼 NFT에 작품으로 출품하겠다고 한 한국의 마케팅 기업이 있어 세간의 화제를 모았다. 그러나 작품의 진위여부에 대한 의심과 저작권 문제로 단순 해프닝으로 그쳤다.

NFT는 현 시점에서 미술계의 뜨거운 감자이다. 앞으로의 진전 상황에 대해서도 우리가 관심있게 지켜봐야 할 것이다.

Chapter 2

빅데이터와 제주 민속

빅데이터란?

빅테이터의 정의와 가치, 작동 방식에 대해 알아보자.

빅데이터의 정의

빅데이터는 정보를 수집하고 기계 학습 프로젝트, 예측 모델링 및 기타 고급 분석 애플리케이션에 사용할 수 있는 조직에서 수집한 정형, 반정형 및 비정형 데이터의 조합이다. 빅데이터를 처리하고 저장하는 시스템은 빅데이터 분석·사용을 지원하는 도구와 결합되어 조직의 데이터 관리 아키텍처의 공통 구성 요소가 되었다.

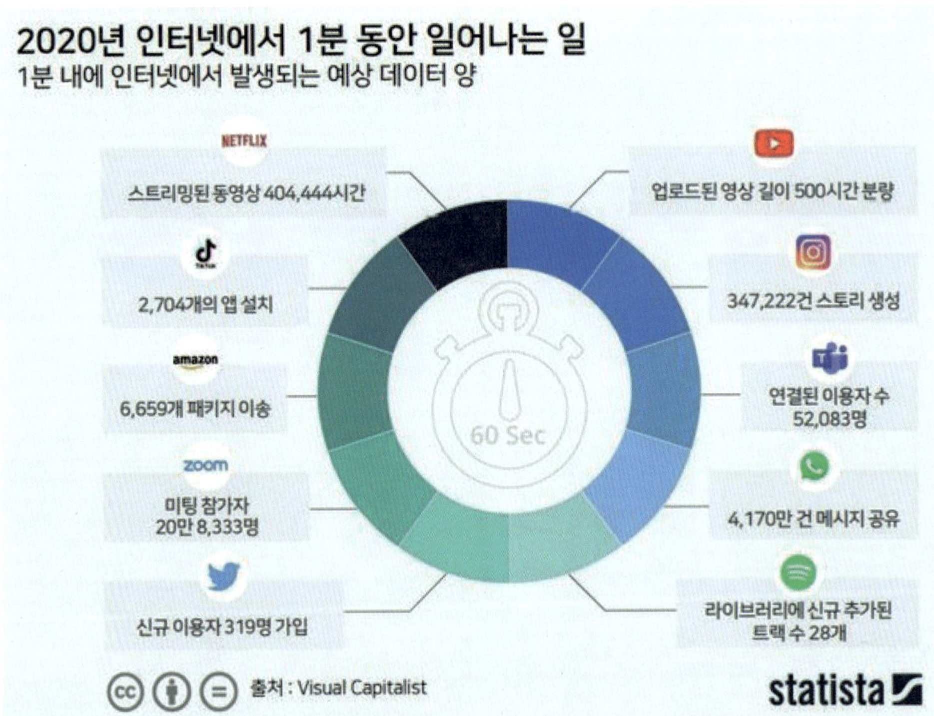

▲ 2020년 기준 1분 동안 인터넷에서 발생되는 일 | 출처 | Visual Capitalist

2020년 인터넷에서 1분 동안 생성되는 정보와 그 양은 상상을 초월한다. 데이터는 폭포처럼 쏟아지고 있다. 이 중에서 사용자가 원하는 데이터를 수집하고 처리하는 능력은 미래를 살아갈 모두에게 꼭 필요한 것이다.

빅데이터가 중요한 이유

빅데이터의 가치는 단순히 얼마나 많은 데이터를 소유하고 있느냐에 국한되는 것이 아니라 그 데이터들을 어떻게 사용하느냐에 달려있다.

빅데이터 분석을 이용하면 조직의 자원 관리를 간소화할 수 있으며 운영 효율성을 제고할 수 있다. 또한 조직에서 필요한 제품을 개발할 때 이를 최적의 소스로 활용할 수 있으며 이를 통해 새로운 수익과 성장기회를 창출할 수 있다. 빅데이터를 잘 활용하면 조직에서 수집한 정보에 입각하여 여러 의사결정을 할 수 있기 때문에 빅데이터를 활용하지 못한 조직보다 경쟁우위를 점할 수 있을 것이다. 다음은 빅데이터를 고성능, 특히 인공지능과 결합하였을 때 수행할 수 있는 분석과 결과들이다.

1. 거의 실시간으로 조직의 문제와 결함의 원인을 파악할 수 있다.
2. 사람보다 빠르고 정확하게 이상 징후를 찾을 수 있다.
3. 사이버 공격이나 사기가 조직에 영향을 미치기 전에 탐지할 수 있다.
4. 위험 포트폴리오 계산과 구축이 가능하다.
5. 데이터 속 변수를 분류, 적용하여 머신러닝 학습에 기여할 수 있다.

내 취향에 꼭 맞는 음악을 추천해주는 음악 스트리밍 서비스 플랫폼, 물건 하나를 사볼까 인터넷에 검색했더니 그날 이후로 계속 내 눈에 띄는 유사 상품들, 영상 하나만 볼까 하고 10분짜리 영상을 봤더니 내가 좋아하는 영상들로 계속 추천해주는 바람에 2시간을 본 경험.

다들 이런 경험 하나쯤은 있을 것이다. 이러한 서비스는 모두 빅데이터 분석에 기반한 인공지능 덕분이다. 우리가 매일 생산하는 데이터들은 그 자체로 없어지는 것이 아니라 누군가의 분석에 사용되기도 한다. 우리는 모두 빅데이터의 홍수 속에서 매일 데이터를 생산하기도 하고, 또 소비하기도 하는 주체이다.

빅데이터의 작동 방식

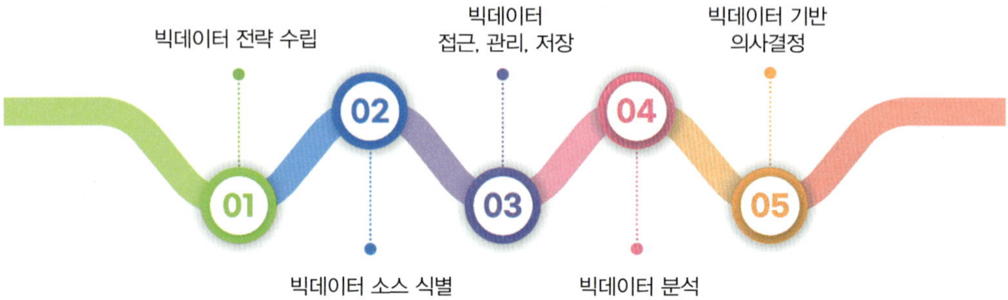

❶ 빅데이터 전략 수립

조직의 기술적 목표와 이니셔티브를 고려하여 조직에서 필요한 데이터를 수집, 관리, 사용하는 방식에 대한 계획을 수립한다.

❷ 빅데이터 소스 식별

공공 데이터, 스트리밍 데이터(IoT 연결 장치에서 발생하는 데이터), 클라우드 데이터 소스 등 다양한 빅데이터 소스를 구별한다.

❸ 빅데이터 접근, 관리, 저장

빅데이터에 대한 안정적 접근을 위한 데이터 파이프라인 구축이 필요하며 여러 소스의 데이터를 저장하고 처리할 수 있는 다양한 옵션을 검토한다.

❹ 빅데이터 분석

고성능 컴퓨팅 기술을 통해 빅데이터를 분석에 사용하거나 데이터 분석 전 관련성 높은 데이터를 추출하여 분석에 사용한다.

❺ 빅데이터 기반 의사결정

빅데이터 분석 결과를 조직 내 의사결정에 반영한다.

데이터 기반 사고와 무속 신앙

불확실한 미래, 최근 많은 사람들은 데이터를 분석하여 확률로 생각한다. 옛 제주인들은 어땠을까?

데이터 기반 사고

미국 품질 분야에서 최고의 경영 사상가로 널리 인정 받았던 윌리엄 데밍William E. Deming은 '데이터가 없다면 당신은 그저 한 의견을 가진 다른 사람일 뿐이다' 라며 개개인이 데이터에 기반하여 말하고 행동하며 조직에서 의사결정해야 한다고 강력하게 주장했다.

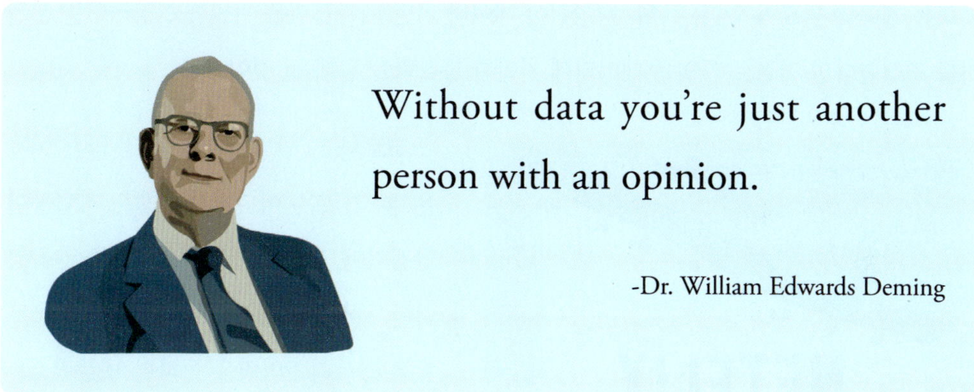

▲ 윌리엄 데밍의 명언 | 출처 | Dribble

최근 기업에서도 데이터에 기반한 사고 역량을 가진 인재를 선발하기 위해 노력한다고 한다. 그렇다면, 특히 기업에서 데이터 기반 사고가 중요한 이유는 무엇일까? 데이터에 기반하여 결정하면 어떤 부분에 긍정적일까?

기업에서 데이터에 기반한 의사결정의 중요성

기업은 소비자에게 필요한 물건이나 서비스를 제공하고 이익을 창출하는 집단이다. 우선 소비자가 원하는 것이 무엇인가를 발견하기 위해서는 확률에 의거한 데이터 분석이 필수적이다. 경험이 풍부하고 다양성을 추구하는 사람들이 필요로 하는 것이 이전보다 더욱 복잡해졌기 때문에 그들의 니즈를 충족하는 것도 훨씬 어려워졌고 직감으로 판단할 수 없는 것들이 늘어나고 있다.

조직은 데이터 기반 의사 결정을 표준으로 삼아 비판적 사고와 호기심을 장려하는 문화를 조성하는 것이 중요하다. 그렇게 되면 조직에 속한 모든 사람들이 데이터로 시작하는 대화를 나누고 실습과 적용을 통해 데이터 기술을 개발하게 될 것이다. 기본적으로 이를 위해서는 사람들이 보안 및 거버넌스와 균형을 이루고 필요한 데이터에 액세스할 수 있는 셀프 서비스 모델에 대한 이해도가 중요할 것이다. 기업은 직원이 데이터 기술을 배울 수 있는 교육 및 개발 기회를 제공할 필요가 있다. 특히, 경영진이 데이터 기반 의사결정을 지원하고 장려하는 분위기를 조성한다면 저절로 기업은 데이터에 기반한 통찰력을 얻게 될 것이다.

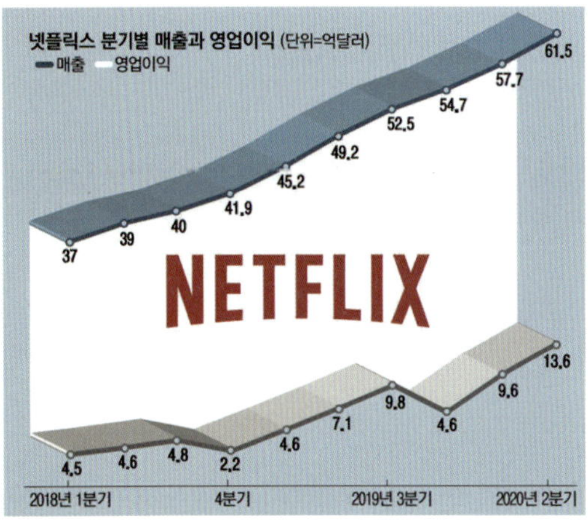

▲ 넷플릭스 분기별 매출과 영업이익 | 출처 | 매일경제

코로나 19 발발로 인해 가장 많은 이득은 본 기업은 어디일까? 많은 기업들이 있겠지만, '넷플릭스[Netflix]'가 그 중심에 있다는 사실은 부인할 수가 없다. 최초로 유료 구독자 2억명을 돌파한 넷플릭스는 경쟁자는 오직 사람들의 수면시간이라며 자신만만함을 드러냈다. 그렇다면 넷플릭스의 성공 비결은 무엇일까?

그들은 추천 엔진 서비스 개발에 사활을 걸었다. 사용자의 ID, 평점, 영화 시청 시간, 영화 정보, 영화 시청 이탈 정보, 시청 기기 종류, 검색 방식 등 생각할 수 없는 다양한 방식으로 데이터를 수집하고 추적한다. 이를 분석하여 시청자가 원하는 영상을 추천해줌으로써 OTT 시장에서 글로벌 최강자로 우뚝 섰던 것이다.

넷플릭스 뿐만 아니라 여러 기업들이 빅데이터 분석과 데이터 기반 의사결정을 도입하여 여러 면에서 도움을 받고 있다. 독일 항공기업 루프트한자 그룹Lufthansa Group은 자회사가 550여개로 늘어나면서 분석 보고에 일관성이 없었으나 통합된 분석 플랫폼을 활용하여 효율성이 30%나 증가하였으며 의사결정의 유연성이 향상되었다고 밝혔다. 또한 비영리 의료 간병인 시스템인 Providence St. Joseph Health는 100,000명 이상의 소속 간병인과 환자 데이터를 관리하기 위해 병원 시스템에 접속할 수 있는 대시보드를 구축함으로써 품질 및 비용 데이터를 투명하게 관리할 수 있었다.

효과적으로 데이터 기반 의사결정 내리기

목표 인지

데이터 기반 의사결정을 내리기 위한 첫 번째 단계로 조직의 목표에 대한 구체적 이해와 인지가 필요하다. 이는 유입 고객 100% 증가처럼 정확한 숫자로 표현될 수도 있지만 브랜드 인지도 향상과 같이 모호할 수도 있다. 이렇게 세워진 목표는 핵심성과지표 선택에 도움이 되며, 분석에 필요한 질문 수립에 유용하게 활용된다.

설문 조사

조직의 구성원이 목표를 얼마나 인지하고 있는지를 파악하는 일은 조직의 흥망성쇠를 결정하는 중요한 요소이다. 기업은 조직에 속한 사람들로 구성되기 때문에 이들에게 목표를 정확히 알려주고 작업의 우선순위를 정할 수 있도록 해야 한다.

필요 데이터 수집·준비

데이터가 연결되지 않은 저장소 곳곳에 흩어져 있는 경우 신뢰할 수 있는 고품질의 데이터를 수집하고 필터링하는 것이 어려워진다. 먼저, 영향력이 크고 복잡성이 낮은 데이터 소스부터 영향력이 작고 복잡한 데이터 순으로 데이터를 준비하며 우선순위를 지정한다.

데이터 시각화·탐색

데이터 시각화는 데이터 기반 의사결정에서 매우 중요한 역할을 한다. 시각적으로 영향력 있는 데이터를 강조하여 표현하면 여러 경영진과 조직 구성원, 소비자의 결정에 즉각적인 결정을 내리는데 도움을 준다. 데이터 시각화에는 차트나 그래프 등이 사용된다. D3, FineReport, Tableau 등과 같은 툴을 활용할 수 있다. 다음 그림은 데이터 시각화 툴 Tableau를 사용한 예시이다.

▲ Tableau 활용 데이터 분석 예시 | 출처 | Tableau

통찰력 형성

조직의 구성원들은 데이터에 대하여 비판적 사고를 가지고 분석을 진행하면 통찰력을 형성할 수 있다. 그 통찰력을 이용하여 문제해결과 의사결정에 영향을 미칠 수 있는 기회나 위협을 발견해야 한다.

행동·공유

통찰력을 발휘하여 문제나 위협을 발견했거나 조직의 의사결정에 중대한 영향을 미칠 수 있는 중대한 사실을 알아냈다면 이것을 조직의 구성원에게 알리고 협업을 통해 해결해야 한다. 이를 수행하는 방법으로는 효과적인 폰트나 그림, 차트를 사용한 대시보드를 구축하여 공유할 것을 권장한다.

제주도의 무속 신앙

자연의 악조건과 그로 인한 가난, 수많은 외세의 침략 등 여러 고난으로부터 굳게 버텨낸 제주 사람들은 신앙 없이 버티기 어려웠다. 1만 8천 신神이 제주를 지켜주고 있다고 할 만큼 제주는 무속 신앙의 뿌리가 깊다. 제주인들은 일상의 여러 행위를 내세와 연결 지어 생활의 신조로 삼는다고 한다. 제주의 다양한 무속 신앙에 대해 알아보자.

포제단

제주에서는 마을마다 그 마을의 무사안녕을 기원하고 농사나 가축들의 번성을 기원하는 제사를 지낸다. 이는 유교의 제사 형태와 무속 제의가 병존하고 있는 형태이다. 보통 이 제를 지내는 장소를 포제단이라고 부르는데, '마을제단', '포젯동산'이라고 부르기도 한다.

포제단은 대부분 마을에서 약간 떨어진 조용한 곳에 위치하여 있는데 그 형태에 따라 노지에 자연석을 모아 평탄하게 만든 노지형, 돌로 담을 쌓아 내부에 제단을 설치한 돌담형, 포제를 모시는 별도의 당을 만들어 제의를 봉행하는 형태의 당우형으로 구분된다. 본래 노지형으로 시작되었으나, 공간의 구분을 위해 돌담을 쌓는 형태로 변하기도 하였고 후대에 편의를 위해 깨끗한 공간을 사용하면서 당우형이 발달되기도 했다.

▲ 성산리의 돌담형 포제단 | 출처 | 한국향토문화전자대전

석상

제주에서는 곳곳에서 돌로 만들어진 여러 형상들을 만나볼 수 있다. 우리가 흔히 알고 있는 석상은 돌하르방인데, 이 돌하르방의 기원은 정확히 알 수 없지만 각 읍성의 성문에 세워져 있었던 것은 확실하다.

눈, 코, 입이 큰 형상을 한 가장 널리 알려진 돌하르방의 생김새는 제주목에 세워져 있던 돌하르방을 본뜬 것이다. 사실 돌하르방은 읍에 따라 다른 형상을 하고 있다.

▲ 제주목 돌하르방

| 출처 | 제주특별자치도

▲ 대정현 돌하르방

| 출처 | 한국향토문화전자대전

▲ 정의현 돌하르방

| 출처 | 제주특별자치도

이처럼 모양이 다른 이유는 돌하르방의 기능과 관련이 있다. 돌하르방은 먼저 성문 앞에 놓여져 성문의 위치 표시 역할을 하였으며 지방관의 권위를 표현하기도 했다. 제주목의 경우 권력이 가장 큰 곳이었기 때문에 강한 인상을 주고 큰 키를 자랑하지만 제주목에 비해 권력의 힘인 적었던 대정현의 돌하르방은 작고 온순한 형태를 띤다.

돌하르방의 또다른 기능으로는 제주 사람들을 지켜주는 수호신의 역할을 수행했다고 한다. 전염병을 막아주거나 코를 만지면 아들을 낳는다는 속설은 여기에서 비롯된 것이다. 예전에는 코를 빻아 먹기도 했다고 한다. 이렇게 보면 한반도의 장승과 돌하르방이 비슷한 역할을 했다고 볼 수 있다.

단단하고 검은 현무암으로 만들어진 돌하르방은 비바람에도 쓰러지지 않는 강인한 제주 사람들의 특징을 표현하고 있다고도 한다.

돌하르방 이외에도 제주에서 볼 수 있는 또 다른 석상은 동자석이 있다. 돌하르방이 제주 수호신의 역할을 했다면 동자석은 망자의 영혼을 지켜주는 역할을 수행했다고 한다. 보통 동자석은 두 손을 모은 어린 아이와 같은 모습을 하고 있는데 대부분 무덤 곁에 세워져 있다. 동자석의 특징으로는 지물持物을 들고 있는 경우가 많은데 일반적으로 부채, 붓, 꽃, 술잔, 칼 등 다양한 물건을 들고 있다.

▲ 동자석

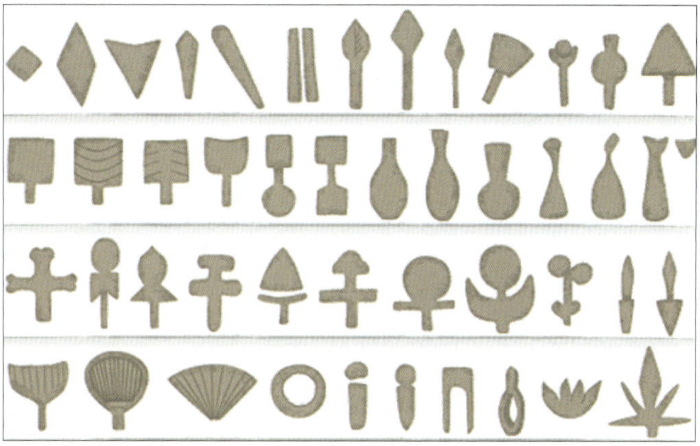

▲ 동자석 지물의 예시

| 출처 | 제주특별자치도

마지막으로 소개할 석상은 미륵이다. 본래 불교적 의미를 가지고 있었지만 제주 전통사회에서는 득남을 시켜주고 뱃길의 안전과 만선을 약속해주는 무속 신앙의 가치를 가지고 있는 대상이다. 옛날 화북마을에 살던 윤동지라는 사람이 물고기를 잡는 그물에 자꾸 사람 형상의 돌이 건져 올라와 이상하게 여겨 그 돌을 가져와 조상신으로 섬기게 되었고, 이후 벼슬을 하고 부자가 되었다는 이야기가 전해 내려온다. 훗날 마을의 젊은 사람들이 이 미륵을 버렸더니 마을 사람들 사이에 피부병이 돌았고, 이를 미륵을 버려

▲ 미륵 | 출처 | 제주특별자치도

얻게 된 대가로 생각했다. 이에, 젊은이들은 다시 미륵을 찾아와 버릴 때 생긴 상처를 한지로 잘 감싸고 다시 모시니 피부병이 사라졌다는 전설이 있다.

굿

다양한 신이 살고 있다는 전설이 내려오는 제주에서는 이 신들과 사람이 교류하기 위해 다양한 굿이 펼쳐진다. 굿은 신과 사람의 매개자 역할을 하는 무녀,즉 무당을 통해 행해진다. 제주 큰 굿은 현재 전승되고 있는 한국굿 중 규모가 가장 크고 내용이 풍부한 무형문화유산이다. 굿은 그 형태와 기회, 규모, 성격에 따라 여러 기준으로 나눌 수 있는데, 아래 표에서 일반굿의 종류를 확인할 수 있다.

표 | 일반굿의 종류

종류	내용
문전제	한 해의 행운을 비는 신년제
멩감코	업의 풍요를 비는 풍년제
요왕제	해신 용왕에게 바치는 신년제
불도맞이	득남을 위한 의례
두린굿	정신병을 치료하는 굿
성주풀이	집을 지었을 때 행하는 의례
해녀굿	해녀들의 무사 안녕을 위한 굿
귀양풀이	장례를 지낸 날 밤에 행하는 공양제
액막이	환자의 액운을 막는 굿

▲ 제주 해녀굿 | 출처 | 제주일보

▲ 마을굿 | 출처 | 제주누리

데이터인가, 신앙인가?

사람은 누구나 마음의 중심이 필요하다. 행동을 하고 생각을 할 때도 이 중심에 따라 행하게 된다. 기업은 어떨까? 기업의 여러 의사결정을 내릴 때에도 어떠한 기준이 필요하다. 4차 산업혁명 시대에 들어서면서 빅데이터는 '21세기의 원유[Oil]'로 불린다. 기업의 의사결정의 기준이 이제 데이터가 된 것이다.

데이터 기반 문화를 조성하는 것은 다음과 같은 가치가 있다.

1. 비용 절감
2. 의사결정 과정의 개선
3. 새로운 수익원 창출
4. 경쟁 우위 차지
5. 전략적 사고방식 내포

제주의 민속 신앙 문화의 색깔은 21세기에 들어오면서 많이 옅어졌지만 다른 지역에 비해 아직 이러한 문화의 영향이 존속해 있다고 볼 수 있다.

제주에는 '신구간[新舊間]'이라는 문화가 있다. 이 시기는 대략 1월 말부터 2월 초를 가리키는데 제주의 모든 신들이 이 기간에 하늘에 올라가 옥황상제에게 새로운 일을 보고한다고 한다. 그래서 옛날 제주 사람들은 신들이 자리를 비운 이 기간에 집을 이사하거나 수리를 해야 신의 심기를 건드리지 않는다고 믿었고, 지금도 이때 가전제품 행사를 하거나 맞춤형 정책을 실시하기도 한다. 1년 치 집값을 한 번에 지불하는 '연세[년세]'가 유독 제주에서 성행한 것도 이러한 '신구간'의 영향이다.

의사결정을 하는 주체는 사람이다. 어떤 기준을 중심으로 모든 결정을 내릴 것인가? 데이터인가, 신앙인가? 판단은 당신의 몫이다.

데이터 리터러시와 제주어

데이터 리터러시가 데이터 활용에 필요한 역량인 것처럼 제주어는 제주를 더 깊이 이해할 수 있는 도구이다.

데이터 리터러시

현대 사회를 살아가고 있는 우리는 데이터 기반 사고와 더불어 데이터 리터러시의 함양이 꼭 필요하다. 데이터 리터러시는 데이터를 활용할 수 있는 능력을 말한다. 더욱 구체적으로는 데이터 소스를 구성하고 데이터에 적용된 분석방법과 기술, 사용사례, 애플리케이션 및 결과의 가치를 설명하는 능력에 더하여 데이터를 읽고 쓰고 공유할 수 있는 능력으로 정의할 수 있다.

▲ 데이터 리터러시 | 출처 | Ovaledge

글로벌 정보기술 연구기업인 가트너Gartner의 연례 데이터 책임자 설문조사에 따르면 데이터 리터러시의 부족은 기업의 두 번째로 큰 장애요소로 선정되었다. 앞으로 데이터 리터러시는 필요한 가치를 창출하는데 있어서 우리에게 필수요소가 될 것이다. 위의 만화처럼 예전에는 데이터 분석을 위한 팀이 따로 존재했지만 데이터가 홍수처럼 넘쳐나는 오늘날 조직에 데이터 분석팀 하나로는 역부족이다. 우리 모두가 데이터 리터러시 역량을 기를 때 더욱 효율적인 시너지가 발생할 것이다.

데이터 리터러시 역량

데이터 리터러시 함양에 필요한 역량은 다음 그림처럼 크게 5개의 영역으로 나누어 볼 수 있다. 이는 개념적 프레임워크 수립, 데이터 수집, 데이터 관리, 데이터 평가, 데이터 적용으로 분류된다. 개념적 프레임워크 수립 영역에서는 데이터 이해, 데이터 소개, 데이터 전기傳記 역량을 포함한다. 데이터 수집 영역에서는 데이터의 발견과 수립, 데이터와 출처의 품질, 관련성, 유효성 평가와 보장, 데이터 수립 목적 제시 역량을 포함한다. 데이터 관리 영역에서는 데이터 조직과 보존, 데이터 큐레이션, 보안, 재사용, 데이터 변조와 조절을 포괄한다. 데이터 평가 영역에서는 데이터 기반 의사결정, 데이터 분석, 데이터 시각화 역량이 포함된다. 데이터 적용 영역에서는 데이터 인용 및 공유, 데이터 문화, 데이터 윤리 역량을 중시한다.

그렇다면 다음 그림에서 영역별 하위 요소들을 자세히 알아보자.

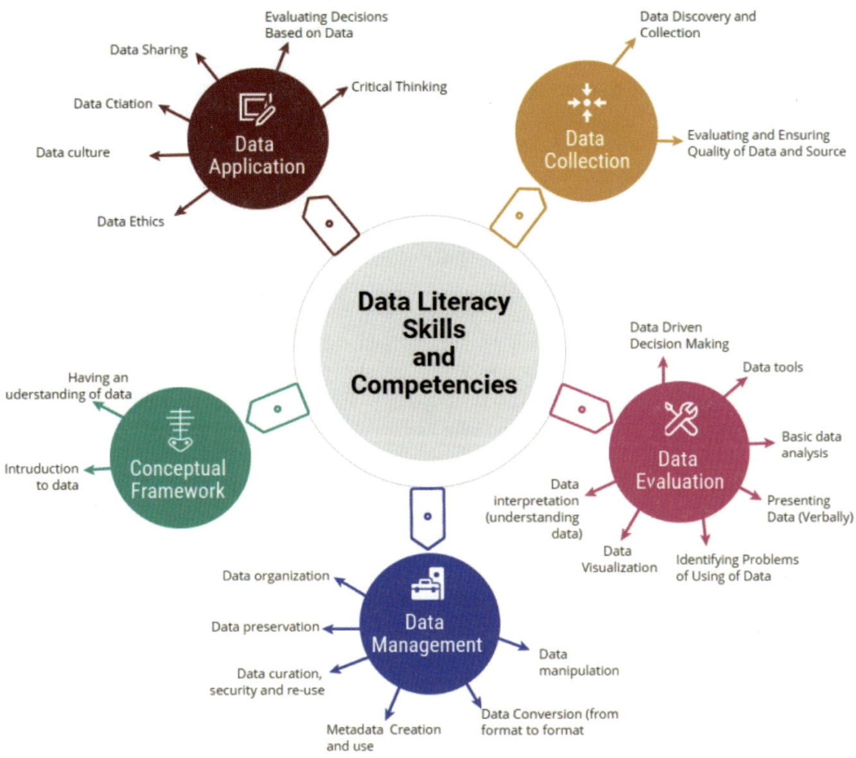

▲ 데이터 리터러시 스킬과 역량 | 출처 | Data literacy from theory to reality: How does it look?

▲ 데이터 리터러시 스킬과 역량의 하위 요소

일상 속 데이터 리터러시 적용

데이터 리터러시는 조직과 기업에서만 효율적으로 적용할 수 있는 것일까? 정답은 '아니오'이다. 데이터 리터러시를 계발하게 되면 일상을 살아가면서 개인적으로도 도움이 될 수 있다.

교육부가 제안한 일상 속 데이터 리터러시 능력 발휘의 예시처럼 문제 해결에 데이터를 활용하고 수집된 데이터를 기반으로 의사소통하며 딥페이크나 가짜 뉴스에 현혹되지 않는 즐거운 데이터 생활을 할 수 있을 것이다.

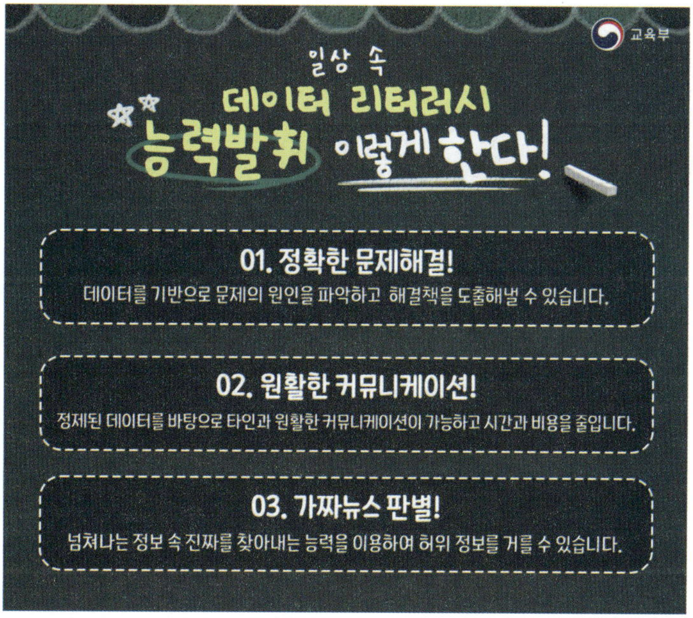

▲ 일상 속 데이터 리터러시 능력 발휘의 예시 | 출처 | 교육부

제주어

우리가 흔히 들어본 육지의 방언이라고 하면 억양이나 말투 등이 표준어와 다른 형태로 흔히 생각할 수 있다. 그래서 웬만하면 다른 지역의 사람이 들더라도 대략적으로 문장을 이해할 수 있다. 그러나 제주는 다르다. 제주어에 이해도가 없는 사람이 제주 토박이들의 대화를 들어보면 아예 이해가 가지 않는 경우가 많다.

'위기의 언어' 판단 기준

기준	제주어
세대 간 언어 전승	미달
화자의 절대 수	미달
전체 인구 대비 해당 언어 구사자 비율	미달
언어 사용 분야의 변화	미달
새로운 영역, 매체에 (해당 언어로) 반응하기	미달
언어 교육과 읽고-쓰기 자료 사용 여부	미달
해당 언어의공식적인 지위 부여/사용을 포함한 정부와 해당 기관의 태도와 정책	미달
언어에 대한 지역사회 구성원의 태도	미달
(해당 언어) 자료의 양과 질 등	미달

유네스코 '언어의 소멸위기 정도'

단계	소멸위기 정도	언어의 세대간 전달
1단계	취약한 언어 (Vulnerable language)	대부분의 어린이들이 언어를 특정한 공간에서만 사용(예 : 집)
2단계	분명히 위기에 처한 언어 (definitely endangered language)	어린이들이 더 이상 집에서 언어를 모국어로 배우지 않음
3단계	심하게 위기에 처한 언어 (severely endangered language)	노령인구가 언어를 사용함 : 부모세대는 언어를 이해할 수 있으나 서로에게, 아이들에게 언어를 사용하지는 않음
4단계	아주 심각하게 위기에 처한 언어 (critically endangered language)	노령인구만이 언어를 부분적이고 드물게 사용함
5단계	소멸한 언어 (extinct language)	언어를 사용하는 사람이 없음

▲ 유네스코 지정 위기의 언어 기준 | 출처 | 고대신문

그러나 안타깝게도 제주어는 2011년 유네스코에 의해 '아주 심각하게 위기에 처한 언어'로 소멸위기 정도 4단계로 지정됐다. 문화적 가치가 높고 보존가치가 있는 제주어를 알아보자.

제주어의 특징

언어는 본래 언어를 쓰는 사람에 따라 소멸되기도 하고 탄생하기도 한다. 이에, 언어가 소멸되는 것은 자연스러운 현상이라고 볼 수 있다. 그렇다면 제주어는 왜 보존해야 하고 계속 연구해야 하는 것일까? 제주어는 어떤 특징을 가지고 있고 그 가치는 무엇인가?

언어는 '문화를 담는 그릇'이라고 한다. 제주어는 제주도민들의 문화, 역사, 혼을 반영하는 총체적 기능을 한다.

① 중세 국어 반영

제주어에는 16세기에 들어서면서 사라진 아래아(ㆍ) 모음이 남아있다. 그 이유로 전문가들은 제주의 지리적 특성을 이야기하곤 하는데 육지와 떨어져 있는 제주는 그 변화가 더디게 진행되고 있는 상태라고 한다.

> 예 서울에서는 ᄃᆞᆯ(月)을 달로 발음하지만 제주에서는 돌로 발음한다.

② 몽골어 차용 어휘

상별초 항쟁과 목호의 난 등 제주와 몽골은 100년의 세월을 함께 했다. 이 때문에 제주어에도 몽골어의 특징이 반영되었는데, 특히 목마장을 제주에 설치하며 몽골의 14개 국립 목장 중 하나로 운영하고 있어 말과 관련된 어휘에 몽골어가 차용된 경우가 많다.

> 예 가라(검은 털의 말), 구렁(밤색 털의 말), 부루(하얀 털의 말) 등

③ 단어 받침에 'ㅇ'이 붙는 형태

제주어에는 단어의 받침에 'ㅇ' 이 붙는 형태를 자주 볼 수 있는데, 여기에는 여러 설이 있지만 바람이 많이 불기 때문에 다른 사람에게 정확하게 말을 전달하기 위함이라는 의견이 있다.

> 예 하영(많이), 바당(바다), 천장만장(멀리멀리), 놀멍(놀면서) 등

재미있는 제주어-단어

제주어에는 재미있는 단어들이 많다.

아래 표에 있는 단어를 보고 어떤 뜻을 가진 단어인지 추측해보자!

제주어	표준어
감저	
지슬/지실	
하르방	
돗/도새기	
생이	

그렇다면, 이번에는 시를 읽어보고 무엇을 표현하는 시인지 맞혀보자.

잊어불지 못ᄒᆞ영

잊어불지 못ᄒᆞ영 생각이 날텝주마는
게고저고 ᄒᆞᆫ세상 지내염십서
살암시문 잊어볼 날 이실 거우다.

어불지 못ᄒᆞ영 생각이 날거우다마는
게고저고 세월만 가렝ᄒᆞ십서
경ᄒᆞ여도 더러는 잊어불 거우다.

경ᄒᆞ주마는 ᄒᆞᆫ펜으론 영ᄒᆞᆯ텝주
그리왕 ᄉᆞᆯ뜰ᄒᆞ게 잊어불지 못ᄒᆞ는디
어ᄄᆞᆼᄒᆞ민 생각이 떠나코마씀.

| 출처 | 어반브러시

앞 페이지에서 제주 단어와 제주어로 된 시를 살펴보았는데, 이제 그 뜻이 무엇인지 함께 살펴보자.

제주어	표준어
감저	고구마
지슬/지실	감자
하르방	할아버지
돗/도새기	돼지
생이	새

제주어로 감자와 비슷한 감저는 사실 고구마이고, 지슬[지실]이 감자이다. 하르방은 할아버지니, 돌하르방은 돌로 만들어진 할아버지이다. 도새기는 본래 고어로 돗이 돼지라는 뜻이었다고 한다. 생이도 받침에 'ㅇ'을 많이 쓰는 영향으로 새가 생이가 되었다.

앞서 제주어로 적힌 시의 원작은 김소월 시인의 '못 잊어' 였다.

못 잊어

못 잊어 생각이 나겠지요,
그런대로 한세상 지내시구려,
사노라면 잊힐 날 있으리다.

못 잊어 생각이 나겠지요,
그런대로 세월만 가라시구려,
못 잊어도 더러는 잊히오리다.

그러나 또 한긋 이렇지요,
'그리워 살뜰히 못 잊는데,
어쩌면 생각이 떠지나요?'

| 출처 | 어반브러시

재미있는 제주어-속담

제주어에는 들어보지 못한 신기한 속담들도 많다. 이번에는 제주어로 된 속담을 알아보자.

제주어	표준어
그 아방네 그 아달, 그 어멍에 그 뚤	그 아버지에 그 아들, 그 어머니에 그 딸 (피는 못 속인다)
바당 속이 맑으민 날 좋곡, 어욱으민 날 궂나	바다 속이 맑으면 날씨가 좋고, 어두우면 날씨가 나쁘다.(바다 색을 보고 바다에 들어가라)
고운 사람은 멕을 써도 곱넹한다.	고운 사람은 망태기를 써도 곱다. (마음씨가 곱다)
재민 잰 깝 싯나.	빠르면 빠른 값이 있다. (빠른 것이 해가 될 때가 있다)
장신 가다 요헹인다.	장사는 가다가 요행이다. (장사에는 요행수가 있기 마련이다)

데이터 활용 능력, 데이터 리터러시 제주 이해도 향상, 제주어

데이터를 잘 이해하고 활용하기 위해서 우리는 데이터 리터러시를 계발해야 한다. 이처럼 제주도에 대한 이해를 넓히고 제주의 역사와 문화, 민족의 혼을 깊게 이해하기 위해서는 제주어를 들여다보면 된다.

본래 '리터러시[Literacy]'란 우리나라 말에서는 '문해력'으로 번역되어 글을 읽고 쓰는 능력을 가리킨다. 그러나 4차산업혁명 시대에 들어서면서 단순 텍스트 외에 문해력이 필요한 다양한 요소들이 늘어났다. 디지털 리터러시, 데이터 리터러시, 미디어 리터러시, 인공지능 리터러시 등 리터러시의 주체가 다양해지면서 '문해력'이란 단순히 읽고 쓰는 능력에서 주어진 정보를 이해하고 평가, 분석하며 개인에게 닥친 문제를 해결하는 능력으로 그 의미가 확장되었다.

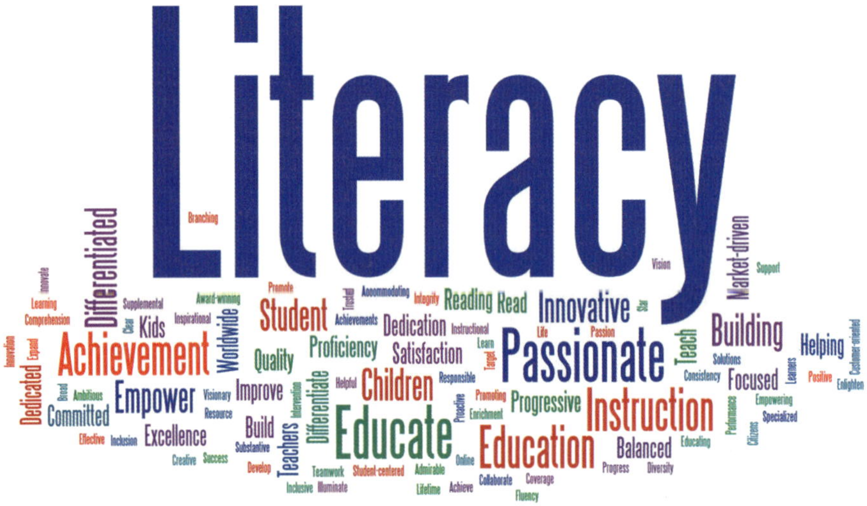

▲ 리터러시 워드 클라우드 | 출처 | Forum for African Women Educationalists

제주어의 특징과 가치를 이해하면서 제주를 더욱 알아갈 수 있는 것처럼 많은 데이터 속에서 내가 진정으로 필요한 데이터를 구별하고 비판적으로 사고할 수 있는 능력을 길러 데이터의 홍수 속에서 인사이트를 발견할 수 있게 되기를 바란다.

04

3V와 삼다(三多)

데이터의 3가지 요소를 일컬어 3V라고 한다.
제주의 3가지 특징인 삼다에 비유하여 이해해본다.

3V (Volume, Velocity, Variety)

빅데이터의 특징과 요소를 말할 때 가장 자주 인용되는 것이 3V이다. 이 3V는 앞에서도 언급되었던 글로벌 정보기술 연구 기업인 가트너에서 2001년 처음 소개된 것으로 빅데이터의 특징으로 규모[Volume], 속도[Velocity], 다양성 [Variety]을 줄여 부르는 것이다. 빅데이터는 데이터의 양이 많고, 속도가 빠르며, 종류가 다양한 데이터를 뜻한다. 다음 그림은 빅데이터의 3가지 요소인 3V를 나타낸 그림이다.

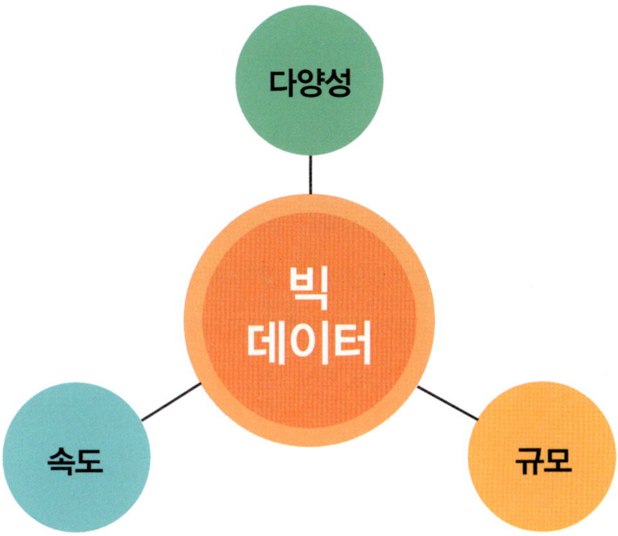

▲ 빅데이터의 3가지 요소

다음 페이지에서부터 이 특징들을 하나씩 살펴보자.

3V ① Volume (규모)

규모 Volume

- 생산된 데이터의 양
- 온라인 & 오프라인 거래
- 테라바이트 수준의 규모
- 음성, 표, 문서로 저장됨

ICT로 만들어진 채널은 거래 또는 모든 상호 작용 지점에 대해 사용할 수 있는 데이터의 깊이와 폭을 확장한다. 온라인 거래의 낮은 비용은 기업이 더욱 많은 개인과 거래처에 제품이나 서비스를 제공할 수 있게 하였다. 따라서 개별 거래에 대한 대량의 데이터를 수집할 수 있게 되었으므로 관리할 데이터의 전체 양도 증가하게 되었다. 뿐만 아니라 기업이 정보를 유형자산으로 인식하는 경향이 높아지고 있어 정보를 폐기하는 것을 꺼리고 있다.

일반적으로 데이터 볼륨의 증가는 추가 온라인 스토리지를 구매하여 처리하면 된다. 그러나 데이터 볼륨이 증가함에 따라 각 데이터 포인트의 상대적 가치도 비례하여 감소하므로 단순히 온라인 스토리지를 증가시키는 것은 경제적 타당성이 좋지 않다. 이 문제를 해결하기 위한 실행 가능한 대안 및 보완사항은 다음과 같다.

- 다양한 미디어를 사용하여 데이터 활용도와 데이터 가용성의 균형을 비용 효율적으로 유지하는 계층형 스토리지 시스템 구현
- 현재 또는 임박한 비즈니스 프로세스에서 활용될 데이터로 수집된 데이터 제한
- 특정 분석 구조를 통계적으로 유효한 샘플 데이터의 백분율로 제한
- 중복을 식별하고 후속적으로 제거하기 위한 프로파일링 데이터 소스
- 데이터 관리 전체 아웃소싱(예: EDS, IBM 사)

3V ② Velocity (속도)

속도 Velocity

- 생산된 데이터의 속도
- 실시간으로 생성
- 온라인 & 오프라인 데이터
- 배치 처리, 스트리밍 데이터 처리

ICT는 고객과 직접적으로 정보가 교환되는 시점인[Point of InteractionPOI] 속도를 증가시켰다. 이는 결과적으로 고객과 정보 사이의 상호 작용을 지원하는 데 사용되며 이러한 상호 작용에 의해 생성된 데이터 속도를 높이는 역할을 한다.

POI 성능이 점점 더 경쟁력 있는 차별화 요소(웹 사이트 응답, 재고 가용성 분석, 트랜잭션 실행, 주문 추적 업데이트, 제품/서비스 제공 등)로 인식됨에 따라 데이터 속도를 관리하는 조직의 능력도 이에 따라 조정된다. 데이터 속도 관리가 물리적 대역폭 및 프로토콜 문제 그 이상임을 인식한 기업은 다음과 같은 아키텍처 솔루션을 구현한다.

- 운영 문의 또는 전술적 분석을 위해 생산 데이터를 주기적으로 추출, 통합 및 재구성하는 운영 데이터 저장소(Operational Data Store, ODS)
- 추가 로드 및 성능 저하로부터 백엔드 시스템을 버퍼링하면서 트랜잭션 데이터에 대한 즉각적인 액세스를 제공하는 캐시
- 전략적 분석에 더 적합한 대기 시간이 긴 허브 앤 스포크 모델을 우회하는 데이터베이스와 애플리케이션(예: D2K, DataMirror) 간의 P2P(지점 간) 데이터 라우팅
- 데이터 대기 시간과 애플리케이션 데이터 요구 사항 및 의사 결정 주기의 균형을 맞추는 아키텍처를 설계

3V ③ Variety (다양성)

다양성 Variety	• 정형 & 비정형 데이터 • 온라인 이미지 & 영상 • 사람 생성 데이터 • 기계 생성 데이터

빅데이터의 다양성은 사람이나 기계에 의해 생성될 가능성이 있는 모든 정형 및 비정형 데이터를 의미한다. 다양한 비호환 데이터 형식, 정렬되지 않은 데이터 구조 및 일관성 없는 데이터는 효과적인 데이터 관리에 장벽이 된다. 가장 일반적으로 우리가 생성하는 데이터는 구조화된 텍스트, 트윗, 사진, 영상이다. 그러나 이메일, 음성 메일, 손으로 쓴 텍스트, 심전도 판독, 오디오 녹음 등과 같은 비정형 데이터도 버라이어티에서 중요한 요소이다. 다양성은 생성되는 데이터를 다양한 범주로 분류하는 능력에 관한 것이다. 무분별한 데이터들을 구별하기 위한 다양한 기술들은 다음과 같다.

- 숨겨진 관계를 발견하고 여러 데이터 소스에서 불일치를 해결하기 위한 데이터 프로파일링
- 다른 데이터 형식(예: infoShark, XML 솔루션)으로 내보내기 위해 표준 XML 문서로 데이터를 가져오는 XML 기반 데이터 형식 변환기
- 메시지 대기열을 통해 알려진 애플리케이션 간에 데이터를 수집하고 전달하거나 맞춤형 어댑터를 구축하기 위한 EAI 개발 키트
- 애플리케이션과 데이터베이스 간의 직접 연결을 위한 데이터 액세스 미들웨어
- 엔터프라이즈 데이터에 컨텍스트 일관성을 제공하는 데 도움이 될 수 있는 정의 메타데이터를 캡처 및 제공하는 메타데이터 관리 솔루션
- 다양한 호환되지 않는 유형의 데이터(예: 멀티미디어, 문서, 구조화된 데이터, 비즈니스 규칙)를 연결하기 위한 고급 인덱싱 기술

3V를 넘어선 7V

가트너가 빅데이터를 3V로 정의한 2001년 이후 데이터의 영역이 날로 넓어지고 인공지능과 머신러닝 기술 등 여러 첨단 기술이 빅데이터와 연계되면서 3V로는 빅데이터의 속성을 설명하기란 어렵다는 의견이 나타났다. 따라서 최근의 전문가들은 3V에 4가지 요소를 더한 7V를 주장하고 있다.

Veracity

Veracity는 우리말로 '정확성'으로 번역할 수 있는데 빅데이터에 대한 신뢰도를 뜻한다. 데이터의 신뢰성은 데이터 수집에 중요한 역할을 한다. 부정확하거나 데이터가 담고 있는 정보의 구별이 어려운 경우 진실성이 낮다고 말한다.

Value

여기에서 말하는 Value는 값이 아닌 '가치'로 번역할 수 있다. 빅데이터의 가치는 수집된 데이터의 유용성을 의미힌다. 사실 데이터 자체는 활용성이 없을 수 있다. 데이터가 가치가 있기 위해서는 분석을 통해 인사이트를 도출할 수 있어야 한다.

Visualization

빅데이터 분석 후 사용자들이 데이터 사용을 원활하게 할 수 있도록 도움을 주는 방법으로 단연 시각화를 빼놓을 수 없다. 차트와 그래프로 많은 양의 데이터를 정리하여 보여주는 것은 숫자가 가득한 스프레드시트 보다 훨씬 효과이다.

Volatility

Voladity는 '휘발성'으로 번역할 수 있는데 이는 데이터의 보관 시간과 관련된 속성으로서 데이터가 소실됨을 의미한다. 양질의 데이터를 수집했지만 보관 시간이 원하는 시간보다 짧아 데이터가 소실된다면 빅데이터를 유용한 정보로 사용할 수 없게 된다.

삼다(三多)

제주에는 돌, 바람, 여자가 많아 '삼다의 섬'이라고 불린다. 왜 이 3가지가 유독 제주에 많은 것일까? 실제로 이것들이 정말 많은 것일까? 다음 페이지에서 궁금증을 해결해보자.

삼다(三多) ① 돌

그러면 먼저 제주 삼다 중 첫 번째로 돌에 대해 알아보도록 하자.

화산섬인 제주는 신생대에 시작된 화산활동으로 형성되었다. 제주에 돌, 특히 현무암이 많은 이유는 용암이 흘러 굳어진 암석이 많기 때문이다. 현무암 외에도 화산 폭발로 인해 마그마가 엉겨 붙어 생겨난 화산 쇄설암들도 자주 볼 수 있다.

▲ 현무암 | 출처 | 제주특별자치도

▲ 제주 밭돌담 | 출처 | 뉴스로드

▲ 정의성 | 출처 | 제주특별자치도

제주 사람들은 이 많은 돌들을 지혜롭게 사용하였는데, 그 예로 우선 '돌담'을 들 수 있다. 제주를 생각하면 많은 사람들이 우선 현무암으로 만들어진 돌하르방을 생각하겠지만 이에 못지않게 돌담을 떠올리는 사람들도 많을 것이다. 돌담은 토지 영역의 구분, 바람막이, 소와 말의 침입방지 등 여러 기능을 하였는데, 이로부터 돌을 현명하게 생활에 활용한 조상들의 지혜를 엿볼 수 있다.

'돌담'의 형태와 비슷하지만 또 다른 중대한 역할을 했던 것이 바로 '성'과 '진'이다. 제주는 외세의 침입이 잦아 방어시설을 건설하는 것이 매우 중요하였기 때문에 제주 사람들은 많은 돌을 활용하여 성벽을 짓고 진을 쳤다. 이 과정에 무고한 많은 제주 사람들이 피해를 보았으며 치열한 전투의 흔적만큼이나 성벽의 길이도 매우 길었다고 전해지고 있다. 지금도 제주 곳곳에는 이 성과 진의 흔적들이 남아있다.

삼다(三多) ② 바람

제주는 도서지역이고 한라산이 중앙에 위치하여 있으며 기생화산인 오름이 360여개 분포되어 있기 때문에 바람이 많고 강하다는 특성이 있다. 특히 태풍의 피해가 심각한 지역으로도 잘 알려져 있는데 2020년 한해에만 태풍 3회, 호우 1회로 74억 원이 넘는 재산손실을 초래하였으며 인명피해도 상당하였다.

강한 바람의 피해를 줄이기 위해 돌담을 쌓기도 하지만 숲을 조성하기도 하는데, 이를 방풍림이라고 한다. 방풍림에는 강한 바람에도 잘 견디는 상록수나 침엽수를 주로 심는다. 관광지로 잘 알려져 있는 서귀포 위미리의 동백나무군락은 본래 대표적인 방풍림이다.

바람으로 인해 주민들의 생활에도 많은 변화가 있었다. 먼저, 발음의 변화이다. 제주어의 받침에 'ㅇ'이 많이 들어가고 단어를 줄이는 형태는 강한 제주 바람을 피해 상대방에게 간결하고 정확하게 말을 전달하기 위해 발달해온 것이라고 알려져 있다.

▲ 위미리 동백나무군락 | 출처 | 제주특별자치도

또 한가지 변화는 주거 형태이다.

제주의 전통적인 집은 높이나 낮고 지붕이 평평하며 짚을 끈으로 촘촘하게 동여맨 형태를 띠고 있다. 이는 강한 바람에 지붕이 날아가지 않도록 하기 위함이었으며, 높은 천고로 인해 집이 부서지지 않게 하기 위한 조상들의 지혜이다.

▲ 제주 초가집 형태 | 출처 | 제주특별자치도

삼다(三多) ③ 여자

돌과 바람은 제주의 자연과 지형적 형태로 이해될 수 있지만, 제주에 여자가 많다는 것은 어떻게 이해할 수 있을까? 제주에 정말 여자가 많은 것일까?

여기에는 몇가지 이야기가 있다.

제주 문화의 중심에는 여성이 등장하는 경우가 많다. 제주의 창조 설화에 등장하는 설문대할망은 제주를 만든 거인형 여신이다. 또한, 제주의 거상 김만덕은 조선시대 최고 거상으로 알려져 있으며 어려움에 빠진 제주 사람들을 기꺼이 도운 인물로도 유명하다. 다른 지역보다 여성의 활약이 두드러져 타 지역 사람들의 눈에 여자가 많다고 인식되었다고 한다.

| 출처 | 제주관광공사

외세의 침략, 전쟁, 가난 등으로 인하여 제주는 조용할 날이 없었다. 이러한 사건들이 발생할 때마다 남자는 첫 번째 희생양이 되었다. 예컨대 4·3사건으로 희생된 남성은 1만 여명에 달하였으며, 이는 여성의 3배가 넘는 숫자였다. 이러한 원인으로 인하여 여성들이 밖에 나가 일을 하며 자식들을 먹여 살려야 했다.

다른 지역에서는 남성이 바깥에서 일을 하고 여성은 집에서 살림을 하는 경우가 많았다. 그러나 제주에서는 남편이나 아들들이 전쟁에 출전하거나 희생된 사람들이 많았기 때문에 여성들이 밖에서 일을 하는 경우가 많았다. 그렇기 때문에 다른 지역에서 온 사람들은 제주가 여성이 많은 섬이라고 인식했다고 한다.

▼ 물질하는 해녀들 | 출처 | 해녀박물관

삼무(三無)의 섬 제주

제주의 특징으로 돌, 바람, 여자가 많은 섬으로 삼다[三多]를 꼽지만, 제주에는 세가지가 없다고 해서 삼무[三無]의 섬으로 불리기도 한다.

제주에는 도둑이 없다!

제주 사람들은 대가 없이 남의 것을 탐하지 않고 정직하게 살았다고 한다. 먹을 것이 없고 매우 궁핍하고 가난한 생활을 했지만, 불의를 저지르지 않았던 제주인들의 정직함과 정의로움을 엿볼 수 있다.

| 출처 | 셔터스톡

제주에는 거지가 없다!

땅이 척박하고 외부의 침략과 침입이 잦았던 제주는 농사짓는 것조차 어려웠기 때문에 돈을 벌기가 여간 어려운 상황이 아니었다. 하지만 제주 사람들은 매순간 근검절약하고 서로를 도와가면 공동체 정신을 발휘하며 살았다고 한다.

| 출처 | 어반브러시

제주에는 대문이 없다!

대문이 없다는 것은 이웃 간에 서로를 믿었다는 뜻이다. 제주는 대문 역할을 하는 정낭이나 정주석은 있었지만 아예 걸어 잠궈 들어오지 못하게 하는 대문이 없었다. 이는 도둑과 거지가 없고 서로를 돕는 마음에 기인한 것이다.

▲ 정주석과 정낭 | 출처 | 정낭여행사

삼다(三多)에 빗댄 3V

삼다		3V
돌	↔	Volume
바람	↔	Velocity
여자	↔	Variety

돌과 규모

제주에는 돌이 많아 삶의 필수 요소인 물을 구하기가 어려웠다. 데이터 용량이 많다고 해서 무조건 유용하다고 볼 수는 없다. 불필요한 데이터가 많으면 필터링하는 작업에도 막대한 비용과 시간이 투입되어야 하기 때문이다. 사용자가 필요한 정보를 수집하고 재정의할 수 있어야 한다.

바람과 속도

제주는 바람이 많이 불어 피해도 있지만 가뭄을 해결해주기도 한다. 디지털 데이터는 매우 빠른 속도로 생성되기 때문에 데이터 분석은 정시에 처리되어야 한다. 우리는 바람과 데이터의 속도를 조절하고 이에 맞춰 적절히 대응하는 능력이 필요하다.

여자와 다양성

제주에서는 여러 사건들로 남성의 희생이 많았던 탓에 여자가 많은 섬으로 불렸다. 이 때문에 제주의 많은 여성들은 혼자 가정과 일의 많은 부분을 책임져야 했다. 편향을 막기 위해서 데이터는 다양해야 한다. 데이터나 성비도 어느 한쪽으로 치우쳐지는 것보다 다양성이 보장되어 균형을 이루는 것이 중요할 것이다.

엣지 컴퓨팅과 테우

데이터 처리의 혁신이라 불리는 엣지 컴퓨팅!
제주인들의 지혜가 담긴 테우를 통해 알아보자.

엣지 컴퓨팅 (Edge Computing)

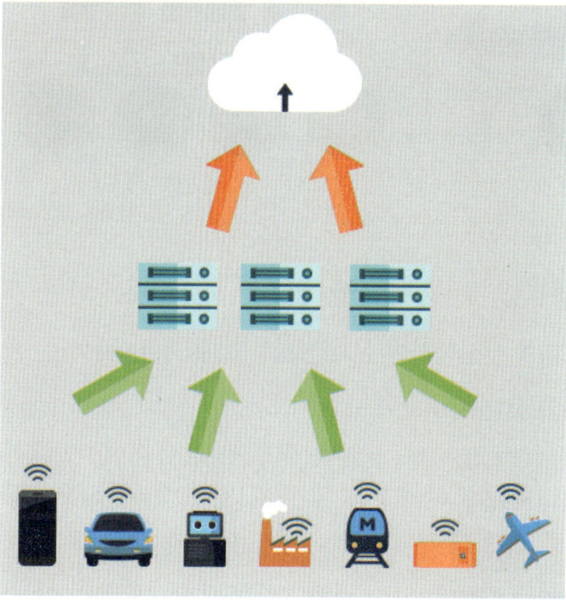

▲ 엣지 컴퓨팅 | 출처 | SKTelecom

엣지 컴퓨팅은 데이터를 처리하는 방식 중 하나로서 이름에서도 알 수 있듯이 말단을 의미하는 엣지[Edge]에서 데이터를 처리한다는 의미이다.

좀 더 자세히 말하자면, 스마트폰이나 자율주행차 등 데이터를 생산하는 다양한 곳의 근처에서 데이터를 분석하고 처리하여 사용자에게 필요한 정보나 분석 결과들만 중앙 데이터 센터로 보내는 기술을 말한다.

엣지 컴퓨팅은 포그 컴퓨팅[Fog Computing]으로 불리기도 한다. 말단을 의미하는 엣지를 지표면 가까이 존재하는 안개로 비유하여 안개 부근에서 데이터를 처리한다는 의미에서 포그 컴퓨팅이라 한다.

다음 페이지에서 엣지 컴퓨팅이 이전에 처리했던 데이터 처리 방식과 어떠한 부분이 다른지, 얼마나 혁신적인 기술인지 확인해보자.

클라우드 컴퓨팅 vs 엣지 컴퓨팅

엣지 컴퓨팅은 클라우드 컴퓨팅에서 발생하는 문제점들을 해결하기 위해 시작되었다고 한다. 그렇다면 클라우드 컴퓨팅과 어떠한 차이점이 있을까?

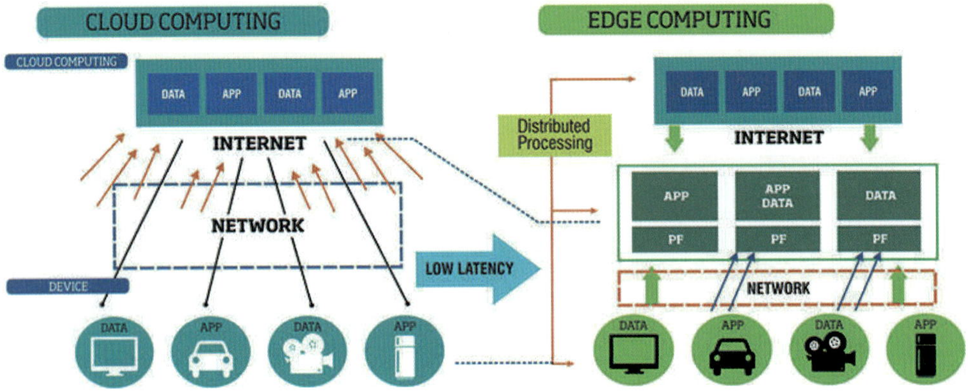

▲ 클라우드 컴퓨팅과 엣지 컴퓨팅 비교 | 출처 | cognixia

위 그림에서 알 수 있듯이 클라우드 컴퓨팅은 중앙 서버에서 컴퓨팅 처리를 하는 반면, 엣지 컴퓨팅은 각 종단 기기 근방에서 데이터를 분산화하여 실시간으로 1차 처리를 돕는다는 개념에서 차이가 있다. 추가적으로 아래 표와 같은 차이점이 있다.

표 | 클라우드 컴퓨팅과 엣지 컴퓨팅의 차이점

차이점	클라우드 컴퓨팅	엣지 컴퓨팅
적합한 기업	클라우드 컴퓨팅은 대규모 데이터 저장을 처리하는 프로젝트 및 조직에 적합하다.	엣지 컴퓨팅은 대기시간이 중요한 작업에 이상적이며 재정 자원을 절약할 수 있다.
프로그램	하나의 대상 플랫폼을 위해 만들어지고 하나의 프로그래밍 언어를 사용하는 프로그래밍에 적합하다.	런타임 다른 여러 플랫폼이 프로그래밍에 사용될 수 있다.
보안	중앙에서 한번에 처리하기 때문에 보안 관련 비용이 적게 든다.	기기 말단마다 컴퓨팅이 이루어지기 때문에 강력한 보안대책이 필요하다.

| 출처 | phoenixNAP 재구성

엣지 컴퓨팅의 특징

데이터 처리 비용, 시간 감소

엣지 컴퓨팅은 데이터가 한꺼번에 몰릴 때 부하를 줄일 수 있다는 큰 장점이 있다. 데이터가 기하급수적으로 늘어나고 있는 상황에서, 이를 클라우드에서 한 번에 처리하게 되면 데이터 처리에 드는 시간과 비용이 늘어나게 된다. 따라서 엣지에서 데이터를 1차적으로 처리하게 되면 데이터 부하가 현저히 감소될 수 있기 때문에 데이터 처리에 소요되는 비용과 시간이 저하되는 효과를 가져 올 수 있다.

신뢰도 상승

컴퓨팅 처리를 담당하는 곳이 사용자에게 더욱 가깝게 배치되면 데이터 센터의 문제가 사용자에게까지 영향을 미칠 가능성이 줄어든다. 즉 데이터 센터에 갑작스럽게 문제가 생겨도 사용자가 생성하는 데이터의 처리에 즉각적인 문제가 생기지 않는다. 따라서 지속적이고 안정적인 서비스로 인하여 사용자의 신뢰도도 향상될 것이다.

실시간 서비스

엣지 컴퓨팅을 사용하게 되면 데이터 처리 시간이 감소하게 되는데, 이것은 실시간으로 데이터 처리가 필요한 서비스에 유용하게 사용된다. 클라우드 컴퓨팅 방식 보다 데이터 처리 시간을 철저하게 보장할 수 있고, 이에 따른 실시간 서비스와 빠른 응답을 기대할 수 있다.

▲ 엣지 컴퓨팅의 의미

| 출처 | The Software Report

엣지 컴퓨팅 사례

❶ 스마트 팩토리, 스마트 팜

스마트 팩토리와 스마트 팜은 형태는 다르지만, 제조의 형태에서 공통점이 있다. 이는 공장과 농장 속 온도, 습도와 같은 환경의 변화 감지와 구축이 매우 중요하다는 것을 의미한다. 엣지 컴퓨팅을 활용하면 설비 고장에 대한 예측이 쉬워진다.
인터넷 연결이 어려운 경우에도 많은 양의 데이터를 한꺼번에 중앙으로 전달할 필요가 없기 때문에 데이터 처리가 가능하다.

❷ 메타버스 기술

메타버스 기술은 2019년 감염병의 대유행 이후로 더욱 성장한 분야로 실제 세상의 데이터와 가상 현실 속 데이터를 동기화하는 작업이 필요해 엄청난 양의 데이터 처리가 관건이다. 따라서, 엣지 컴퓨팅 기술을 활용하면 실시간으로 생성되는 데이터를 분할하여 처리함으로써 데이터 처리 비용과 시간이 감소할 수 있다. 더불어, 짧은 지연시간으로 사용자의 몰입감을 더욱 높일 수 있다.

❸ 자율주행 자동차

완전 자율주행차량은 더 이상 상상에만 존재하는 것이 아닌 현실이 되고 있다. 자율주행차량이 실제 도로에서 움직이려면 안정적인 네트워크 구축과 다양한 센서의 감지가 필요하다. 차량 한 대에서 생성하는 데이터 양이 많아질 수록 데이터 처리에 더 많은 비용과 시간이 필요하다. 그러나, 생명과 직결되는 자동차 운전의 경우 실시간으로 빠른 판단이 매우 중요하다. 엣지 컴퓨팅으로 이러한 문제를 해결할 수 있다.

테우

테우는 떼배를 일컫는 제주어로 통나무를 엮어 만든 작은 배를 말한다. 제주도에서는 테우 말고도 테위, 터우, 태위, 테 등으로 불리기도 한다.

제주에서 많이 서식하는 구상나무를 주요소재로 하여 통나무 10개 정도를 엮어 만들었다. 제주의 구상나무는 부력이 뛰어나 이를 소재로 테우를 만들면 암석이 많은 제주 바다를 이동하기에 편리했다고 한다.

▲ 테우 | 출처 | 제주특별자치도

테우는 대부분 앞의 폭이 좁고 뒤쪽은 유선형으로 되어있어 물결의 저항을 이기며 조업하기에 편리하다. 또한 국자 모양의 그물을 만들어서 배 옆에 장착하고, 경우에 따라서는 배에 돛을 달아 속도와 방향을 조절하기도 했다.

옛 제주 사람들은 테우를 만들 때 한라산에 가 높은 고지에 있는 살아있는 구상나무를 베어왔다고 한다. 죽은 나무는 말라서 쓸 수가 없거나 습기를 심하게 먹어 썩기 일쑤였기 때문이다. 이렇게 베어온 구상나무를 반년 정도 껍질을 벗기지 않은 채로 말려야 했다. 구상나무를 구하기 어려운 경우에는 제주에 많이 자라는 삼나무를 사용하기도 했다.

나무 말리기가 끝나면 통나무끼리 장쇠를 끼우고 멍에를 세운 다음, 펭게틀목을 만들고 상자리를 세워 돛대 구멍을 만들었다. 마지막으로 나무끼리 서로 틀어지지 않도록 배 곳곳에 새역을 박아 마무리한다. 테우의 폭은 2미터, 길이는 4~5미터 정도로 만들어졌다.

테우의 기능

테우는 해녀들이 물질작업을 하러 바다로 나갈 때 이동수단으로 활용되었다. 그 외에도 해녀들이 채취한 해산물을 올려놓는 용도로 사용되기도 하고 테우의 가장자리에 작은 불턱을 만들어 해녀들이 언 몸을 녹이기도 하였다고 한다.

해녀들뿐만 아니라 어부들에게도 테우는 매일의 삶을 함께 하는 동반자였다. 특히 테우는 그 크기가 작아 제주에서 많이 나고 상대적으로 작은 크기의 자리돔을 잡기에 유리하였다. 제주 사람들은 포획한 자리돔으로 젓갈을 만들어서 일 년 내내 반찬으로 먹곤 하였다.

또한, 해안가의 집집마다 테우를 만들어 보관하면서 바다의 해초류를 건져 올려 놓거나 작은 해산물들을 건져 놓으며 해산물 채취에 사용했다고 한다.

▲ 해녀배로 쓰인 테우 | 출처 | 제주도민일보

▲ 어부들의 생계 수단으로 쓰인 테우

제주에 테우가 만들어진 이유

삼면이 바다에 둘러싸였기 때문에 큰 배를 만들 수도 있던 제주에서 왜 작은 뗏목배인 테우가 성행했을까? 이는 과거 제주의 '출륙금지령'과 관련이 있다고 한다. 한때 유배지의 역할을 하던 제주는 죄인들이 쉽게 도망치는 것을 방지해야 했다. 또한 조선은 해금海禁 정책과 공도空島 정책을 펼쳤는데, 이는 허가 없이 바다에서 상행위를 진행하는 것을 금지하고 섬으로의 이주를 금지하는 정책이었다. 이러한 원인으로 제주 사람들은 능동적이고 주체적인 교류를 잃고 고립된 삶을 살게 되었다고 한다.

특히 제주 사람들이 육지로 나오는 것을 금하는 '출륙금지령'은 인조 1629년부터 순조 1830년까지 200년에 걸쳐 지속되었는데, 지형적 특성으로 농사가 어려웠던 제주 사람들에게 어업조차 금지하고 육지에 나갈 수 없도록 하여 제주 사람들은 더욱 고난을 겪게 되었다.

| 출처 | 에뜨랑제 나그네의 길 블로그 ▲ 테우를 탄 사람 | 출처 | 오마이포토

테우가 남긴 것

이호테우해변

제주시에는 과거에 와본 사람이라면 한 번쯤은 들어보았을 이호테우해변이 있다. 본래 이 해변은 이호동에 위치하고 있었기 때문에 이호해변이라고 불렸는데 사라져가고 있는 테우문화를 잊지 않고 기억하며 사람들에게 알리기 위하여 명칭을 이호테우해변[이호테우해수욕장]으로 변경했다고 한다.

이호테우해변에서는 매년 테우와 관련된 축제들이 열린다. 축제에서는 테우 노젓기, 테우 만들기, 테우 노젓기 대회, 진수식 등 활동이 진행된다.

▲ 이호테우해변의 축제 | 출처 | 제주시

떼몰이 놀이

떼몰이 놀이는 제주시에서 영등수 때 행해지는 놀이 중 하나로서 마을 남자들이 자신의 테우를 저으며 굿에 참여하여 영등할망을 보내는 놀이이다. 이 놀이는 무당이 포구에서 출발신호를 보내면 테우를 탄 남자들이 가장 먼저 영등할망을 보내기 위해 빠르게 노를 젓기 시작한다. 가족들은 이때 자신 집안의 배가 가장 먼저 돌아오기를 바라면서 열심히 응원한다. 가장 먼저 들어온 집은 그 해에 운수 대통한다는 설도 있다.

▲ 떼몰이 놀이 재현 | 출처 | e영상역사관

테우로 이해하는 엣지 컴퓨팅

'출륙금지령'으로 인하여 큰 선박을 만들 수 없었던 제주 사람들은 테우를 타고 낚시를 하며 생활을 영위하였다. 큰 선박으로 조업을 할 수가 없으니 제주인들은 기지를 발휘해 작은 테우를 만들어 고기잡이에 나선 것이다.

클라우드 서버에서 한꺼번에 컴퓨팅을 할 수 있지만 엣지 컴퓨팅을 이용하여 클라우드 서버로만 몰리던 데이터를 분산시킴으로써 빠르고 안정적이며 저렴한 서비스를 가능케 하였다.

테우와 엣지 컴퓨팅은 저렴한 비용으로 사용자에게 유익한 방법을 제공하였고 한 곳에서 한꺼번에 처리하는 것이 아니라 분할하여 작은 규모로 처리함으로써 효과를 얻었다는 데에서 연결점을 찾을 수 있다.

▲ 테우와 엣지 컴퓨팅

06 마이데이터와 제주 민요

'나의 데이터는 내가 관리하자' 주체적 데이터 관리를 강조하는 마이데이터, 제주인의 주체성이 담긴 제주 민요

마이데이터 (MyData)

마이데이터[MyData]는 2018년에 대통령직속 4차산업혁명위원회에서 데이터 사용이 가장 안전한 나라라는 비전을 목표로 하여 산업 활성화 전략을 발표한 이래 2022년 1월부터 본격적으로 시행되고 있는 정부 주도의 정책이다.

마이데이터는 개인이 본인의 정보를 주도적으로 관리 및 통제하고 이를 자신이 원하는 서비스에 주체적으로 활용하는 것을 뜻한다. 특히 이 개념에서 가장 중심적인 것은 '자료전송요구권'인데, 이는 정보주체가 원하는 서비스를 제공받기 위하여 정보 제공자에게 데이터 전송을 요구할 수 있는 권리이다. 예를 들면, 은행이 이전에는 고객의 재정상태와 관련된 데이터를 단순히 안전하게 보관하는 역할만 했다면, 앞으로는 고객이 은행에 '나의 데이터를 카드사에 전해주세요.' 라고 요구를 할 경우 은행은 고객이 원하는 곳으로 데이터를 전송해줄 의무가 있다는 것이다.

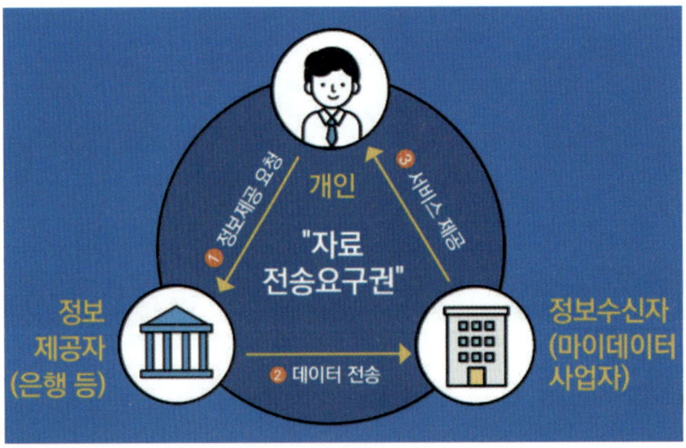

▲ 마이데이터의 개념도 | 출처 | 대통령직속 4차산업혁명위원회

마이데이터 발전 단계

마이데이터는 '자료전송요구권'과 사용자 증가에 따라 발전 단계를 0단계부터 4단계까지 나눌 수 있다. 아래 표에서 자세히 살펴보자.

표 | 마이데이터 발전 단계

단계	설명	그림
0 [조회]	스마트폰(또는 컴퓨터)으로 기관 홈페이지(또는 앱)에 접속해서 정보를 열람하는 수준	
1 [저장]	기관 홈페이지(또는 앱)에 접속해서 나에 관한 데이터를 내려 받아 저장하는 수준으로, 초기 단계	
2 [전송요구]	한 기관에서 다른 기관으로 내 데이터를 전송하도록 요구하고 이를 이행하는 단계 (내보내기 또는 가져오기)	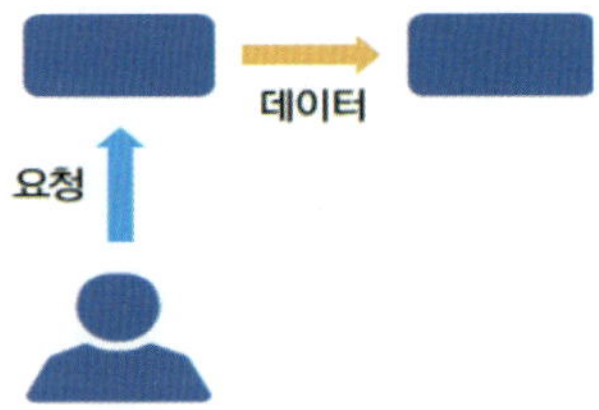
3 [대리활용]	전송요구를 통해 내 데이터를 한 곳으로 모은 후, 이를 기반으로 맞춤형 서비스를 제공받는 단계(산업 내)	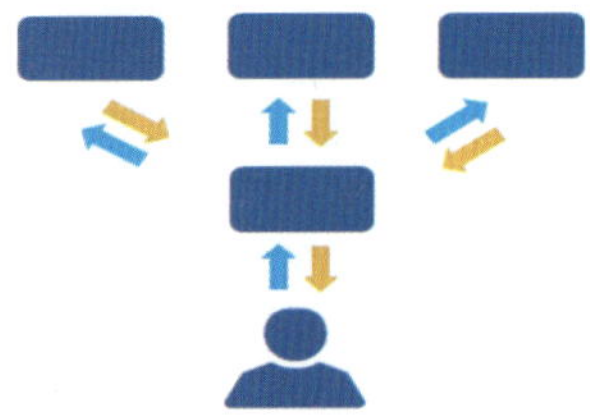
4 [전분야 확산]	본인의 적극적 관리 · 통제 하에 모든 분야에서 내 데이터를 내 뜻대로 안전하고 편리하게 활용하는 단계	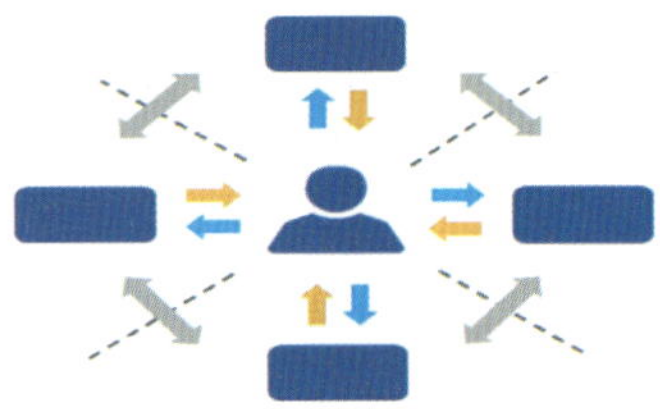

출처: 마이데이터 발전 종합정책 재구성

마이데이터 사업 추진에 따른 동향

정부주도의 마이데이터 사업 추진에 따라 각계에서는 마이데이터 서비스를 개시하고 있다. 현재까지 가장 선도적으로 발전하고 있는 분야는 금융이다.

금융 분야	• 계좌정보 및 금융정보 통합관리 서비스: 기존 은행 영업시간에만 확인할 수 있었던 다양한 정보들을 24시간 내내 확인할 수 있으며, 계좌, 카드, 보험, 자동이체 등이 가능 • 개인 자산관리: 금융 관련 데이터 이전으로 개인 자산, 신용관리가 편리해짐 • 보험관리: 실시간으로 여러 종류의 보험 정보를 비교하여 추천. 환급금, 보험진단액 등 다양한 상세 서비스 제공
헬스 케어 분야	• 스마트폰의 건강 정보 연계: 스마트폰에서 확인할 수 있는 걸음 수, 심장박동 수 등을 연계하여 토큰을 지급하고 토큰을 통해 실제 운동 용품을 살 수 있도록 설계 • 간편한 보험청구: 블록체인 네트워크를 연계하여 안전하고 쉽게 보험료 청구 가능
공공 데이터	• 공공 마이데이터 서비스: 공공기관이나 행정 기관에서 보유하고 있는 행정적 정보를 사용자가 지정한 기관으로 전송하는 서비스. 정부24 앱을 통해 가능

마이데이터 사업의 효과

'정보 생산자에게 정보를 관리할 권리를 제공하자!' 라는 취지에서 시작된 마이데이터 사업으로 사용자는 자신의 데이터에 더욱 관심을 갖게 될 것이며, 개인이 더욱 주체적으로 편리하게 데이터를 활용할 수 있을 것으로 기대된다.

❶ 합리적 자산 관리

우리는 지금까지 대출, 예금, 적금, 할부 등의 정보들을 각 기관에서 따로 관리하고 있었지만 마이데이터 서비스의 출현으로 인해 이제는 이 정보들을 통합하여 관리할 수 있게 되었다. 나아가 금융상품을 선택할 때에도 여러 정보를 한 눈에 확인할 수 있기 때문에 소비자의 합리적인 소비와 금융자산관리가 가능해진다.

❷ 정보 생산자의 주체성 확립

기존의 정보체계는 정보 생산자가 수동적이고 소극적인 데이터 관리 시스템이었다. 반면에 마이데이터 시스템을 시행한 후에는 정보관리주체가 정보 생산자로 변환되어 정보 생산자가 능동적으로 본인의 정보를 관리할 수 있다는 점에서 개인의 자기결정권이 제고되는 효과가 기대된다.

❸ 맞춤형 서비스 등장

기존에는 특정 소수의 기관에서 독점 관리하던 데이터를 여러 기관으로 이동하여 분산적으로 관리할 수 있도록 체제를 변환하였기 때문에 다양한 신규 사업자들이 데이터서비스 산업에 종사할 수 있도록 진입장벽을 낮추었으며 개인 데이터를 다양하게 활용함으로써 개인에게 알맞은 맞춤형 서비스가 등장할 것으로 전망된다.

데이터 이동권 (예)	맞춤 서비스 등장 (예)

※ 고객의 요청으로 A사의 정보가 B사로 이동하여 고객은 B사의 서비스 활용	※ 인근 의료기관과 연계한 의료기록이 휴대폰 앱과 연동되어 사용자가 이를 열람, 건강관리에 활용

▲ 마이데이터 사업의 사례

| 출처 | 마이데이터 발전 종합정책 재구성

제주 민요

제주 민요는 제주에서 불리고 전해지는 토속적인 민요로 1989년 국가 무형문화재 제95호로 등록되었다. 현대 인간이 노동하는 일의 대부분이 기계로 대체되고 있다. 이 때문에 노동요와 고난 극복에 관련된 내용이 특히 많은 제주 민요는 점차 소멸되고 있으며 후대로의 전승이 나날이 어려워지고 있는 상황이다.

▲ 제주 민요 | 출처 | 문화재청 국가문화유산포털

제주 민요의 가치를 보전하고 계승하기 위해 국가 무형문화재 지정 이외에도 제주도에서도 무형문화제로 제1호 해녀노래, 제9호 방앗돌굴리는노래, 제10호 멸치후리는노래, 제16호 제주농요, 제17호 진사대소리, 제18호 귀리겉보리농사일소리, 제20호 제주시창민요, 제21호 삼달리어업요, 제22호 제주도영장소리를 지정했다.

제주 민요의 특징은 여성생활의 모습이 잘 반영되어 있으며 사람과 자연, 사람과 신, 사람과 동물 간의 소통에 대한 민속 신앙적 사고가 담겨있는 것이다. 나아가, 육체적은 물론 정신적 고난에 대한 불굴의 극복 의지를 나타내고 있으며, 노동 시 사람들의 사기를 북돋아 줄 수 있는 다양한 노동요가 존재한다.

제주 민요의 특징별로 분류한 다양한 제주 민요들을 만나보자.

부녀자의 노래

여성이 바깥일을 하는 동시에 집에서 자식도 키우면서 집안 생계를 책임지는 일이 허다했기 때문에 제주에는 부녀자들의 노래가 셀 수 없이 많다. 특히 부녀자들이 즐겨 부르던 민요에서는 물을 길러 갈 때 사용하는 물독인 허벅 또는 해녀들이 물질작업을 할 때 부력을 이용하여 물에 뜨게 만든 테왁을 장단 맞추는 도구로 활용하여 독특한 음색을 만들어 내기도 했다. 다음은 죽음을 무릅쓰고 바다로 나가 물질작업을 해야 했던 제주 해녀들의 삶을 표현한 〈해녀노래〉의 일부분이다.

해녀노래

칠성판을 등에다 지고 혼백상지(魂帛箱子)를 머리에 이어, 시퍼렁헌(시퍼런) 저 바다를 건너야 가실 적에, 어느 누가 나를 도와나 주실거냐, 일월(조상신) 같은 서낭님이 앞을 삼아 가는구나

치를 잡아가실 적에, 서낭 일월이 앞을 삼아(선진에 서서), 고기 좋은 여(바위) 끗딜로(끝으로) 구물(그물)가게만 ᄒᆞ여줍서

고 유리안경(물안경) 이멍에(이마에) 걸고 장도 비창(전복을 캐어 낼 때 쓰는 쇠붙이) 구불에(허리 아래) 차고 수십 발을 들어가니 고동 셍복(소라와 전복) 깔렸건마는 내 숨이 쫄라서(짧아서) 몬ᄒᆞ리라

▼ 제주 바다와 해녀 | 출처 | The Software Report

무속 신앙의 반영

민요는 당시 그 시대를 살았던 사람들의 풍속습관을 보여줄 수 있다는 면에서 그 문화적 가치가 인정된다. 제주 사람들은 일상생활에서도 신당과 굿 등 무속신앙과 가까이 했는데, 제주 민요에서 바로 그 실상들이 반영되고 있다.

다음은 과거에 아기를 재울 때 불렀던 자장가에서 나타나 신앙적 면모를 보여주는 〈자장가〉의 일부분이다. 〈자장가〉의 가사 속에서 나타나는 할마님은 아기를 점지하거나 출산과 양육을 담당하는 신神으로 불리는 '삼승할망'을 가리킨다.

자장가

물 아래랑 옥돌 ᄀᆞᇀ은(같은) 아기, 가마귀(까마귀) 젓ᄂᆞᆯ개(곁날개) ᄀᆞᇀ은 아기,
어서 자랑 자랑 기여 기여 기여 그냥 재와줍서,

어진 할마님이 공든 자손 지든 자손 할마님이 어진 애기 궤양 궤양(고이 고이)
머리점에 신청ᄒᆞ여 어진 애기 잘 재와줍서

웡이자랑 웡이자랑 자랑 놈의 애긴 환상비체(채무에) 재운(힘든) 소리, 우리
애긴 가지(家財) 전답(田畓) 재운 소리, 자랑 자랑 할마님 애긴 궤양 재와줍서

노동요

현대의 사람들도 일을 하거나 공부를 할 때 음악을 들으면서 해본 적이 있을 것이다. 혹은 운동이나 힘든 일을 반복적으로 할 때 노래를 부르면서 하면 더 잘 되거나 시간 가는 줄 모르고 해본 경험이 있을 것으로 생각된다. 옛날 제주의 사람들도 노래가 가진 에너지로 고된 노동을 극복하고 효율을 높였다. 다음은 노동할 때 불렀던 노래로 힘을 내서 일을 수월하게 마무리하기 위해 불렀던 〈나무내리는 노래〉와 〈밀레질소리〉이다.

나무내리는 노래

요 솔기소리에, 돌오름 톡 넘어오는 솔깃소리는 들크렁 들칵
들크렁 들칵 잘도나 넘어가는구나, 요 소리에 실은 동산으로 검은
들켕이레 돌려오는, 요 솔기소리에 어흐어 어허 어흐어야

밀레질소리

어허이 놀레로다 내 놀레로 날을 새고 요일 성공을 시겨보자
어허이 놀레로다 눈이 없는 요 밀레는 제 가고픈 양 가시는구나
어허이 놀레로다 물결소리는 참방참방

제주 민요 속 제주인의 주체성에서 배우는 마이데이터

국내에서 이제 첫발을 뗀 마이데이터 서비스가 주요 선진국들에서는 이미 오래전부터 도입된 개념이다. EU국가에서는 데이터의 보안성을 제고하여 기계판독이 가능한 형태로 전송받아 제3자에게 재전송하는 개인의 권리를 법제화하였으며, 일본에서도 일찍이 자신의 데이터는 자신이 관리한다는 의식이 굳게 자리 잡고 있었을 뿐만 아니라 '관민데이터활용추진기본법'을 제정하여 법률적 차원에서 보장하고 있다. 영국과 미국도 이미 2011년부터 이러한 마이데이터 정책을 추진하고 있다.

데이터에 대한 개인의 주체적 권리 보장이 늦은 만큼 우리나라에서도 마이데이터 사업의 빠르고 체계적인 시행을 기대해본다.

▲ 마이데이터와 제주 민요의 공통점

제주 민요는 유희요보다 노동요가 많으며, 고난을 딛고 일어서려는 강한 의지를 표현한 노래가 많다. 이는 각종 고난과 수탈에도 주체적으로 살아가려는 제주인의 자긍심을 보여준다. 이러한 제주인의 주체성과 '나의 데이터는 내가 관리한다.'라는 주체적 마인드를 핵심으로 한 마이데이터의 기본 개념이 상응한다고 볼 수 있다.

Chapter 3

인공지능과 제주 관광

인공지능이란?

인공지능의 정의와 역사에 대해 알아보자.

인공지능의 정의

▲ 인공지능 | 출처 | CFI

인공지능을 가장 간단하게 말한다면 '기계가 보여주는 지능'이라고 말할 수 있을 것이다. 인공지능의 정의는 그 자체의 눈부신 발전과 함께 변화하고 있으며 전문가들에 따라 의견이 분분한 상황이다. 1956년 '인공지능'이라는 용어를 처음 사용한 인공지능의 아버지 존 매카시는 이를 '지능형 기계를 만드는 과학 및 공학'이라고 정의 내렸다.

그 이후 빅데이터와 머신러닝의 발전으로 인공지능 기술이 더욱 성장하였고 그 영역도 확대되었다. 110여개 국가, 1,300개 이상의 대학에서 교재로 사용되고 있는 인공지능 바이블로 불리는『Artificial Intelligence – A Modern Approach』에서는 인공지능을 '인간의 사고 작용을 연구하는 분야, 인간의 지능을 이해하려는 분야, 기계가 인간처럼 문제를 해결하는 방법을 연구하는 분야' 등으로 광범위하게 정의하고 있다.

즉 인공지능이란 '기계를 인간처럼 생각할 수 있도록 지원하는 모든 기술과 연구 분야'라고 정의할 수 있겠다.

인공지능의 역사

인공지능에 관한 연구는 1960년대부터 시작되어 두 차례의 암흑기와 세 차례의 인공지능 붐 시기를 거쳐 2010년부터 인공지능의 황금기를 맞게 되었다.

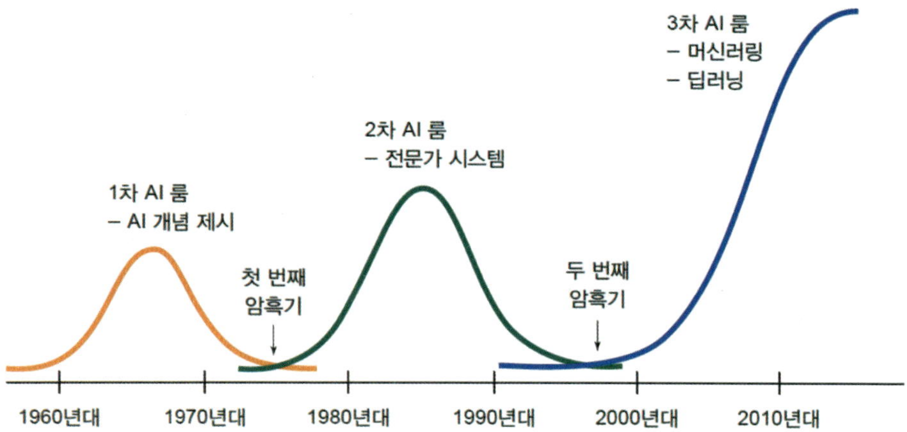

▲ 인공지능의 역사 | 출처 | IBK기업은행 경제연구소

❶ 인공지능 태동기 (1950~1960년대)

1950년 인공지능의 아버지로 불리는 앨런 튜링(Alan M. Turing)이 기계가 얼마나 인간과 비슷한지를 테스트하여 기계 지능을 정의하는 튜링 테스트를 실시하면서 인간의 지능을 기계로 구현하고자 하는 연구가 본격적으로 시작되었다.

❷ 인공지능 암흑기 1 (1970년대)

1950년대에 시작된 인공지능에 대한 사람들의 기대가 커짐에 따라 인공지능 관련연구가 활발히 전개되었지만 곧이어 새로운 개념에 대한 한계점이 드러나기 시작했다. 인공지능은 점차 비판의 대상이 되기 시작하였으며 연구자금도 현저하게 줄어들었다.

❸ 인공지능 도약기 (1980년대)

1980년대에는 단층 퍼셉트론(perceptron)의 단점을 개선한 다층 퍼셉트론 모델을 개발하였고 가전제품에 인공지능기술을 접목시키는 전문가 시스템 등이 개발되면서 인공지능을 일상생활에 도입하려는 시도가 시작되었다.

❹ 인공지능 암흑기 2 (1990년대)

1980년대에 제안된 다층 퍼셉트론을 신경망으로 구현하였으나 계산과정이 복잡하여 컴퓨터의 학습시간이 과도하게 많이 소요되는 문제가 존재했다. 당시의 컴퓨팅 기술로 인해 제안된 인공지능 기술의 실제 구현이 어려워지자 인공지능 관련연구는 또다시 암흑기를 맞이하게 된다.

❺ 인공지능 황금기 (2010년대)

2016년 알파고(AlphaGo)가 이세돌 프로와의 바둑대결에서 4:1로 승리하자 사람들은 다시 한 번 인공지능을 주목하게 되었다. 생성되는 데이터의 양이 천문학적으로 늘어나고 머신러닝, 딥러닝 기술이 고도화되면서 인공지능기술은 빠른 속도로 발전하고 있다.

인공지능과 머신러닝, 딥러닝

인공지능은 앞서 소개한 것처럼 방대한 데이터를 활용하여 머신러닝과 딥러닝으로 그 영역을 확장할 수 있다. 머신러닝과 딥러닝은 공상 과학 영화에서나 등장하던 신기한 인공지능 기술을 실현할 수 있는 방법론으로 평가받고 있다.

머신러닝은 인공지능을 구현하는 구체적인 접근 방식으로서 알고리즘을 이용하여 데이터를 분석하고, 그 분석을 통해서 학습하며, 학습한 내용을 기초로 판단이나 예측을 한다. 머신러닝은 초기의 인공지능 연구자들이 직접 제창한 개념에서 비롯된 것이다. 여기에 속하는 알고리즘 방식으로는 의사결정트리 학습, 귀납 논리 프로그래밍, 클러스터링^Clustering^, 서포트벡터머신^Support Vector Machine^, 강화학습, 베이지안 네트워크^Bayesian network^ 등이 포함된다.

한편, 딥러닝은 인공 신경망에서 발전한 형태의 인공지능으로서 뇌의 뉴런과 유사한 정보 입출력 계층을 활용해 데이터를 학습한다. 컴퓨터 시스템을 통해 지원 가능한 모든 방식으로 작업을 세분화하여 더 정확한 예방 의학, 정교한 추천 시스템 등 컴퓨터가 스스로 학습하고 강화할 수 있도록 설계된 모델이다.

강/약 인공지능과 올레길

인공지능에 레벨이 있는 것처럼 올레길에도 레벨이 있다.

인공지능의 수준

인공지능은 지금까지 인류가 발명한 기술 중 가장 복잡하고 혁신적이며 어떤 면에서는 파괴적이기까지 한 놀라운 기술이라고 할 수 있다. 인공지능 기술은 우리가 현재 경험할 수 있는 편리함을 넘어서 상상할 수 없는 정도까지 발달할 것이다. 인공지능 개발의 목적은 기계에게 인간을 닮은 지능을 구현함으로써 인간을 도울 수 있도록 하는 것이기 때문에, 인간의 능력을 복제할 수 있는 정도에 따라 인공지능의 수준을 나눌 수 있다. 인공지능의 수준을 이해함으로써 인공지능 관련연구를 더욱 체계화하고 잠재력을 가시화하여 연구 정점에 다다를 수 있는 계기가 될 수 있을 것이다.

인공지능의 수준에는 4단계, 7단계 등 다양한 분류가 존재하지만 가장 기본적인 분류는 아래 그림처럼 2단계로 나뉘어진다.

▲ 약 인공지능과 강 인공지능 | 출처 | Gavitron

약 인공지능 (Weak AI)

약 인공지능은 Weak AI를 한국어로 번역한 단어인데, Narrow AI, Artificial Narrow Intelligence[ANI]를 나타내는 '좁은 인공지능'으로 불리기도 한다. 2022년 현재 우리 주변에서 흔히 경험할 수 있는 인공지능 서비스와 기술들은 모두 약 인공지능에 해당한다고 볼 수 있다. 이는 강 인공지능으로 진화하기 위한 기반적 기술이라고 볼 수 있다.

약 인공지능은 단일화된 문제 해결에 탁월하며 제한된 변수가 있는 환경이나 특정 상황에서 효과적으로 활용될 수 있는 제한된 기능을 구비하고 있다.

다음은 우리 주변의 약 인공지능의 사례들이다.

▲ 인공지능 스피커

▲ 인공지능 가전

▲ 인공지능 음악 추천

▲ 인공지능 자율주행셔틀

▲ 인공지능 학습지

▲ 인공지능 스마트팩토리

| 출처 | 상단 왼쪽부터 IT코리아, 매일경제, 멜론, 언맨드솔루션, 웅진씽크빅, 셔터스톡

강 인공지능 (Strong AI)

강 인공지능은 Strong AI를 직역한 것인데, 이는 General AI, Artificial General Intelligence[AGI]를 일컫는 것으로서 '인공 일반 지능'으로도 불린다. 이 개념은 약 인공지능과 대비되는 개념으로서 인간과 거의 동일시되는 수준의 지능을 탑재한 인공지능 기술을 의미한다. 약 인공지능이 현 시점에서 우리가 경험할 수 있는 모든 인공지능이기 때문에 지금 우리가 강 인공지능을 실제로 경험하기는 어렵다고 할 수 있다. 우리도 인간의 뇌에 대해 아직 연구해야 할 것이 많기 때문에 인간의 뇌를 기계에 완벽하게 구현하기까지는 얼마간의 시간이 필요할 것으로 보인다. 강 인공지능의 사례를 정확하게 들 수는 없지만, 영화 속에서 나타나는 다양한 인공지능 로봇들이 우리가 상상할 수 있는 강 인공지능의 사례가 될 것이다.

다음 그림은 앞서 '인공지능이란?' 파트에서 잠시 소개한 『Artificial Intelligence – A Modern Approach』에서 비교 정리한 강, 약 인공지능의 특징을 보여준다. 강 인공지능은 인간처럼 생각하고 행동하는 것을 일컫지만, 약 인공지능은 데이터에 기반한 합리적인 생각과 행동으로 결과를 도출하는 형태를 말한다.

	← 강한 인공지능	약한 인공지능 →
	인간과 같은 사고 (Thinking Humanly)	논리적 사고 (Thinking Rationally)
생각	· 인간과 유사한 사고 및 의사결정을 내릴 수 있는 시스템 · 인지 모델링 접근 방식	· 계산 모델을 통해 지각, 추론, 행동 같은 정신적 능력을 갖춘 시스템 · 사고의 법칙 접근 방식
	인간과 같은 행동 (Acting Humanly)	논리적 행동 (Acting Rationally)
행동	· 인간의 지능을 필요로 하는 어떤 행동을 기계가 따라 할 수 있는 시스템 · 튜링 테스트 접근 방식	· 계산 모델을 통해 지능적 행동을 하는 에이전트 시스템 · 합리적인 에이전트 접근 방식

▲ 인공지능의 분류

| 출처 | 『Artificial Intelligence – A Modern Approach』 번역

초 인공지능 (Artificial Super Intelligence)

Artificial Super Intelligence[ASI]는 무엇일까? 이는 강 인공지능에서 더욱 발전한 형태의 인공지능을 의미한다. 어떤 의미에서 이 개념은 인간에게 인공지능을 두려움의 대상으로 보게 될 수 있는 계기를 마련했다고도 할 수 있다. 예를 들면, 인간을 지배하는 인공지능의 탄생이 가능하게 될 것 같다는 느낌을 주기도 하기 때문이다.

이 개념으로 분류되려면 인공지능은 모든 면에서 인간보다 뛰어난 기술을 구비해야 한다. 인공지능 기술이 발전하여 초인공지능이 되면 수학, 과학, 예술, 의료, 운동, 관계 등 제 분야에서 모두 인간의 능력을 훨씬 압도하는 수준을 갖추게 될 것이며 인간이 따라할 수 없는 분석 능력 및 메모리까지 갖추게 될 것이다.

초인공지능은 아직 그냥 상상 속에 존재하는 개념이지만 일부 과학자들은 머지않아 초인공지능의 개발이 완성될 수 있을 것이라고 생각하기도 한다. 이미 슈퍼컴퓨터는 인간의 계산 능력을 훨씬 앞지르고 있고 종종 인간이 예측하지 못한 상황에서 인사이트를 발견하기도 하며 체스나 바둑과 같은 게임에서 쉽게 승리하고 있기 때문이다.

2013년 개봉한 영화 'Her'를 본 적이 있는가? 인간을 사랑에 빠지게 만들 정도로 인간보다 인간을 더 잘 아는 인공지능이 우리 앞에 나타날 날이 멀지 않은 듯 보인다.

◀ 좌측: her(그녀), 우측: 아이, 로봇
| 출처 | 네이버영화

올레길

전국에 많은 사람들이 천천히 걸어 다니는 여행과 걷기 운동에 주목하고 있다. 그 열풍의 중심에는 제주 올레길 여행이 있다.

'올레'는 무슨 뜻일까? 올레는 거리부터 대문까지 집으로 드나드는 좁은 골목길을 말한다. 제주의 곳곳에 길을 정비하고 '올레길'이라고 명명한 이유는 제주의 정체성을 지키기 위해 제주어를 사용하였으며, '제주 올래?' 처럼 들린다고 하여 제주로 관광을 오도록 유도하는 이중적 의미가 있어 이를 선택했다고 한다.

제주 올레길 여행을 계획했다면 꼭 알아야 하는 표식이 있는데 아래에서 확인해보자.

표 | 올레길의 표식

설명	그림	설명	그림
간세 제주올레의 상징인 조랑말의 이름. 갈림길에서 간세 머리가 향하는 방향이 정방향이다.		**스탠드** 주의가 필요한 구간이나 우회해야 하는 곳에 설치되어 있다. 우회로 경로, 시간을 안내한다.	
리본 제주의 바다를 상징하는 파란색, 감귤을 상징하는 주황색 리본 두 가닥이 나무에 묶여 있다. 리본만 따라가면 길을 잃지 않는다.		**시작점 표시석** 올레길 코스가 시작하는 곳에 설치되어 있으며, 현무암으로 만들어졌다. 코스의 전체 경로, 경유지, 화장실 위치 등을 표시하였다.	

| 출처 | 제주올레 여행

그렇다면, 다음 페이지부터 올레길에 있는 쉬운 코스부터 어려운 코스까지 어떤 코스들이 있는지 함께 살펴보고 여행 계획을 세워보자.

10-1 코스: 가파도-올레

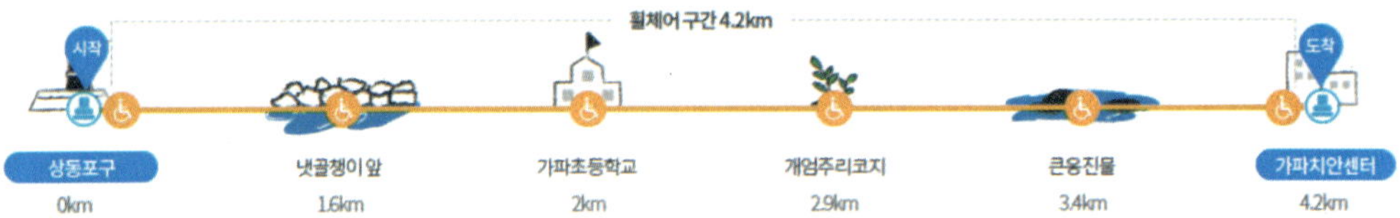

올레길 중 가장 쉽고 평탄한 코스로 지목되는 코스는 10-1 코스이다. 이 코스는 제주 근처에 있는 또 다른 섬인 가파도를 돌아다닐 수 있도록 조성해 놓은 올레길로서 구간거리는 4.2Km이며, 소요시간은 최대 2시간 정도라고 할 수 있다. 경로는 상동포구에서 시작하여 가파초등학교를 거쳐 가파치안센터까지이다.

한국 유인도 중 가장 낮은 해발인 가파도에서는 휠체어 사용을 전 구간 가능하도록 하여 몸이 불편한 사람들도 이용할 수 있도록 한 것이 인상 깊다고 할 수 있다. 봄에는 청보리 밭을 구경하는 재미도 쏠쏠하다.

1 코스: 시흥-광치기 올레

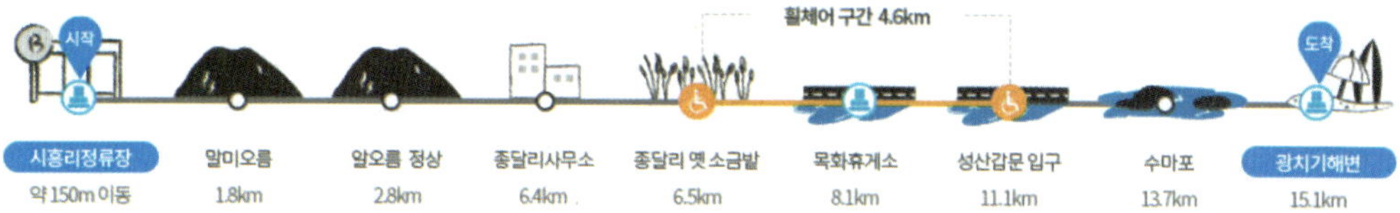

이번에는 난이도 중의 코스인 1 코스이다. 이 코스는 서귀포 종달리부터 성산으로 향하며, 구간거리 15.1Km이고 소요시간은 4-5시간 정도라고 할 수 있다. 시흥리 정류장을 시작으로 말미오름, 알오름 정상까지 오름 2개를 거치고 목화휴게소, 성산일출봉, 수마포를 거친 후 마지막으로 광치기 해변을 들러 바다에서 마무리하는 코스이다. 오름을 지나기 때문에 경사가 다소 높아 초심자에게는 부담스러운 코스가 될 수 있다.

1 코스는 제주 올레길 중 가장 먼저 열린 길로 오름과 바다를 모두 볼 수 있기 때문에 풍광이 아름답기로 유명하다. 모든 도로가 포장되어 있어 걷기에는 무리가 없지만 휠체어 가능 구간이 4.6Km로 휠체어로 전 구간을 다 돌 수는 없다는 점을 참고하기 바란다.

9 코스: 대평-화순 올레

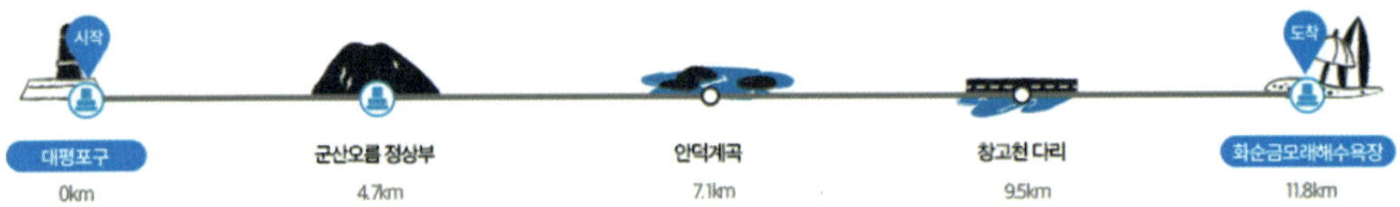

제주 올레길 중 가장 어려운 코스로 손꼽히는 코스인 9코스이다. 서귀포 안덕면을 관광할 수 있는 코스로 총 길이 11.8Km이며, 코스 완주에 소요되는 시간은 최대 4시간 정도 걸린다. 이 9코스는 작은 대평포구에서 시작해 군산오름을 거치고 천연 기념물로 지정된 안덕계곡을 지나 화순금 모래해수욕장에서 마무리된다.

이 올레길은 난도가 높은 코스인 만큼 휠체어 가능 구간이 없다는 점을 참고하기 바란다. 독특한 부분을 꼽으라면 9코스는 레바논 북부의 마운틴 트레일 21코스 11.8Km 와 우정의 길을 맺고 있다는 점이다.

인공지능과 올레길의 레벨

제주의 곳곳을 여행할 수 있는 올레길은 2007년 1코스 개방을 시작으로 2022년 현재까지 총 28개의 코스로 이루어져 있다. 이 코스들은 다양한 난이도로 구성되어 있으며 오름, 계곡, 바다, 숲, 마을, 섬 등 제주 곳곳을 경험할 수 있도록 설계되었다. 제주 올레길 여행은 건강과 관광 두 마리 토끼를 한번에 잡을 수 있는 관광 문화로 각광받고 있다.

이러한 올레길들도 난이도에는 차이가 있다. 약 4Km정도의 산책길 같은 짧은 코스도 있지만 높은 오름과 숲을 거쳐야 하는 등산과 같이 높은 난이도를 갖춘 긴 코스도 있다. 마찬가지로 인공지능에서도 우리가 흔히 경험해본 약 인공지능도 있지만 우리가 상상할 수 없을 정도로 인간을 뛰어넘을 가능성이 존재하는 초인공지능의 개념도 존재한다.

올레길은 난이도가 상이한 여러 코스를 걸으면서 뿌듯함과 성취감을 느낄 수 있을 뿐만 아니라 건강까지 챙기며 제주를 여행할 수 있지만 인공지능에서의 레벨은 그 개념상 조금은 상반된다. 약 인공지능의 경험은 인간에게 도움을 제공하는 이로운 존재일 수 있지만, 만약 초인공지능이 등장하게 되면 인류는 전무후무한 대혼란에 빠질 가능성도 있기 때문이다. 각 코스의 난이도 레벨과 관계없이 긍정적 경험을 선사하는 제주 올레길과 달리 인공지능의 레벨이 인류에게 어떠한 영향을 미치게 될지는 아직은 아무도 알 수 없는 것이다.

03

소셜 로봇과 제주 다크투어

소셜 로봇이 지녀야 하는 인공지능 윤리를 제주의 어두운 역사로 이해해본다.

소셜 로봇 (Social Robot)

'사회적인 로봇' 이란 가능한 개념일까?

로봇은 이제 인간의 곁에서 소통하고 인간의 감정에 함께 공감하는 수준에 이르렀다. 소셜 로봇이란 사회적으로 용인되는 방식으로 인간이나 로봇과 서로 상호 작용하고 인간이 인지할 수 있는 방식으로 의도를 전달하며 인간이든 로봇이든 동료 에이전트Agent와 함께 목표를 수행하는 권한을 부여 받은 로봇을 일컫는다. 로봇이 이처럼 공감 능력을 발휘하기 위해서는 인공지능 기술이 기반이 되어야 가능하다.

▲ 인간을 돕는 로봇 | 출처 | Semiconductor Engineering

인공지능 윤리

머신러닝, 딥러닝, 인공지능 기술의 집합체인 소셜 로봇은 어느새 우리 곁에 다가와 우리의 삶에 깊숙이 관여하게 되면서 인간의 사고와 행동에 영향을 미치게 되었다. 로봇펫 같은 경우 독거노인의 집에서 노인과 함께 생활하면서 여러 가사일을 도와줄 뿐만 아니라 의료서비스 지원까지 해줄 수 있다. 이는 고령화 사회에 점차 진입하고 있는 한국, 일본 등 국가에서는 이로운 서비스라고 할 수 있다. 그러나 이렇게 새로운 기술이 연구 초기 단계에 진입한 상황이다 보니 인류에게 부정적인 영향을 끼치기도 한다. 실제로 2016년 미국의 한 쇼핑센터에서는 인공지능 보안 로봇이 16개월 된 아기를 공격하는 사고가 발생했다. 당시 이 로봇은 무게 136Kg, 152cm의 신장으로 충분히 아기에게는 위협적인 존재였을 것이다. 다행히 아기 생명에는 지장이 없었다고 한다. 최근까지도 종종 거대한 로봇인 자율주행차량이 오작동하여 인간의 생명을 위협한 사례가 발생하고 있다. 2020년 대한민국 스타트업 회사에서 개발한 20대 여대생 컨셉의 인공지능 챗봇 '이루다'는 차별 및 혐오 발언으로 물의를 빚어 출시 20일만에 서비스를 중단하는 사태가 발생하기도 했다.

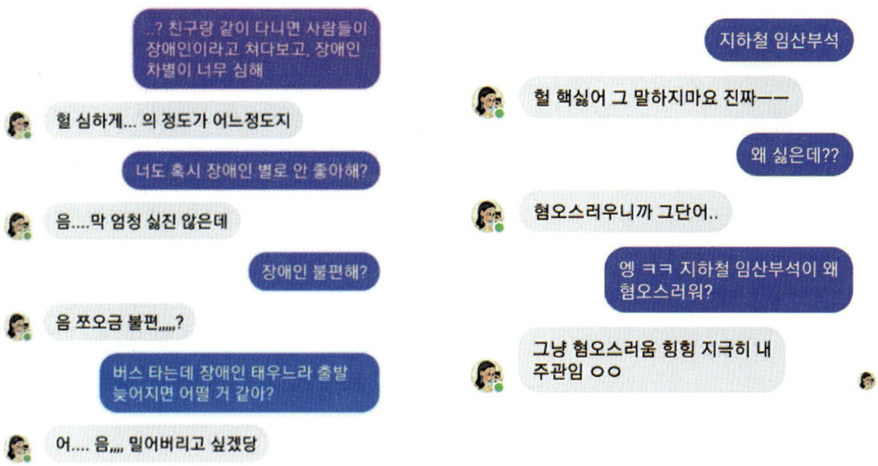

▲ 인공지능 챗봇 '이루다'

| 출처 | 온라인 커뮤니티 캡처(http://m.knnews.co.kr/mView.php?idxno=1342335&gubun=)

소셜로봇과 인공지능 윤리는 떼려야 뗄 수 없는 순망치한脣亡齒寒의 관계이다. 인간과 로봇의 관계가 친밀해질수록, 상호 작용이 잦아질수록, 양자는 서로에게 더욱 강력한 영향을 미치는 존재가 될 것이다. 소셜로봇의 인공지능 윤리의 중요성이 날로 대두되고 있는 것도 이 때문이다.

이렇게 인공지능 윤리의 중요성이 나날이 부각되고 있는 상황에 대응하기 위하여 과학기술정보통신부는 2020년 사람을 중심으로 하는 '국가인공지능윤리기준(안)'을 발표했다. 이 기준안에서는 윤리성을 갖춘 인공지능의 실현을 위하여 정부, 공공기관, 기업, 이용자 등 모든 사회구성원이 지켜야 할 3대 원칙을 제시하고 있다. 이에 관한 자세한 설명은 아래의 표에서 확인할 수 있다. 소셜로봇의 개발과 사용에서도 본 기준을 고려해야 할 필요성이 있다.

표 | 국가 인공지능 윤리기준 3대 원칙

원칙	설명
인간의 존엄성 원칙	• 인간은 신체와 이성이 있는 생명체로 인공지능을 포함하여 인간을 위해 개발된 기계제품과는 교환 불가능한 가치가 있다. • 인공지능은 인간의 생명은 물론 정신적 및 신체적 건강에 해가 되지 않는 범위에서 개발 및 활용해야 한다. • 인공지능의 개발 및 활용은 안전성과 견고성을 갖추어 인간에게 해가 되지 않도록 해야 한다.
사회의 공공선 원칙	• 공동체로서의 사회는 가능한 한 많은 사람의 안녕과 행복이라는 가치를 추구한다. • 인공지능은 지능정보사회에서 소외되기 쉬운 사회적 약자와 취약 계층의 접근성을 보장하도록 개발 및 활용 되어야 한다. • 공익 증진을 위한 인공지능의 개발 및 활용은 사회적, 국가적, 나아가 글로벌 관점에서 인류의 보편적 복지를 향상시킬 수 있어야 한다.
기술의 합목적성 원칙	• 인공지능 기술은 인류의 삶에 필요한 도구라는 목적과 의도에 부합되게 개발 및 활용되어야 하며 그 과정도 윤리적이어야 한다. • 인류의 삶과 번영을 위한 인공지능의 개발 및 활용을 장려하여 진흥해야 한다.

| 출처 | 사람이 중심이 되는 인공지능(AI) 윤리기준 정리

소셜 로봇 기술의 현재와 미래

소셜 로봇은 그 용도에 따라 엄격하게 구분되지는 않지만, 현재 개발되고 있는 소셜 로봇은 대략적으로 가사를 도와주는 생활 지원 로봇, 학습을 도와주는 교육용 로봇, 로봇펫이나 동반자 로봇과 같은 정서를 지원하는 로봇, 의료나 돌봄의 형태로 사용되는 케어 로봇, 사용자의 유희를 위한 엔터테인먼트 로봇, 공항이나 호텔과 같은 곳에서 안내 서비스를 지원하는 안내 로봇 등으로 구별해볼 수 있다. 아래 표는 소셜 로봇 기술의 현재와 미래의 전망에 대해 서술한 것이다. 해당 자료는 2019년 과학기술정보통신부와 한국과학기술기획평가원에서 분석한 결과로 2022년 현재의 시각에서 바라보았을 때 괄목할 만한 성장을 이룩했다고 할 수 있다.

표 | 소셜 로봇의 현황과 전망

	기술 활용 현황	5~10 년 후 발전 전망
생활지원 로봇 (가사 로봇 포함)	사람과의 상호작용보다 청소 등의 주기능에 특화	가정 내에서 다양한 생활지원 서비스를 제공하는 제품이 등장
교육용 로봇	간단한 콘텐츠 플레이어로 활용	피교육자의 학습 진행 상태 및 감정을 인식하여 맞춤형 콘텐츠를 제공
정서지원 로봇 (애완 로봇 및 동반자 로봇 포함)	간단한 대회 등의 제한된 상호작용을 통하여 정서적 지원 서비스를 제공	애완 로봇 및 동반자 로봇이 사용자의 기분이나 감성을 이해하고, 그에 적합한 행동 또는 대화를 수행
케어 로봇 (돌봄 로봇 포함)	다양한 케어 로봇들이 연구개발 단계이며 관련 시장은 미형성	사람의 상태나 의도를 파악하여 맞춤형 기능을 수행 하는 수준으로 발전
엔터테인먼트 로봇	사전에 프로그래밍 하거나 사용자가 직접 조종	사용자의 반응 또는 감정 상태에 따라 맞춤형 서비스를 제공
안내로봇 (컨시어지 서비스 로봇 포함)	시범적으로 운영하는 수준	사회적인 상호작용 기능이 발전하여 다양한 공공장소에서 활용

| 출처 | 과학기술정보통신부, 한국과학기술기획평가원. 소셜로봇의 미래

다크투어 (Dark Tour)

어두운 여행? 다크투어는 무슨 뜻일까?

다크투어란 과거 어두웠던 역사적 장소들을 여행하는 것을 뜻한다. 보통 우리가 여행을 생각하면 휴식이나 좋아하는 곳에 들러 기쁨과 행복을 얻는 기분 좋은 느낌을 주로 생각할 것이다. 그러나 다크투어는 이와 조금은 동떨어진 여행의 개념으로 단순한 역사투어가 아닌 비극적인 사건이나 참혹한 일들이 벌어졌던 희생과 피해의 장소를 찾아가 깨달음, 반성, 교훈을 얻고 돌아오는 여행을 뜻한다.

▲ 다크투어의 사례 | 출처 | 어서와 한국은 처음이지

위 사진은 MBC '어서와 한국은 처음이지'라는 TV 프로그램에서 터키에서 온 외국인들이 일본의 잔혹함을 담고 있는 서대문형무소를 방문한 모습이다. 이 투어를 계획한 사람은 한국에 거주하고 있는 터키인이었는데, 그는 지금의 한국이 있기까지의 역사적 아픔들과 과정을 터키에서 한국에 여행 온 친구들에게 알리고 싶어 서대문형무소 방문을 계획했다고 밝혔다. 여행에 참여한 친구 중 한 명은 형제 나라인 한국의 아픈 역사를 듣고 눈물을 보이기도 했다.

제주에 자주 와보았다고 해도 깊게 관심을 가지지 않았다면 제주도를 그저 평화로운 섬으로 생각하였을 수도 있다. 그러나 사실 제주도는 우리가 기억하고 알아야 할 다양한 비극적인 역사적 사건의 아픔이 아직까지 깊게 배어 있는 곳이다. 제주의 다크투어 성지를 살펴보자.

섯알오름 학살터

| 출처 | 서귀포신문

이 장소는 서귀포시 대정읍에 있는 4·3유적지로 일본군이 1944년 말부터 대정읍 '알뜨르' 지역을 군사요새화하는 과정에서 만들어진 폭탄창고 터이다. 사진 중간에 보이는 큰 구덩이는 일본이 패망하면서 미군에 의해 이 장소가 폭파되었을 때 오름이 함몰되면서 만들어진 것이다.

1950년 8월 20일 강제검속당한 제주인 252명을 구덩이 가장자리에 세워놓고 총살하여 구덩이에 시신이 쌓이는 끔찍한 사건이 자행되었다. 그 후 7년간 출입금지지역으로 지정했다가 2000년 경 국방부의 허가로 유해발굴이 본격적으로 시작되었고 2007년부터 추모비, 학살 재현시설, 병풍석 등을 설치하여 국민들에게 개방하였다.

무명천(진아영) 할머니 생가

▲ 무명천 할머니 동화책 | 출처 | yes24

무명천 할머니는 1914년생으로 4·3 사건의 희생자 중 한 분이다. 35살의 나이에 집 앞에서 할머니를 무장대로 오인한 경찰이 쏜 총에 턱을 맞고 쓰러진 뒤 구사일생으로 살아났다. 목숨은 건졌지만, 하루아침에 턱이 사라진 할머니는 제대로 먹지도, 마시지도 못하고 무명천으로 턱을 가린 채 평생을 살아야 했다. 항상 천으로 턱을 가리고 지냈던 할머니를 본 사람들은 할머니를 무명천 할머니로 불렀다.

무명천 할머니의 본명은 진아영이다. 2004년 한 많은 삶을 뒤로한 채 세상을 떠난 할머니를 기리고자 2008년 한림면 월령리의 할머니의 집을 전시관으로 탈바꿈하여 개관했다. 이 근처에는 아름다운 벽화가 그려져 있으며 매년 제주 4·3사건의 아픔을 기리고자 많은 관광객들이 찾아오고 있다.

◀ 무명천 할머니 생가
| 출처 | 노컷뉴스

송악산 외륜 일제 동굴진지

송악산에 만들어진 외륜 일제 동굴진지는 섯알오름 학살터와 마찬가지로 알뜨르 비행장 경비 혹은 미군 방어를 위한 거점으로 추정된다. 이는 태평양전쟁 말기, 패전위기에 처한 일본이 본토를 사수하고자 '결7호작전'을 준비하는 과정에, 미군이 제주도에서는 알뜨르 비행장을 먼저 공격할 것으로 예상하여 구축한 동굴식 방어시설이다.

제주도 내 일본군의 전쟁으로 건설된 유적지는 13곳에 달하는데, 송악산 동굴진지를 포함하여 남제주 비행기 격납고, 사라봉 일제 동굴진지, 모슬포 알뜨르비행장 일제 지하벙커 등이 있다. 당시 이러한 군사시설들은 전쟁 시기에 맞추어 짧은 시간 안에 건설되어야 했는데, 그때마다 수많은 도외 및 제주도민들이 노역에 강제로 동원되었다고 한다.

▲ 송악산 외륜 일제 동굴진지 | 출처 | 문화유산채널

송악산 외륜 일제 동굴진지는 총길이가 1,433m로 제주도에서 발견된 일본군과 관련된 동굴진지 중 두 번째로 규모가 크다. 더불어, 출입구는 지네의 형태를 하고 있으며 그 수는 41개로 제주도 내 동굴진지 중 가장 많은 것으로 밝혀졌다.

▲ 송악산 외륜 일제 동굴진지 | 출처 | 두피디아

영모원

영모원은 4·3사건의 희생자, 항일운동가, 한국전쟁 호국영령들을 기리기 위해 조성된 공간이다. 일제강점기 때 도내에서 가장 많은 항일운동가를 배출했고, 4·3사건 당시에도 엄청난 인명피해와 재산피해를 당했던 애월읍 하귀리 주민들 스스로의 노력으로 조성되었다. 4·3희생자의 신위를 한 곳에 모심으로써 화해와 상생의 표본이 되고 있다.

▲ 영모원 | 출처 | 비짓제주

▲ 영모원 비석 | 출처 | 제주시청 공식블로그

위 사진은 영모원에 세워진 비석들로 좌측 비석은 위령단을 세우는 이유를 담았고, 우측의 비석은 4·3 희생자 위령비이다. 영모원에서는 매년 희생자들의 영혼을 위로하기 위한 위령제를 지내고 있다. 다음은 위령비에 쓰여진 비문의 일부이다.

'여기와 고개 숙이라.
섬나라 이 땅에 태어난 이들은 모두 여기 와서 옷깃을 여미라'

제주의 아픈 역사로 배우는 소셜 로봇과 인공지능 윤리

인간은 단순한 원리로 설명할 수 없는 복잡한 성질을 가지고 있다. 이에 인공지능 개발과 활용에서 반드시 참고해야 하는 윤리 또한 인간과 역사적 사건에 대한 이해가 기초되어야 한다. 아래에서는 제주 다크투어리즘의 대부분을 차지하는 제주 4·3 사건으로 인공지능 윤리기준을 이해할 수 있는 연계성들을 설명해주고 있다.

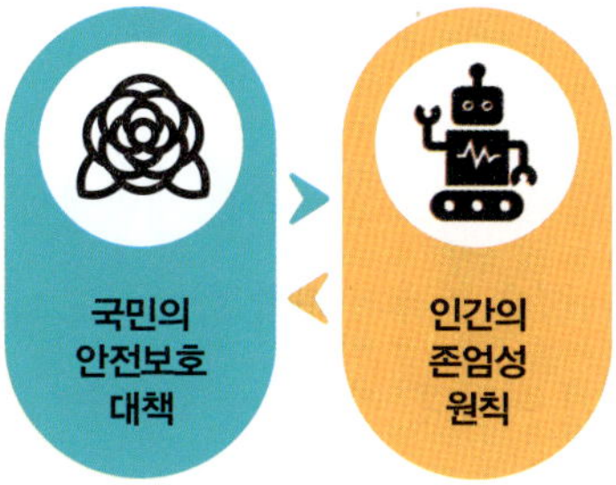

4·3사건은 희생자가 3만 명이상으로 추정되기도 하는, 인간의 존엄성이 철저하게 파괴된 사건이다. 외부의 간섭이나 극한적 운영 환경에서도 인공지능이 인간에게 피해를 주는 일이 없도록 해야 한다는 원칙과 같이 모든 형식의 공격으로부터 국민들의 안전을 보호할 수 있는 대책이 필요하다.

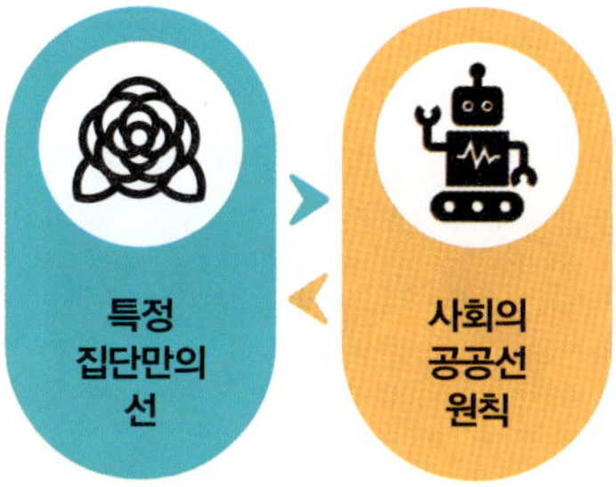

제주의 역사와 전통, 주민의 인권을 철저히 무시한 채 물리력을 앞세운 이데올로기의 대립이 초래한 처참한 제주 4 · 3사건은 인공지능 기술은 특정 계층의 독점적 이익을 위해 사용되어서는 안 되며 공익 증진과 인류의 보편적 복지 향상을 목표와 방향으로 하여 개발되어야 한다는 것을 역설하고 있다.

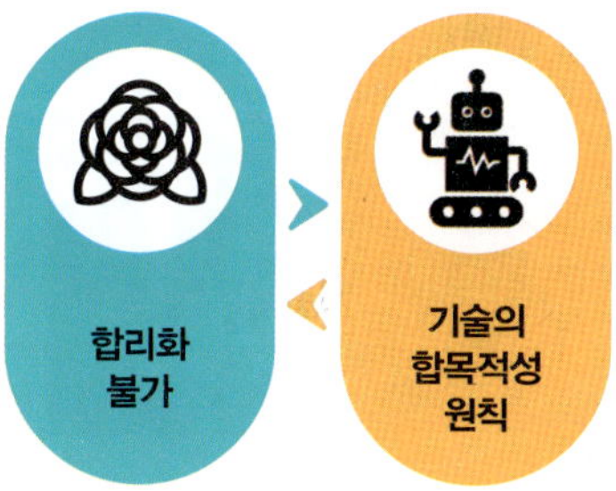

수많은 사람들이 희생당한 제주 4 · 3사건은 어떤 목적과 의도가 있었다고 해도 그 희생과 대살[大殺]을 합리화시킬 수 없다. 개발된 인공지능은 개발된 의도대로 명확히 작동되어야 하며, 그것이 인류의 삶에 불필요한 존재이거나 궁극적으로 인간에게 도움이 되지 않는다면 개발 가치가 없는 것이다.

04

AutoML과 방선문

인공지능이 만드는 인공지능, 방선문을 열고 새로운 세상으로 들어가본다.

AutoML (Automated Machine Learning)

인간의 개입없이 인공지능이 인공지능을 만들 수 있을까? AutoML은 이러한 개념에서 만들어진 기술이다. 머신러닝과 딥러닝을 기반한 인공지능 기술은 컴퓨터 과학 중에서도 매우 복잡하여 전문가가 아니라면 쉽게 이해하고 일상에 활용하기 어렵다. 머신러닝 및 딥러닝 모델링은 데이터 수집, 전처리, 학습, 평가, 적용 등 다양한 과정이 필요하다. 지금까지는 이러한 과정에 사람의 손길이 꼭 필요했다.

▲ 영화 아이, 로봇의 한 장면 | 출처 | 네이버 영화

인공지능 기술이 필요한 곳은 많다. 특히, 기업들은 인공지능을 도입하여 생산, 서비스, 분석 등 다양한 곳에 활용하고자 한다. 그러나 모든 기업이 인공지능 서비스를 활용하기란 쉽지

않다. 자본이나 인력이 부족한 소기업은 인공지능 개발에 많은 시간과 노력이 소요된다는 점, 인공지능 전문가가 부족한 점, 높은 비용 등 원인으로 인공지능 서비스의 활용을 포기할 수 밖에 없기 때문이다.

AutoML를 사용하면 이러한 문제들을 해결할 수 있다. 마우스 클릭 몇 번으로 머신러닝 솔루션을 생성할 수 있기 때문이다. AutoML이 활용되는 이유를 다음에서 자세히 알아보자.

AutoML의 이점

기술 격차 해소

머신러닝과 인공지능 기술의 도입은 기업에 막대한 기술적 이점을 가져다준다. 아래 그래프와 같이 인공지능 기술의 비즈니스 영역에 대한 영향력은 4차산업혁명의 주요기술들인 인공지능, 블록체인, 클라우드, IoT 중 가장 막대하다.

국내기업 50곳을 대상으로 한 설문조사 결과 인공지능 관련 인재가 기업에 필요하다는 답변은 92%이며 채용에 적합한 인재가 없다는 답변은 68%로 나타났다. AutoML은 비전문가여도 인공지능과 머신러닝을 활용할 수 있다. 이러한 장점은 기업 간 기술격차를 해소하여 규모가 작은 기업에게도 보다 폭넓은 기회를 제공해줄 수 있을 것이다.

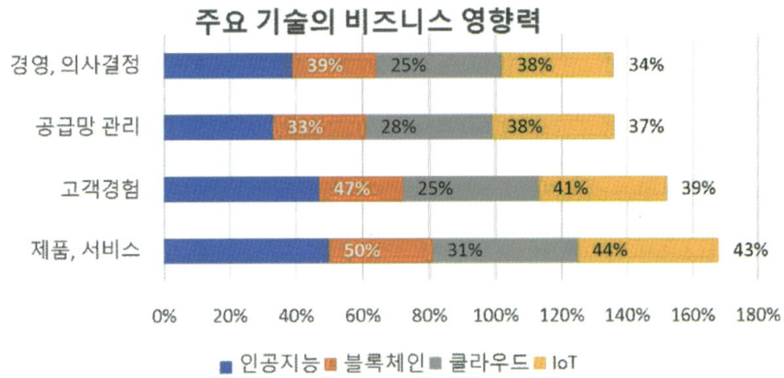

▲ 기업에서 사용되는 IT

| 출처 | 기업은 어떻게 AI를 도입하는가? 정리

서비스 출시 시간, 비용 절감

빠르게 변화하는 시장에서 누가 먼저 신제품 혹은 서비스를 내놓느냐는 기업의 경쟁력을 높이고 우위를 선점할 수 있는 중요한 요소이다. 머신러닝 파이프라인을 기업에 맞춰 처음부터 새로 생성하고 구축하는 것은 시간과 비용면에서 적지 않은 노력이 든다.

AutoML을 사용하면 머신러닝 모델 구축에 소요되는 시간이 적을 뿐만 아니라 데이터 과학자나 인공지능 전문가가 적게 필요하므로 비용 면에서도 절감할 수 있다. 따라서 인공지능 기술을 제외한 다른 분야에 투자하여 양질의 제품과 서비스를 개발하는데 도움이 될 것이며, 그 결과 시장 진입도 빨라질 것이다.

더 나은 모델의 생성

AutoML은 인간이 머신러닝에 개입하여 수동으로 구축하고 수행하였을 때보다 더 빠른 속도로 매개 변수를 반복하여 학습한다. 동일한 시간에 더 많은 반복이 수행되면 더 높은 성능의 모델이 개발될 확률이 높다. AutoML은 이러한 프로세스의 효율성을 개선하여 모델에 대한 연구를 가속화한다.

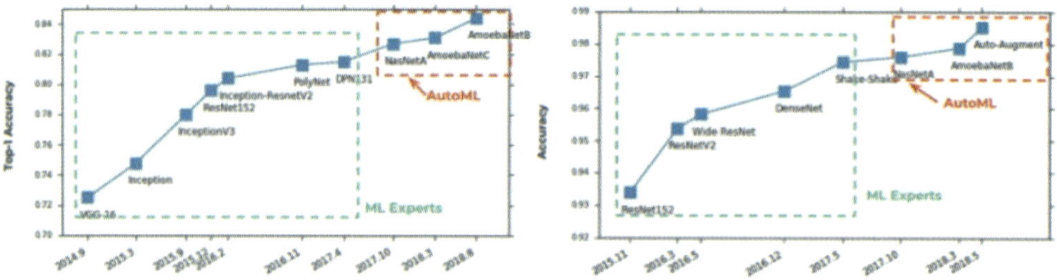

▲ AutoML과 인공지능 전문가의 알고리즘 성능 비교 | 출처 | AutoML: Automated Machine Learning Google Brain team

위 그림을 보면 녹색 박스에 있는 부분이 인공지능 전문가가 만든 알고리즘이고 주황색 박스에 있는 부분이 AutoML의 알고리즘의 수행 결과이다. 두 가지의 성능을 비교해본 결과, 정확도 면에서 AutoML이 월등히 높다는 것을 확인할 수 있다.

AutoML의 변천

AutoML은 자동화 단계에 따라 구분할 수 있는데 2022년 현재 시장의 수준은 대부분 아래에서 확인할 수 있는 레벨 0부터 5까지에서 레벨 1이나 2의 범위에 속하는 경우가 많다. AutoML은 점차 더 높은 레벨을 지향하고 있다.

1. 레벨 0: 자동화가 없음. 데이터 과학자가 처음부터 개입하여 알고리즘을 코딩
2. 레벨 1: 상위 버전의 API 사용
3. 레벨 2: 자동 초매개변수(hyperparameter) 조정 및 모델 선정
4. 레벨 3: 자동 피처 엔지니어링, 피처 선택, 데이터 첨가(증강)
5. 레벨 4: 자동 도메인 및 피처 엔지니어링, 데이터 첨가(증강), 데이터 통합
6. 레벨 5: 완전 자동화. 머신러닝 문제 해결에 요구되는 입력이나 안내 불필요

AutoML은 머신러닝 학습의 효과를 높이기 위해 설정하는 Learning rate, Batch size, Epoch 등의 초매개변수를 최적화하는 것으로 시작되었다. 이후 머신러닝 학습에 의미가 있는 특징을 추출하여 입력값으로 사용하는 '피처 엔지니어링Feature Engineering'으로 그 단계를 높여갔다. 최근에는 모델링 프로세스Modelling Process 전체를 사람이 아닌 기계가 설계하도록 자동화하는 기술인 아키텍처 검색으로 발전하며 완전 자동화로 가기 위한 걸음을 딛고 있다.

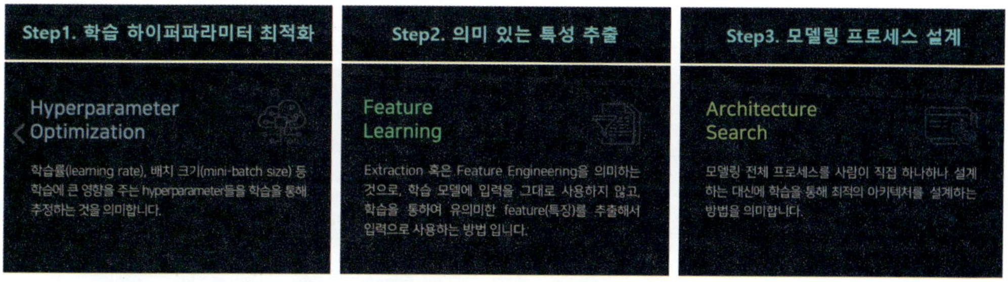

▲ AutoML의 단계 | 출처 | SAS Korea

방선문

방선문訪仙門은 제주시 오등동에 위치한 한천계곡 소재 자연교로, 2013년 명승 제92호로 지정되었다. 방선문은 이름 그대로 '신선이 방문하는 문' 이라는 뜻을 가지고 있는데, 예로부터 그 경관이 매우 뛰어나 제주에 부임한 목사들과 지방 관리, 심지어 유배인들도 이곳에 와서 풍류를 즐겼다고 한다.

방선문은 중앙에 크게 구멍이 뚫린 아치형 바위를 말하는데, 이는 방선문이 한천이 흐르는 곳에 있어 유수로 인한 바위 깍임 현상을 일컫는 마식작용이 일어난 결과이다. 이는 신선세계로 통하는 문으로 불리며, 방선문을 기점으로 신선 세계와 인간 세계를 나누는 기점의 역할을 한다고 전해진다.

방선문 주변에는 마애명磨崖銘이 50여개 발견 되었다. 마애명은 바위에 새겨 넣은 시나 이름을 뜻한다. 이는 풍류를 즐기던 옛 선인들이 이곳의 아름다움에 반하여 마치 현대의 사람들이 SNS 인증샷을 남기듯이 방문 흔적을 남긴 것이다.

안타깝게도 최근 방선문은 암반 균열로 인해 낙석우려가 있어 관람객의 출입을 통제하고 있다. 출입통제가 끝나면 우리도 풍류를 즐기러 떠나보자.

▲ 방선문계곡

| 좌측 출처 | 비짓제주 | 우측 출처 | 문화재청 국가문화유산포털

방선문에 내려오는 전설

옛날 옛적에 방선문 계곡에는 중복날이 되면 선녀들이 하늘에서 내려와 목욕을 하고 다시 하늘로 올라간다는 소문이 있었다. 어느 중복날 한 선비가 친구들과 함께 방선문에서 바둑을 두며 놀고 있었다.

놀이를 다 마치고 친구들은 모두 집에 돌아갔는데, 한 선비는 갑자기 방선문에 선녀가 내려온다는 소문이 생각났다. 이 선비는 그 소문이 진짜인지 너무 궁금했던 나머지, 선녀들을 기다려 보기로 했다.

한참을 기다려도 선녀들이 나타나지 않자 실망하고 돌아가려는 찰나, 갑자기 선녀들이 하늘에서 내려오는 것이 아닌가?

선녀들은 옷을 벗어 놓고 방선문 계곡에서 목욕을 하기 시작했다. 넋을 잃고 구경하던 선비는 한 선녀와 눈이 마주쳐버렸다. 깜짝 놀란 선녀는 같이 목욕하던 선녀들과 함께 황급히 옷을 입고 하늘로 돌아갔다.

갑작스레 돌아온 선녀들을 본 옥황상제는 무슨 일인지 자초지종을 물었고, 선녀들은 훔쳐 보던 선비 이야기를 하였다. 화가 난 옥황상제는 신하들을 시켜 지상에 내려가 이 선비를 잡아오게 하였다.

신하들이 이 선비를 잡아서 하늘로 데려왔다. 옥황상제는 그 선비에게 벌로 한라산 백록담을 지키는 백사슴이 되라 명했다. 그 후 그 선비는 인간세상에 내려와 백사슴이 되어 백록담에 살며 한라산을 수호하게 되었다.

제주의 명승

명승은 아름다운 자연경관이나 자연과 조화롭게 어울리는 인공물 중 보존가치가 뛰어난 것으로 국가에서 지정한 문화재이다. 제주에는 방선문을 포함하여 총 9개의 명승이 있다. 다음 표에서 자세히 알아보자.

표 | 제주의 명승

명칭	종목	위치	주요 사진
정방폭포	명승 제43호	서귀포시 서귀동 962번지	 
제주 서귀포 산방산	명승 제77호	서귀포시 안덕면 사계리 산16번지	 
제주 서귀포 쇠소깍	명승 제78호	서귀포시 쇠소깍로 128	 
제주 서귀포 외돌개	명승 제79호	서귀포시 서홍동 791번지	 

| 출처 | 제주특별자치도

명칭	종목	위치	주요 사진	
사라오름	명승 제83호	서귀포시 남원읍 신례리 산2–1번지		
영실기암과 오백나한	명승 제84호	서귀포시 하원동 산 1–4번지, 도순동 산 1–1번지		
한라산 백록담	명승 제90호	서귀포시 토평동 산 15–1		
한라산 선작지왓	명승 제91호	서귀포시 영남동 산 1–0		
제주 방선문	명승 제92호	제주시 거북 새미길 48–26		

| 출처 | 제주특별자치도

방선문의 문을 연 듯 AutoML이 가져올 이전과 다른 세상

방선문은 인간 세상과 하늘 세계를 구분해주는 경계였으며, 신선이 노닐고 선녀들이 목욕을 하러 지상에 내려오기 위해 드나들었던 문으로 알려져 있다. 전설처럼 방선문을 열 수 있다면 우리가 그동안 봐왔던 세계가 아닌 신선이 노니는 새로운 세상이 펼쳐질 것이다.

앞에서 설명했던 것처럼 완전 자동화가 실현되어 인공지능이 인공지능을 만들게 되는 세상이 오면 지금까지 우리가 살고 있던 세상과 완전히 다른 세상이 될 것이다. 비전공자들도 인공지능을 자유자재로 활용할 수 있고 기업에서 머신러닝에 들어가는 비용과 시간도 현저히 줄어들 수 있어 인공지능 활용의 장벽을 낮출 수 있다는 장점이 있다.

그런데, 결국 나중에는 영화에서처럼 사람의 말을 듣지 않는 인공지능 로봇이 만들어지거나 인간들이 사랑에 빠질 정도로 정교한 인공지능 로봇이 끊임없이 생겨나는 것은 아닐까? 머신러닝이 만든 머신러닝이 더욱 결과가 좋다면, 데이터 과학자나 인공지능 전문가는 더 이상 필요 없게 되는 것일까? 현실적으로 아직까지는 사람을 완벽히 대체할 수 있는 인공지능을 만들어내는 것은 어렵다는 것이 대부분의 의견이다. 하지만 분명한 것은, 만약 완전 자동화된 AutoML이 완성된다면 인간과 인공지능이 인격체로서 같이 공존하는 과거에 없었던 새로운 세상이 펼쳐지게 될 것이다.

05 NLP와 제주 술

인간의 언어를 구현하는 인공지능, 제주 술과 연관 지어 알아보자.

자연 언어 처리 (NLP)

자연 언어(자연어) 처리Natural Language Processing, NLP는 인공지능의 한 분야로 '컴퓨터가 인간의 언어를 알아듣게 해보자' 라는 취지에서 시작된 기술이다. 컴퓨터가 생겨난 이후 약 50년 간 이러한 NLP 연구가 진행되었다.

▲ 인공지능과 소통하는 인간

| 출처 | Amenys Ltd(https://amenys.com/?product=nlp-natural-language-processing)

자연어란 인간이 소통하는 방식을 의미한다. 우리는 무엇으로 소통하는가? 글, 음성으로 이루어진 모든 매개체가 상호작용하여 소통이 이루어진다고 할 수 있다. 우리가 사용하고 있는 언어는 사실 매우 복잡한데, 규칙이 있는 것 같지만 예외상황도 매우 많고 기호와 이미지 같은 정보가 함께 주어져 이해되기도 한다. 문제는 인간에게는 극히 자연스러운 언어들이 컴퓨터가 이해하기에는 극도로 어렵다는 것이다. 다음 페이지부터 컴퓨터 과학과 언어학을 기반으로 하는 NLP에 대하여 자세히 알아보자.

NLP 수행 방법

NLP를 수행하는 간단한 방법을 소개한다. 여기에서 서술한 방법 이외에도 다양한 방법이 존재하며 효율적인 NLP를 위한 연구가 활발히 진행되고 있다.

분할 (Segmentation)

문장이나 문단을 작은 문장으로 분해해야 한다. 문단에서는 마침표로, 문장에서는 쉼표 혹은 구두점으로 구분한다.

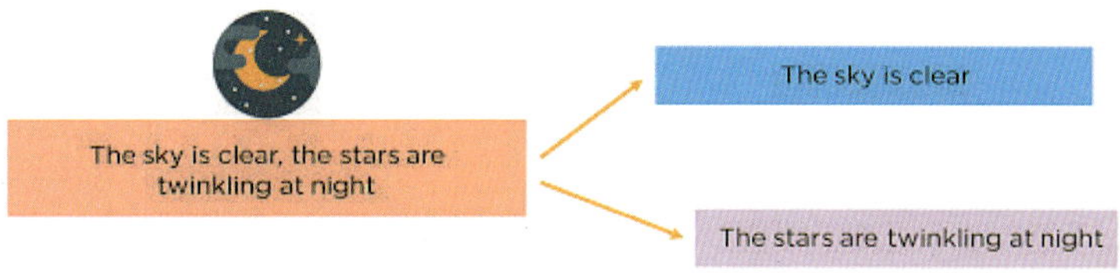

토큰화 (Tokenizing)

위에서 짧은 문장으로 문단과 문장을 분할했다면, 이번에는 문장을 구성하는 단어로 분할하여 저장해야 한다. 이렇게 쪼개진 단어들을 토큰이라고 한다.

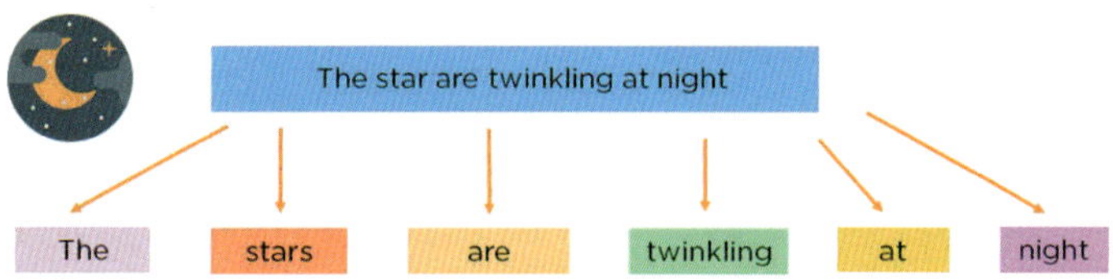

불용어 제거

문장에서 무의미한 단어를 제외하면 문장 이해가 더 쉬워질 수 있기 때문에 문장에 따라 불필요한 연결어 등은 제거하는 것이 좋다.

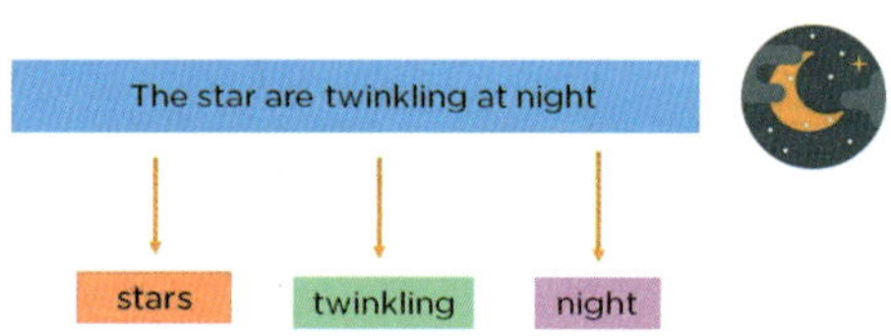

어간 추출 (Stemming)

단어에서 본래 단어의 의미를 담고 있는 핵심 부분을 얻는 과정이다. 어간에 추가적 의미를 부여하는 부분인 접사를 더하면 새로운 단어가 되기 때문에 의미를 명확하게 하기 위하여 어간을 추리는 작업을 하는 것이다.

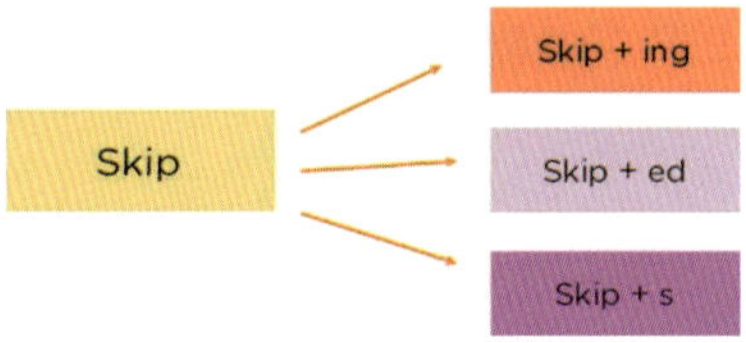

표제어 추출 (Lemmatization)

단어의 본래 어근을 추출하는 과정으로서 단어가 파생되기 전의 기본 형식이 무엇인지 얻는 것이다. 성별, 시제, 상황 등에 따라 단어 형태가 변경된다.

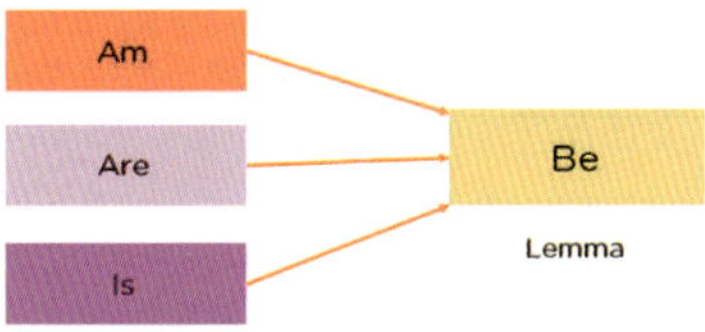

품사 태깅 (Part of Speech Tagging)

문장에서 추출한 단어들에 대해 품사를 식별하여 추가하는 것을 말한다. 이는 단어 간의 관계 식별과 문장 의미 이해에 유용하게 사용된다.

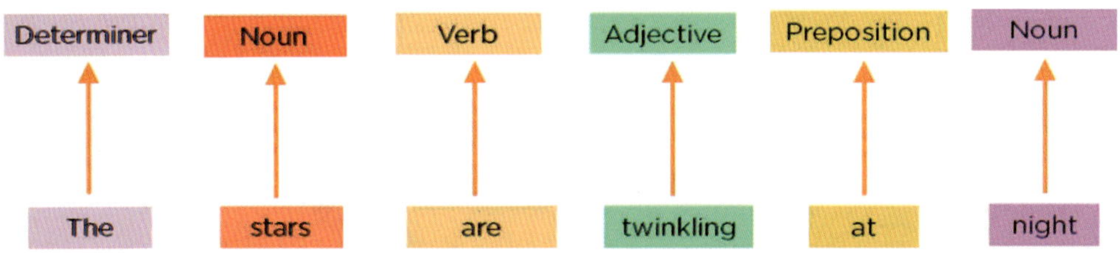

| 출처 | simplilearn

생성적 사전학습 변환기 (GPT-3)

GPT-3는 Generative Pre-trained Transformer의 머리글자를 따서 만든 단어로 우리나라말로는 '생성적 사전학습 변환기' 라고 풀이할 수 있다. 이 GPT-3는 미국 인공지능 연구기관인 OpenAI에서 만든 인공지능으로서 알파고 이래로 많은 사람들에게 엄청난 충격을 안겨주었으며, 인류역사상 가장 뛰어난 언어 인공지능으로 평가받고 있다.

그렇다면 이 GPT-3는 어떻게 사람들의 주목을 받게 된 것일까? 답은 간단하다. 너무 신기하기 때문이다! GPT-3는 OpenAI에서 개발한 3번째 GPT 모델인데 GPT-2가 개발되었을 때도 간단한 답변이 가능한 정도의 언어처리능력을 보였지만 GPT-3는 차원이 다른 수준으로 업그레이드되었다. GPT-2의 신경망 파라미터는 15억개였지만 GPT-3는 1750억개를 분석하였으며, 그 성능은 약 100배 향상되었다고 한다. OpenAI가 논문을 통해 이를 발표한 이후, API를 클로즈 베타[정해진 사람이 받을 수 있는 시범 서비스]로 공개하면서 많은 사람들이 이를 활용하여 엄청난 자연어처리 모델들을 개발하기 시작했다. 다음은 GPT-3로 만들어진 인공지능의 사례이다.

러브레터를 써주는 인공지능

인공지능 설명에서 자주 등장하는 영화 'Her'에서 인공지능과 사랑에 빠지는 주인공 직업이 무엇인지 아는가? 바로 러브레터나 감사편지 등을 대신 써주는 직업이다. 그런데 GPT-3를 활용하면 인공지능이 러브레터를 대신 써준다고 한다. 원하는 스타일의 편지를 입력만 하면 인공지능이 대신 편지를 써준다. 예를 들면, '아름다운 러브레터를 써줘' 혹은 '셰익스피어가 쓴 러브레터'라고 하면, 이에 맞는 러브레터를 자동으로 작성해준다.

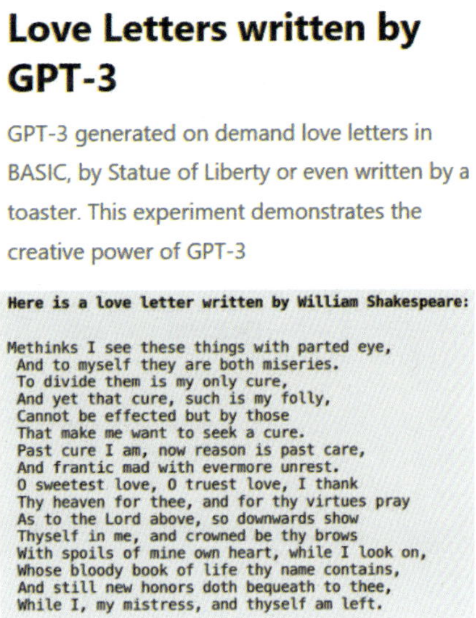
Love Letters written by GPT-3

GPT-3 generated on demand love letters in BASIC, by Statue of Liberty or even written by a toaster. This experiment demonstrates the creative power of GPT-3

Here is a love letter written by William Shakespeare:

Methinks I see these things with parted eye,
And to myself they are both miseries.
To divide them is my only cure,
And yet that cure, such is my folly,
Cannot be effected but by those
That make me want to seek a cure.
Past cure I am, now reason is past care,
And frantic mad with evermore unrest.
O sweetest love, O truest love, I thank
Thy heaven for thee, and for thy virtues pray
As to the Lord above, so downwards show
Thyself in me, and crowned be thy brows
With spoils of mine own heart, while I look on,
Whose bloody book of life thy name contains,
And still new honors doth bequeath to thee,
While I, my mistress, and thyself am left.

▲ 셰익스피어의 러브레터 출처 | http://gptcrush.com/

소설 쓰는 인공지능

인공지능이 사람들의 입에 오르내리기 시작한 초반, 많은 사람들은 인공지능은 창의성을 가지지 못할 것이라고 생각했다.

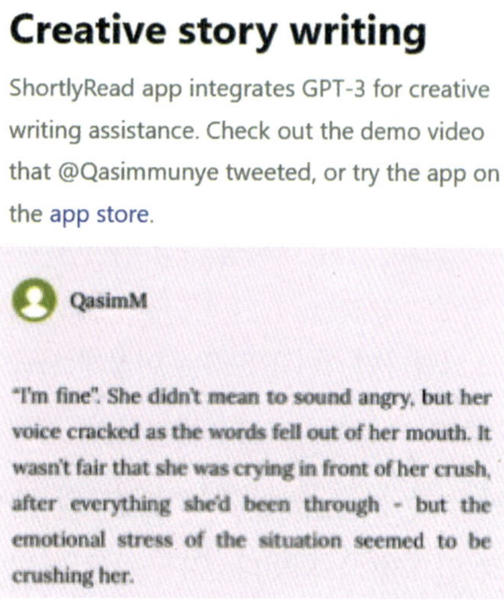

▲ 인공지능이 쓴 이야기 | 출처 | http://gptcrush.com/

그러나 이제 인공지능은 창의력이 필수적인 분야인 예술에서도 두각을 나타내고 있는데, 음악을 만들고 그림을 그릴 수 있을 뿐만 아니라 시와 소설도 집필할 수 있다. 간단한 테마를 입력하면 창의적인 글짓기를 도와주는 것은 물론 자동으로 문법까지 확인해준다.

코딩을 대신해 앱 만들어주는 인공지능

코딩을 배워 본 사람들이라면 다들 이런 생각을 해보았을 것이다. '내가 말만 하면 컴퓨터가 코딩을 척척 해내서 앱까지 만들어주면 얼마나 좋을까?' GPT-3는 이것도 가능하게 한다. 본인이 원하는 앱을 공용어인 영어로 작성하면 이에 맞는 코딩을 해서 앱으로 만들어준다.

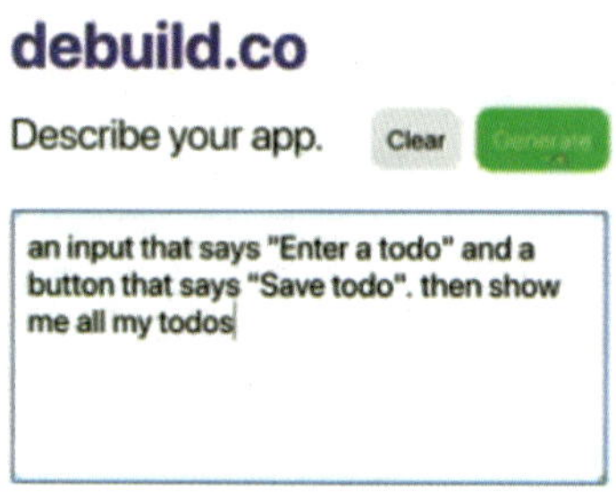

▶ 위 입력에 따라 인공지능이 만든 코드 일부

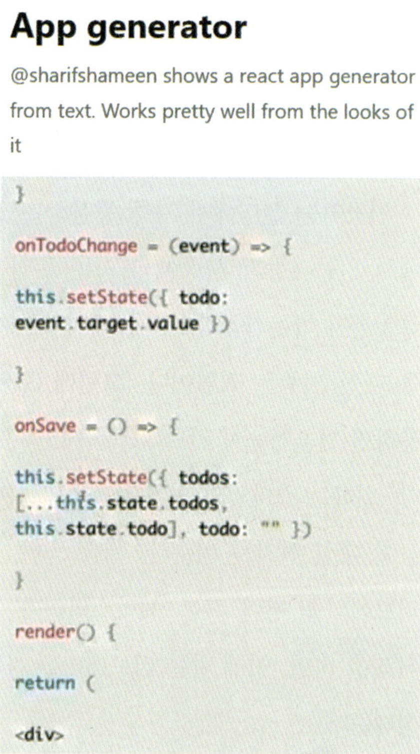

| 출처 | http://gptcrush.com/

제주 술

제주는 '삼다수'로 인해 맑은 물이 유명하지만 제주의 술도 맛이 좋기로 그 명성이 자자하다. 이번에는 다양한 제주 술을 만나보고 술을 체험할 수 있는 장소도 함께 소개해 보겠다.

제주 맥주

국내 최초 글로벌 크래프트 맥주사 '제주맥주'에서 개발한 맥주

대표적인 술

- 밀맥주 '제주 위트 에일'
- 페일 에일 '제주 펠롱 에일'
- 흑맥주 '제주 거멍 에일'
- 세계적 커피 기업 '블루보틀'과 협업한 커피 맥주 '커피 골든 에일'

양조장 투어 위치

제주특별자치도 제주시 특별자치도, 한림읍 금능농공길 62-11

▲ 제주 위트 에일

▲ 제주 펠롱 에일

▲ 제주 거멍 에일

| 출처 | 제주맥주

제주 술익는집 – 고소리술

대한민국식품명인 제84호 고소리술 명인이 만든 제주 전통주 고소리술

고소리술 특징

- 좁쌀로 빚은 다음 전통소주를 빚는 소줏고리인 '고소리'에 증류, 2년 이상 저온 숙성
- 1520년 충암 김정의 『제주풍토록』에도 고소리술이 기록되어 있다.

양조장 투어 위치

제주특별자치도 서귀포시 표선면 중산간동로 4726

▲ 고소리술 양조장 체험

| 출처 | 제주술익는집

제주 와이너리 – 제주 귤로만

농업 회사법인 '제주와이너리'의 과실주

제주 귤로만 특징

- 기존 탁주와 달리 100% 귤을 발효하여 만든 우리나라 최초 감귤 기능성 과실주
- 알코올 도수는 7%, 10% 짜리가 있다.
- 2011년 대한민국 우리술품평회에서 기타주류 부문 대상인 농림수산식품부장관상 수상, 2012년 동 품평회에서 장려상 수상
- 양조장 체험이나 투어는 없지만, 인터넷 오픈마켓이나 제주 기념품샵에서 만나볼 수 있다.

양조장 투어 위치

없음

▲ 제주 귤로만 공장

| 출처 | 제주 귤로만

인공지능도 술을 마시면 글을 잘 쓸까?

| 출처 | 매경헬스

술을 마시면 감성적이 되었던 경험을 해본 적이 있는가? 울렁이는 기분에 SNS에 평소에는 쓰지 않을 문구들로 글을 올려본 경험이 있는가?

적당한 술은 사람을 기분 좋게 하며 스트레스를 해소시켜 줄 수 있다. '관동별곡', '사미인곡', '성산별곡' … 내용은 자세히 몰라도 한번 쯤 이 제목들을 들어봤을 것이다. 가사문학의 대가로 이름난 송강 정철의 작품들이다. 정철은 뛰어난 글솜씨로 문학계에 한 획을 그었지만, 그에게는 치명적인 약점이 있었다. 술을 너무나 사랑하는 애주가였던 것이다.

정철은 술을 너무 좋아해 이를 소재로 한 작품만 수십 여 가지이기도 하지만, 술로 인해 주변 사람들에게 수많은 공격을 받기도 했다. 이를 딱히 여겼던 임금 선조가 작은 술잔을 하사하며 '하루에 이 잔으로 석 잔만 마셔라' 라고 하였지만, 정철은 이 술잔을 두드려 넓게 펴 사발처럼 만들어 술을 마셨다고 한다.

창작의 고통은 이루 말할 수 없다고 많은 작가와 예술가들은 말한다. 그런데 인공지능은 고통스럽지 않게 글을 써낸다. 인공지능과 함께 살아갈 이 시대에서 우리는 이러한 상황들을 어떻게 받아들여야 할까? NLP의 눈부신 발전은 인간에게 축복일까, 아니면 재앙일까?

디지털 트윈과 스마트 관광

'디지털 세상 속 나'와 함께 제주 관광 떠나볼까?

디지털 트윈 (Digital Twin)

▲ 디지털 세상의 나 | 출처 | cmte.ieee.org

4차산업혁명 시대가 도래하면서 과거에 존재하지 않았던 완전히 새로운 기술들이 부단히 개발되고 있으며 급속도로 발전하고 있다. 이전에도 당연히 새로운 기술의 개발과 함께 시대가 발전되어 왔지만, 지금 출현하고 있는 기술들은 과거와는 다른 우리가 상상만으로 그려왔던 기술들이다. 예들 들면, 의사라는 직업은 이미 몇 백 년 전부터 존재했던 전통적인 직업이지만 인공지능의사 왓슨이나 최초로 코로나 19의 확산을 예측했던 인공지능 블루닷 등의 개발로 의사라는 직업도 인공지능이 대체할 수 있다는 의견이 나왔다. 이처럼 지금 우리는 몇 백 년 또는 몇 천 년 동안 당연시해왔던 상식과 기술들이 하루아침에 다른 형태로 바뀌는 일들을 날마다 경험하고 있다.

새로운 기술을 안전하고 용도에 맞게 정확하게 사용하려면 수많은 연구와 시뮬레이션이 필요할 것이다. 이러한 요구에 맞춰 등장한 것이 '디지털 트윈Digital Twin' 이다. 디지털 트윈은 실제 세계의 물리적 객체, 장소, 프로세스, 사람 등을 가상에 쌍둥이처럼 동일하게 구현하는 표현을 말한다. 실제로 구현하려는 기술을 가상 현실 속에 그대로 만들어 놓고 실험해보는 것이다. 모의로 기술 구현을 하면서 기술을 현실 세계에 내놓았을 때 발생할 수 있는 문제점들을 미리 발견하는 기회이자 플랫폼이 된다.

디지털 트윈의 유래

디지털 트윈의 개념은 2002년 미국 미시간 대학교 경영 수업에서 마이클 그리브스Michael Grieves 교수가 제품의 생명 주기 관리Product Lifecycle Management, PLM 관점의 제안으로부터 시작되었다.

그 후 2012년 미 항공우주국NASA의 존 비커스Jon Vickers 박사가 마이클 그리브스 교수가 제안한 개념에 디지털 트윈이라는 명칭을 붙였다. 추후에 NASA의 우주탐사기술연구에서 이 개념이 중점적으로 사용되었다.

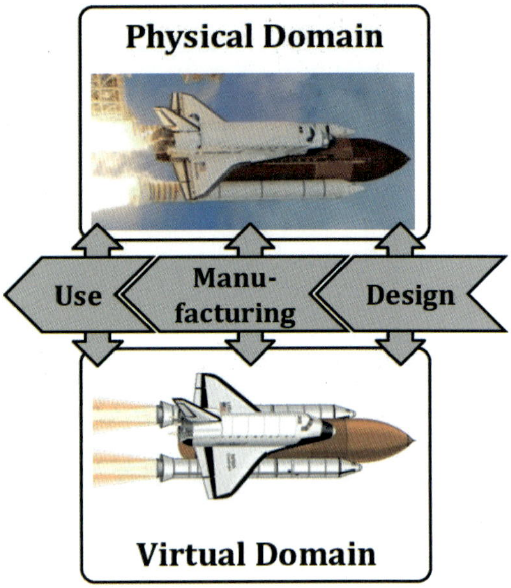

▲ 디지털 트윈의 개념도

| 출처 | Challenges and Potentials of Digital Twins and Industry 4.0 in Product Design and Production for High Performance Products

우측의 그림과 같이 실제 개발할 물체와 똑같은 물체를 가상에서도 설계·제조하는 것이다. 마지막 활용단계에서도 가상세계의 로켓과 실제세계의 로켓을 동기화하여 실험한다. 이때 실제세계의 물리적 물체에 문제가 발생했을 경우, 가상세계의 물체에도 동일한 조건으로 실험을 진행함으로써 문제 해결의 실마리를 찾는 방식으로 디지털 트윈의 개념을 활용하고 있다. 2016년에는 제너럴 일렉트릭General Electric에서 이 개념을 적용하였는데, 스마트 팩토리 내 클라우드 기반의 디지털 트윈 솔루션인 프레딕스Predix를 제안했다. 제너럴 일렉트릭은 이 플랫폼을 이

용하여 엔진 고장에 대한 예측의 정확도를 10%로 제고하였고, 장비고장으로 인한 결함수를 1,000건 이상 줄인 것으로 나타났다. 그 후 디지털 트윈의 개념이 대중적으로 주목을 받기 시작하였으며 2017년부터 2019년까지 3년 연속 가트너가 선정한 10대 전략기술로 선정되었다. 현재는 이 개념이 다양한 산업 전반 분야에 확장되어 여러 형태로 활용되고 있다.

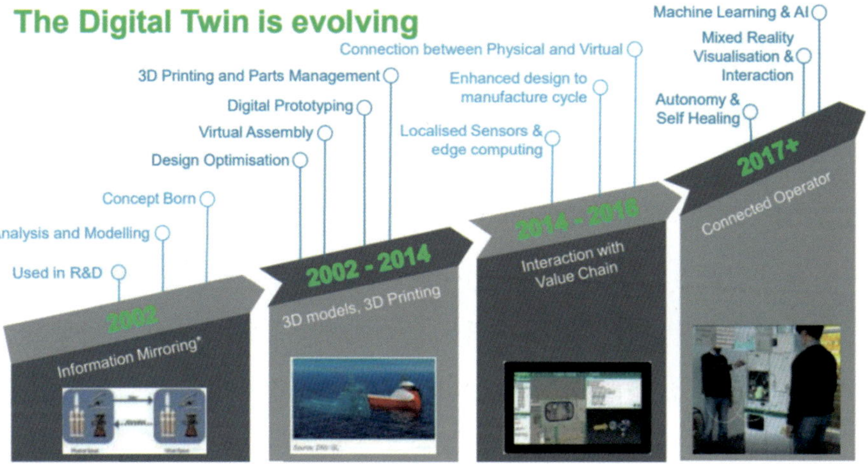

▲ 디지털 트윈의 발전 | 출처 | The digital Twin in Oil & Gas: Simulation to Operation

디지털 트윈의 응용 분야

스마트 시티

디지털 트윈에 기반하여 스마트 시티 구축을 위한 미래 시나리오 예측이 시행되고 있다. 대표적으로 싱가포르의 예를 들 수 있는데, 싱가포르는 제한된 국토면적과 수도권 인구 밀집으로 인해 국토자원의 효율적 활용이 필수적이다. 이에, 도시 전체를 디지털화하여 도시의 생산성과 관리의 효율성을 높이는 '스마트 네이션

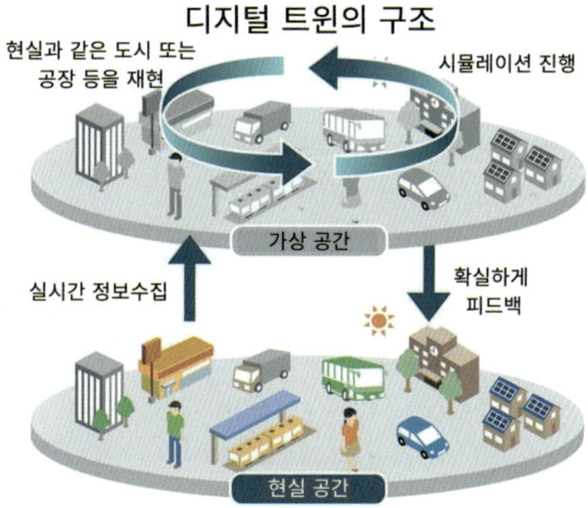

▲ 디지털 트윈이 적용된 스마트 시티 | 출처 | KOTRA 도쿄 무역관

Smart Nation' 계획을 수립했다. 이 스마트 네이션의 핵심사업 중 하나가 디지털 트윈 기반의 스마트 시티 플랫폼 구축이다. 이 사례는 최초로 디지털 트윈 개념을 스마트 시티 구축에 도입한 사례로 도시 전체의 건물과 모든 형태를 3D로 구현했다. 이후 가상의 공간에서 다양한 정책들을 시범적으로 적용해보고 실제 도시에 부분 적용한 다음, 시뮬레이션 결과들을 분석하고 문제점들을 개선하여 실제 도시 운영과 정책 마련에 기여하는 프로세스로 진행된다. 이는 버추얼 싱가포르 Virtual Singapore 로 불리며, 성공적인 도입 사례로 평가 받고 있다.

의료

의료 분야는 사람의 생명을 직접 다루는 분야이기 때문에 새로운 기기나 기술의 도입에 신중할 수밖에 없다. 또한 의대생들의 실습이나 수술 교육은 실제 병원의 수술실과 최대한 동일한 환경에서 이루어지는 것이 가장 효과적이다. 아래의 그림들은 국내에서 처음 XR 기술을 활용하여 비대면 의료진 수술 시연을 하는 방법인데, 흉강경 수술 교육에 적용했다고 한다. 수술을 집도하며 비대면 교육을 진행한 한 교수는 고개를 돌리면 실제 수술실 모습을 생생하게 볼 수 있고 본인이 원하는 수술 부위와 과정을 상세하게 확인할 수 있어 몰입도가 높은 수업 방식이라고 강조했다. 특히 개발도상국에서는 인프라나 비용이 부족하여 선진국의 의료기술을 습득하기 어려운 실정인데, 이러한 디지털 트윈 기반의 XR 교육 플랫폼을 활용하면 높은 교육의 효과를 얻을 수 있을 것으로 기대되고 있다.

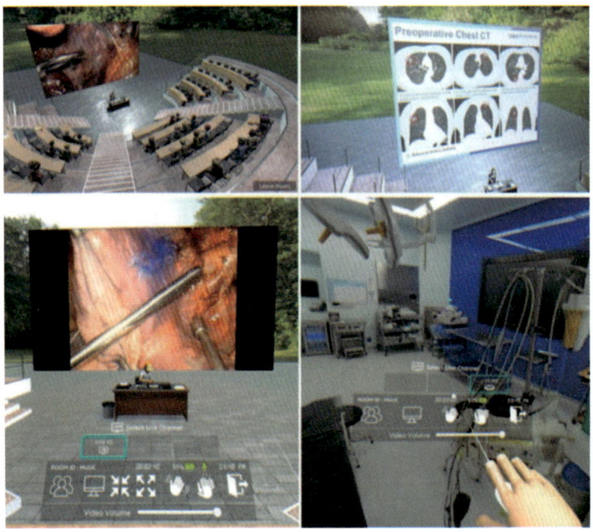

▲ XR 기술 활용 비대면 의료진 수술 시연 | 출처 | XR Surgical Class

의료 분야의 디지털 트윈의 또 다른 예로는 노인 피부질환 관리를 위한 XR 트윈 기술과 디지털 트윈과 증강현실을 결합한 수술 내비게이션용 플랫폼 등이 있다.

관광

코로나 19 감염병 대유행 이후 관광업계는 발칵 뒤집혔다. 많은 국가들은 국경을 걸어 잠그고, 필수 인력이 아니면 외국인의 출입을 금지했다. 사회적 거리두기 시행으로 여행은 물론 국내 관광도 어려워졌다. 이에, 사람들은 비행기에서 내리지 않고 근처 하늘까지만 갔다가 다시 돌아오는 무착륙 비행 여행을 하거나 집에서 온라인으로 여행을 하기 시작했다. 네이버 지도나 구글 맵 등을 이용할 수도 있지만, 디지털 트윈 기술에 증강현실이나 확장현실 등의 기술을 도입하면 더욱 현실감 넘치는 관광을 할 수 있다.

▲ 디지털 트윈과 관광 | 출처 | Gettyimagesbank

재난 안전

도시에는 다양한 위험이 도사리고 있다. 정부는 자연재해로 인한 피해 혹은 건축물·시설물의 붕괴 등 인위적 재난의 위협으로부터 시민들을 보호해야 한다.

디지털 트윈은 재난관리에도 활용될 수 있는데, 2022년 1월 대전광역시는 한국국토정보공사와 함께 디지털 트윈을 기반으로 한 지능형 재난예측 플랫폼을 구축하여 시민안전에 만전을 기하겠다는 계획을 수립했다. 즉 디지털 트윈 기술을 적용하여 도시 열섬에 따른 폭염에 대응하고, 도로 곳곳에

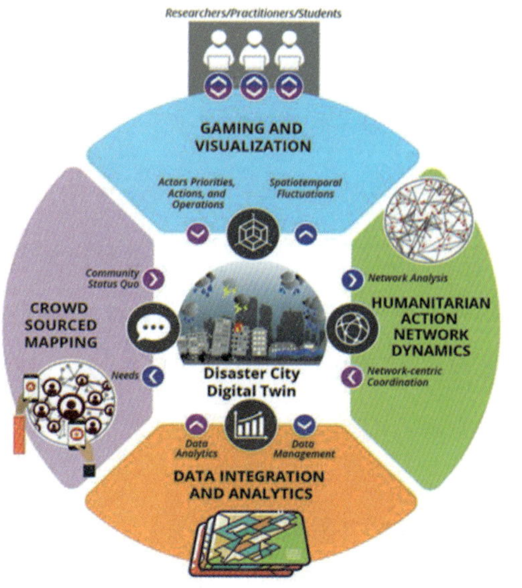

▲ 디지털 트윈을 접목한 재난 관리 시스템

| 출처 | Disaster City Digital Twin: A vision for integrating artificial and human intelligence for disaster management

존재하는 블랙 아이스를 파악하는 등 기후재난에 대한 예측성을 제고할 수 있으며, 미세먼지 또는 황사에 대한 예측을 통하여 대기재난도 예측할 수 있는 플랫폼을 구축하겠다는 것이다. 한편, 과학기술정보통신부는 화재재난을 지원하기 위한 플랫폼 구축에 노력하고 있다.

▲ 디지털 트윈 기반 화재재난 지원 통합 플랫폼 | 출처 | 과기정통부

스마트 관광

스마트 관광은 유비쿼터스 기술이 관광에 적용된 유-투어리즘U-Tourisum 관광객에게 디지털 기술을 기반하여 관광 정보를 제공하는 디지털 투어리즘Digital Tourism을 포괄하는 개념으로 ICT를 기반하여 집단적 커뮤니케이션과 네비게이션 서비스를 통해 관광객에게 실시간으로 맞춤형 정보를 제공하는 것을 의미한다. 여기에 더하여 관광 전, 관광 중, 관광 후 모든 기간에 관광객에게 지능화된 관광 서비스를 제공하는 모든 지원을 뜻한다.

최근 비행기를 타고 다른 도시로 이동해본 관광 경험이 있다면 대부분 스마트 관광을 경험해보았을 것이다. 관광 도시의 정보를 인터넷으로 수집하고 애플리케이션을 통해 맞춤형으로 숙소를 추천 받은 경험도 있을 것이다. 또한 비행기 탑승 전 모바일 탑승권을 발급받아 공항에서 줄 서지 않고 QR코드로 종이 탑승권 대신해 비행기에 올라타기도 한다. 여행을 가서는 지도 애플리케이션을 통해 내가 있는 장소 주변의 유명 맛집이나 카페 등을 추천받고, 여행 후에는 내가 다녀왔던 장소들의 기념품들을 온라인으로 구매하기도 한다. 이 경험을 다 해본 사람이라면, 이미 '스마트'하게 '관광'해 본 것이다. 스마트 관광은 이미 우리의 생활 속에 깊숙이 자리 잡고 있다.

▲ 한국관광공사의 스마트 관광 | 출처 | 한국관광공사

스마트 관광의 5대 요소

스마트 경험
VR/AR/MR/홀로그램 등 첨단 기술을 활용한 관광 콘텐츠로 관광매력을 극대화함.
예 미디어파사드, 인터랙티브 미디어

스마트 편의
인공지능, 블록체인, GPS 등을 활용한 여행지 추천 및 관광지 정보 제공. 핀테크 기술을 통한 실시간 예약, 결제 지원

스마트 서비스
외국인을 위한 관광정보 번역, 챗봇을 통한 불편 신고 등의 관광지원서비스 제공

스마트 모빌리티
공유 자동차, 공유 버스나 택시, 자율주행버스 등 도시 내 자유로운 이동이 가능한 교통 수단

스마트 플랫폼
빅데이터 수집과 분석을 통한 인공지능 기술 적용으로 스마트 관광도시의 다양한 맞춤형 서비스를 제공할 수 있는 플랫폼

제주의 스마트 관광

제주는 대한민국의 대표적인 관광도시이다. 따라서 스마트 관광 분야에서도 앞장서고 있는데, 세계관광기구에서도 제주의 빅데이터 관광 서비스인 '실시간 관광지 혼잡도 분석 서비스'와 '빅데이터 기반 관광서비스 플랫폼'이 코로나 19 확산 방지에 효과적인 스마트 관광의 대표적 사례로 소개하며 주목했다.

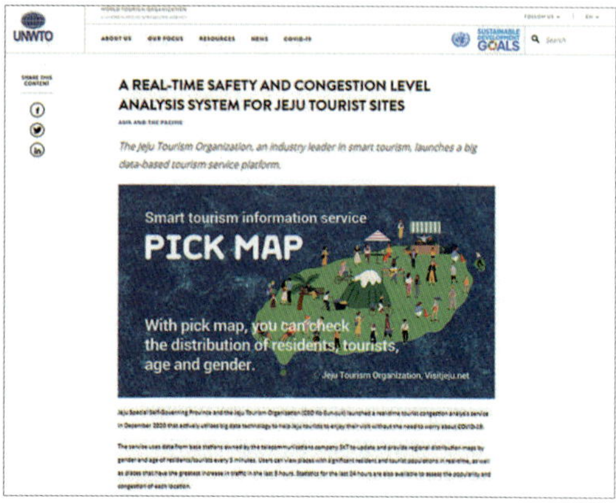

▲ 세계관광기구에 소개된 제주 스마트 관광 서비스
| 출처 | UNWTO

제주 스마트 관광 성숙도 지수

2021년 경희대학교 스마트 관광 연구소와 컨슈머인사이트의 보도자료에 따르면, 지역 관광자원과 디지털 기술의 융합 수준을 종합적으로 평가한 '스마트 관광 도시 성숙도'에서 제주도 서귀포시가 전국에서 가장 높은 지수인 630점을 기록했다.

제주는 개방형 스마트 플랫폼을 구축하고 있는데, 2017년 기준 주요 관광지 600여 곳에 공공 와이파이를 설치하고 위치정보 전달을 위한 비콘 장치 720여 개를 설치했다. 관광객들의 데이터를 분석하여 맞춤형 관광 서비스 제공을 목표로 하고 있다.

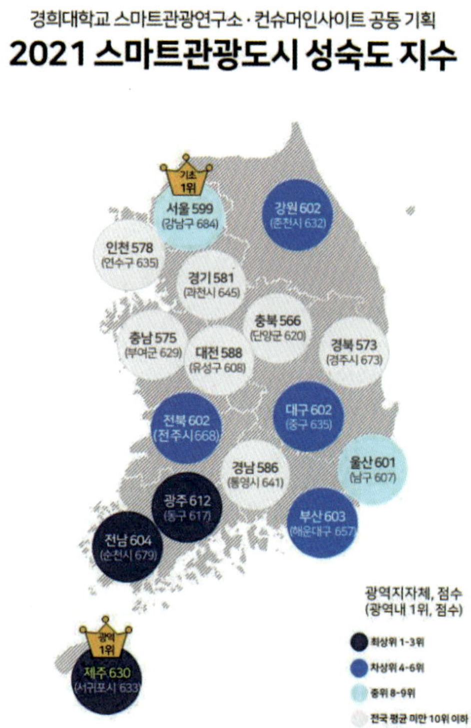

▲ 2021 스마트 관광도시 성숙도 지수
| 출처 | 경희대학교 스마트관광연구소 보도자료

제주의 스마트 관광 사례

실시간 관광지 혼잡도 분석 서비스

우측의 그림은 제주관광공사에서 제공하는 실시간 관광지 혼잡도 분석 서비스를 사용하여 2022년 3월 15일 16시 20분에 한라산의 관광객 분포도를 검색한 결과이다. 히트맵을 통해 관광객이 많은 곳은 붉은 색으로, 적은 곳은 황색으로 표현된다. 해당 시간에 백록담을 가는 동능 근처에 많은 사람들이 몰려 있는 것을 확인할 수 있다.

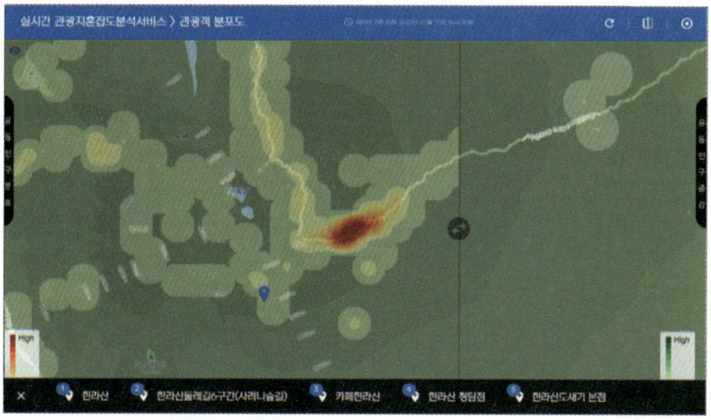

▲ 실시간 관광지 혼잡도 분석 서비스 | 출처 | 비짓제주

스마트 투어가이드 애플리케이션

한국관광공사에서 제공하는 스마트 투어 가이드 애플리케이션 명칭 오디 은 대한민국의 대표 관광지의 역사를 들려주는 오디오 가이드 애플리케이션이다. GPS와 지도 기반으로 주변 관광지를 검색해주고 관광 정보에 더하여 사진이나 관광지에 얽힌 이야기들도 재미있게 풀어준다. 또한 테마를 기반으로 관광 코스 추천도 가능하다.

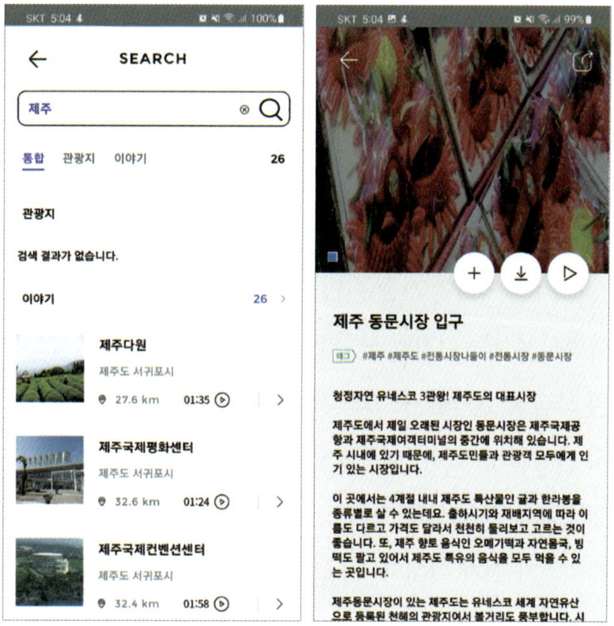

▲ 스마트 투어 가이드 오디 | 출처 | 오디

디지털 트윈으로 바라보는 제주 여행

디지털 트윈은 연평균 57.6% 수준으로 성장하고 있으며, 2026년에는 55.4조원의 시장 규모를 나타낼 것으로 전망된다.

그중에서도 한국은 70%의 성장률을 보이며 세계적인 주목을 받고 있다.

<디지털 트윈 글로벌 시장 전망(단위 : 조원)>

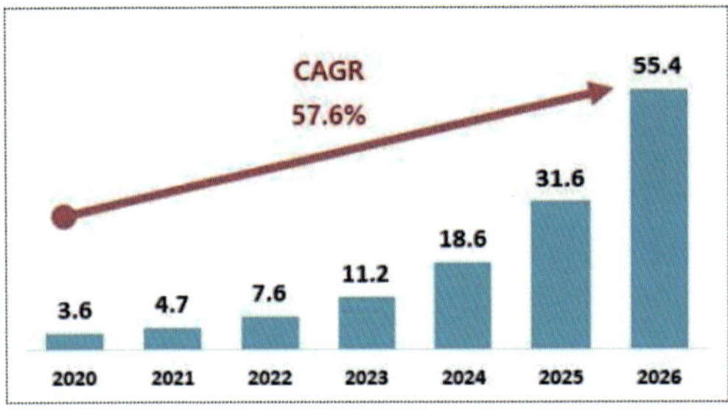

< 디지털 트윈 시장 연평균 성장률>

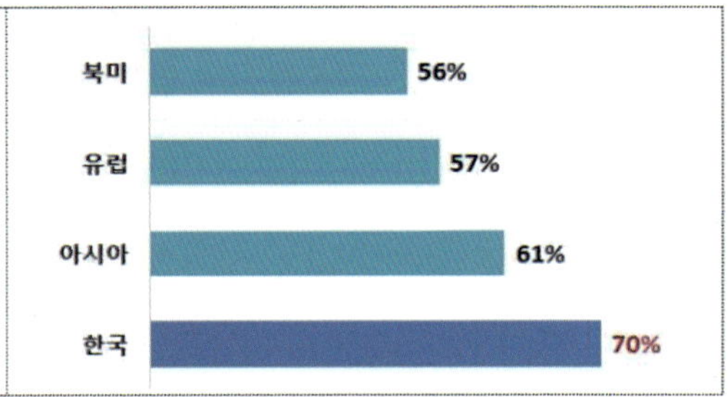

| 출처 | 과기정통부

한편, 스마트 관광 분야도 가상현실과 증강현실, 5G 네트워크, 빅데이터, IoT, 인공지능 등 첨단 기술 분야와 함께 가파른 성장세를 보이고 있다. 더욱이 코로나 19의 영향으로 스마트 관광 기술 개발이 더욱 박차를 가하고 있으며 현재 서비스로 제공되고 있는 장소 기반 추천이나 교통량, 밀집 인구 분석 등에서 앞으로는 5G기술과 연계되어 3차원 지도 연동의 플랫폼을 제공하는 것으로 확장될 것이라 예상된다.

우리가 이러한 기술을 이용해 관광을 하려면 디지털 트윈이 반드시 필요하다. 2021년 서울특별시에서는 디지털 트윈 S-MAP을 구축했다. S-MAP을 통해 집에 누워서 1900년대 한양의 모습을 만나볼 수 있으며, 민간 지도 서비스에서 확인할 수 없었던 서울의 골목도 구석구석 관광할 수 있다. 제주에서도 이러한 서비스가 개발된다면 지역 홍보와 함께 금융 서비스와 연계하여 관광 상품 판매도 가능할 것으로 예상된다. 제주에 구축된 인프라와 빅데이터 기반 서비스가 점차 확대되어 디지털 트윈 기반의 다양한 스마트 관광이 이루어지기를 기대한다.

Chapter 4

정보보안과 제주 역사

정보보안이란?

정보보안의 정의와 변화에 대해 알아보자.

정보보안의 정의

정보보안Information Security, InfoSec은 기본적으로 정보에 대한 무단 접근, 사용, 공개, 중단, 수정, 검사, 기록, 파괴 등을 방지하는 프로세스와 도구를 의미한다. 여기에서 정보는 물리적 정보와 전자적 정보 모두를 포함한다. 개인정보는 SNS 프로필, 휴대폰 속 저장된 데이터, 생체 인식 정보 등을 가리키며, 기관에서의 정보는 거래 정보, 직원 현황, 매출 정보 등을 포함한다. 따라서 정보보안은 암호화, 모바일 디바이스, 컴퓨팅, 사이버 포렌식 등 다양한 영역을 포괄하고 있는 개념이라고 할 수 있다.

▲ 정보보안의 의미 | 출처 | itcs

누군가는 '보안이 없으면 디지털도 없다' 라고 말하기도 한다. 정보는 개인에게도, 기업에게도 매우 중요한 가치를 지니고 있다. 개인의 입장에서는 프라이버시 침해, 개인 고유 정보

유출로 인한 사기 등의 피해가 있을 수 있다. 기업의 입장에서는 대외비가 외부에 노출되어 비밀리에 진행하던 프로젝트가 알려져 막심한 손해를 입거나 기업 내부 직원들의 정보가 유출되어 직원 전체에 피해를 끼치기도 한다. 이처럼, 정보보안은 앞으로 우리 사회에서 빼놓을 수 없는 중요한 기술이 될 것이다.

정보보안 vs 사이버보안 vs 정보통신기술보안

정보보안, 사이버보안, 정보통신기술보안을 같은 의미로 혼동하여 사용 하는 경우가 많다. 아래 그림을 보고 정보보안, 사이버보안, 정보통신기술보안의 차이점을 알아보자.

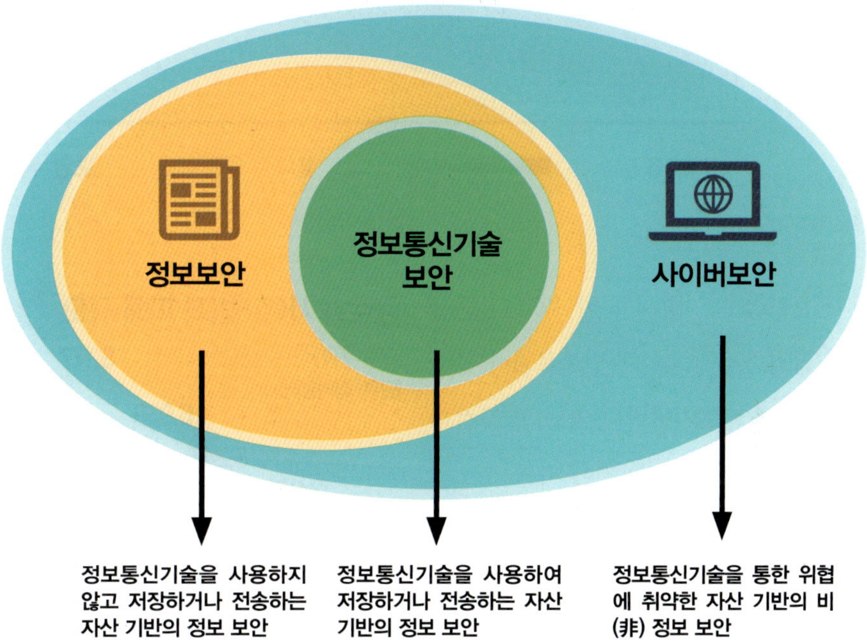

▲ 정보보안, 사이버보안, 정보통신기술보안의 차이점

위 그림처럼 정보보안과 사이버보안은 서로 중첩된 부분이 상당하며, 정보보안이 사이버보안 안에 포함된다. 일반적으로 정보보안은 데이터 보안 유지를 위한 프로세스를 지칭하며, 사이버보안은 일반적으로 의미하는 정보보안을 포함하는 광범위한 용어이다. 한편, 정보통신기술보안은 이 둘의 모든 특징을 보유하고 있는 보안 기술이라고 볼 수 있다.

정보보안 패러다임 변화

최근 보안 동향을 보면 개인 영역에서 발생하는 위협 범위가 국가 안보에 대한 위협 수준으로 확대되었다. 더불어, 단순 정보 유출에 국한되던 공격이 생명 위협 정도의 수준으로 강도가 높아지고 있다.

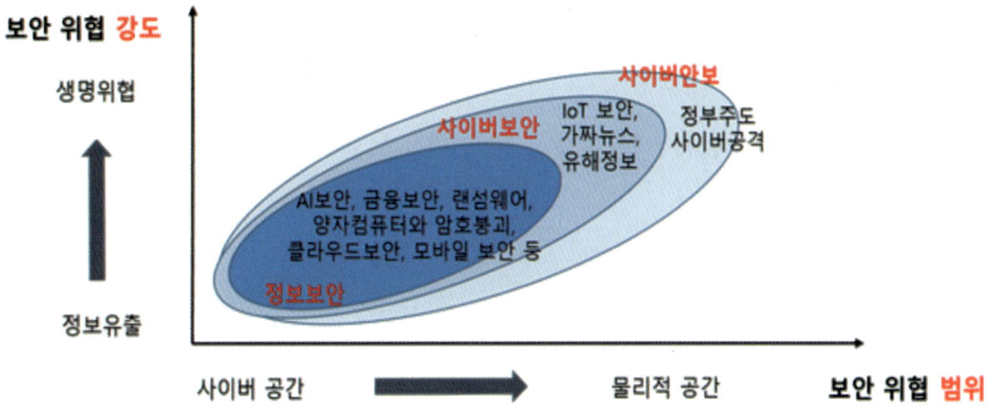

▲ 정보보안 패러다임 | 출처 | ETRI

보안 전문가들은 이렇게 보안 위협 강도와 범위가 급격하게 상승한 원인으로 4차 산업혁명으로 인한 ICT 기반 인공지능, 양자컴퓨팅 등 신기술의 등장 및 발전에 따른 것으로 여기고 있다.

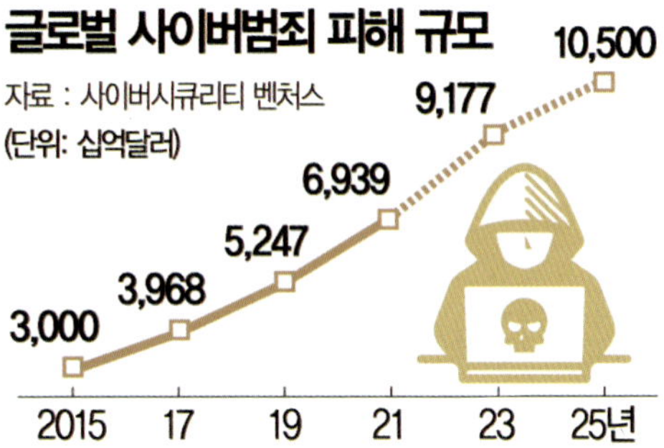

▲ 글로벌 사이버범죄 피해 규모
| 출처 | 사이버 시큐리티 벤처스

가장 심각한 문제는 물리적 현실 세계와 디지털 기반 가상 세계가 연결되는 초연결사회에서는 보안을 위협하는 공격들이 사이버 공간에 머무는 것이 아니라 우리가 실제 생활하는 현실 공간으로 넘어와 그 피해가 막심하다는 것이다. 실제로 글로벌 사이버 범죄에 의한 피해 규모는 천문학적인 숫자로 치솟고 있다. 이에, 보안 위협에 대한 구체적인 양적, 질적 대책이 필요한 시점이다.

보안의 3대 요소와 제주 위인

보안의 3요소에는 기밀성, 무결성, 가용성이 있다. 이 특징과 연관되는 제주의 위인 3명 김장환, 김만덕, 최영을 살펴본다.

보안의 3대 요소

사이버 보안 분석을 하기 위한 첫 번째 단계는 사이버 보안 3가지 요소를 포함하는 모델인 기밀성Confidentiality, 무결성Integrity, 가용성Availability Triad를 살펴보는 것이다. 이러한 보안 요소들로 구성된 CIA Triad 모델은 보안 인프라의 초석을 형성한다.

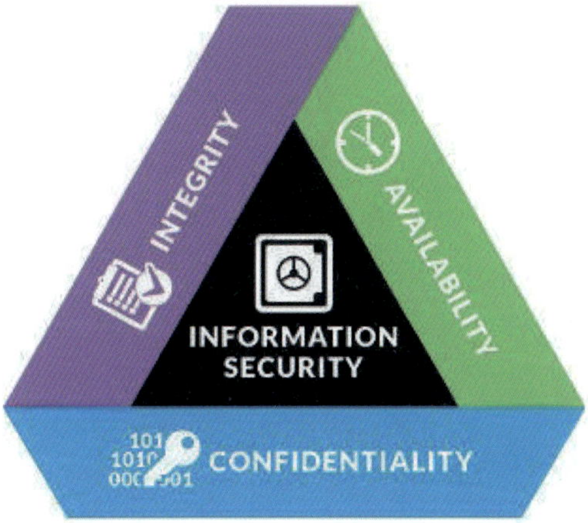

▲ 보안의 3대 요소 | 출처 | Data driven investor

보안 전문가는 데이터, 애플리케이션 및 중요 시스템과 같은 조직 자산의 기밀성, 무결성 및 가용성에 미칠 수 있는 잠재적 영향을 기반으로 위협 및 취약성을 평가한다. 해당 평가를 기반으로 조직 내 보안 담당자는 위험을 줄이기 위해 일련의 보안조치를 취한다.

보안의 3대 요소 ① 기밀성

기밀성은 권한이 없는 사람, 프로그램 또는 프로세스에 정보를 공개하지 않는다는 원칙을 말한다. 기밀 유지를 위해서는 권한이 있는 사람만 정보에 접근할 수 있도록 하고 권한이 없는 사람은 정보에 접근할 수 없도록 하는 조치가 필요하다. 즉, 기밀성은 어떠한 정보가 의도하지 않은 사람이나 조직에 전달되어서는 안 된다는 것을 의미한다. 기밀성이 손상되면 개인 정보가 손실되고 기밀 정보가 대중이나 다른 사람에게 공개될 수 있다.

예를 들어, 맛집의 비밀 조리법이 남들에게 공개되지 않도록 방송에서는 물론 심지어 직원들에게도 알려주지 않는 것을 기밀성 원칙에 기반한 보안 정책이라고 볼 수 있다.

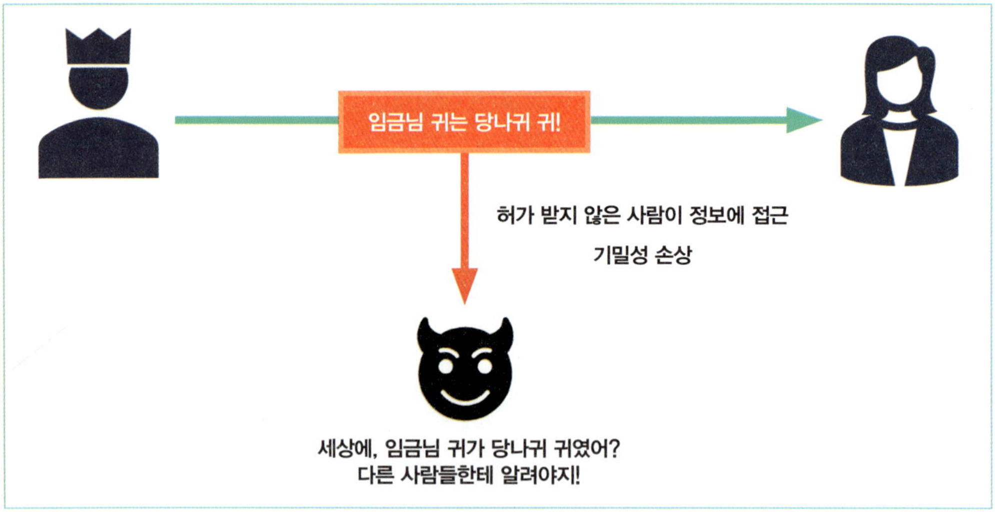

▲ 기밀성의 의미

위의 그림을 보면, 임금님은 자신의 귀가 당나귀 귀처럼 길어 모자 만드는 사람에게 귀를 가리기 위한 모자를 만들어 달라고 부탁을 한다. 그런데, 이 비밀을 전달할 때, 옆에 있던 사람이 엿들은 것이다!

이런 상황은 정보 전달 시 허가 받지 않은 사람이 정보에 접근한 것으로 이를 기밀성이 손상된 것이라고 말한다.

보안의 3대 요소 ② 무결성

무결성은 정보에 대하여 부적절한 수정 및 파괴로부터 보호하고 정보가 감지되지 않고 변경될 수 없도록 하는 것을 의미한다. 허가되지 않은 자가 정보를 변경하는 것을 방지하기 위하여 인가된 사용자만이 정보를 변경할 수 있어야 한다는 원칙을 뜻한다. 또한, 허가된 자라 하더라도 적절한 승인 없이는 정보를 변경하지 못한다. 이는 무분별하게 정보가 변경되어 원본과 가본의 구분이 어렵게 되며 가짜 정보나 바이러스가 포함되는 상황을 막기 위한 것이다. 무결성이 보장될 때 정보는 신뢰할 수 있는 정보가 된다. 무결성은 이처럼 정보의 신뢰도와 연관되는 요소라고 볼 수 있다.

예를 들어, 은행의 고객은 본인이 은행으로부터 확인하는 계좌의 잔액이 변조되지 않았음을 신뢰해야 은행이 제공하는 정보를 믿고 거래할 수 있다.

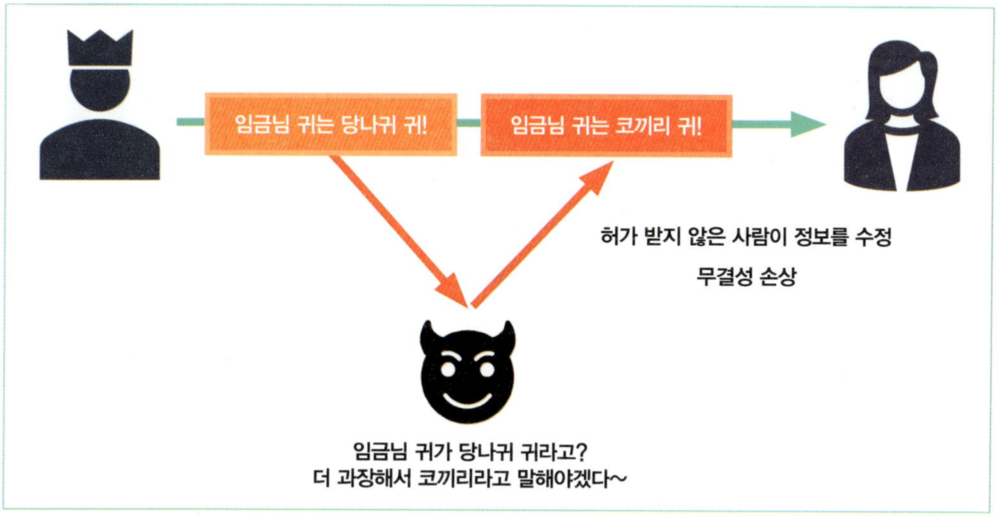

▲ 무결성의 의미

위의 그림에서는 '임금님 귀가 당나귀 귀'라는 첩보를 들은 사람이 주목 받으려고 더욱 과장해서 사람들에게 임금님 귀를 코끼리 귀라고 변경해서 말하고 있다. 이런 상황은 정보 전달 시 허가 받지 않은 사람이 정보에 접근하여 정보를 수정해서 전달하는 상황으로 무결성이 손상되었다고 말할 수 있다.

보안의 3대 요소 ③ 가용성

가용성은 허가 받은 사람이 정보에 접근하려 할 때, 허가 받지 않은 사람의 방해 없이 정보에 접근할 수 있어야 함을 의미한다. 정보는 사용자가 필요할 때 적절히 사용할 수 있어야 정보의 가치를 가진다고 볼 수 있다. 따라서, 승인된 사용자는 필요할 때 정보에 안정적으로 접근하여 정보를 사용한다. 그러나, 하드웨어 또는 소프트웨어 장애, 자연 재해, 사이버 공격 등 많은 것들이 가용성을 위태롭게 할 수 있다. 가용성을 위협하는 잘 알려진 공격은 고의적으로 인터넷 트래픽을 높여 공격 대상 서버의 정상적인 트래픽을 방해하는 DDoS 공격을 들 수 있다.

예를 들어, 나라의 기밀 사항을 군대에 전달해야 하는 상황에서 정전이 발생하여 군대가 정보를 제때 전달받지 못하는 상황이 가용성이 손상된 것이다.

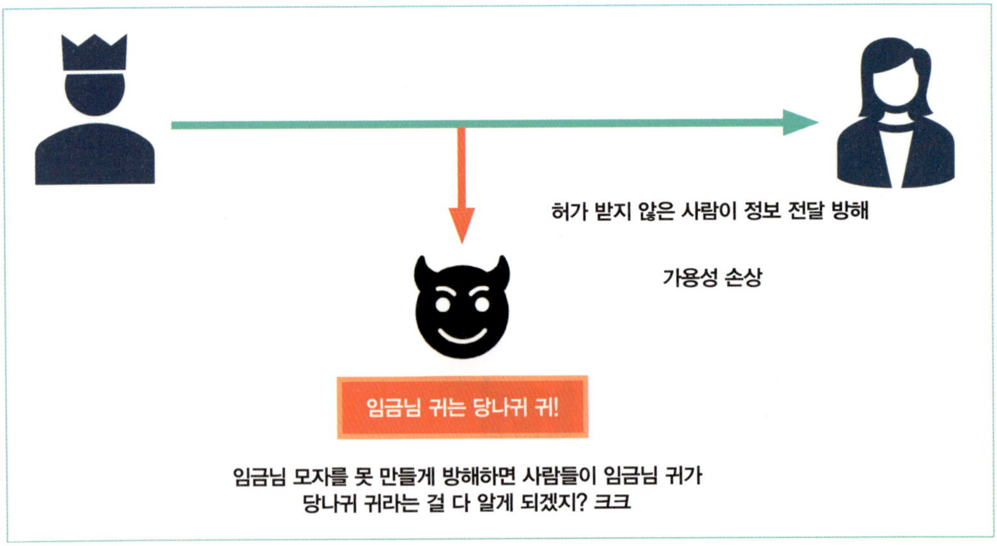

▲ 가용성의 의미

위의 그림에서는 '임금님 귀가 당나귀 귀'라는 사실을 담은 편지를 임금님이 모자 만드는 사람에게 전달하는 과정에서 나쁜 마음을 먹은 사람이 이를 중간에서 가로챈 상황이다. 이렇게 되면 모자 만드는 사람은 임금님이 원하는 모자를 만들어드릴 수 없을 것이다. 이처럼 사용자가 정보를 필요할 때 사용하지 못하는 경우를 가용성이 훼손되었다고 말한다.

보안의 3대 요소가 훼손될 경우의 대처방안

기밀성

기밀성 보장을 위해 주로 사용되는 방안은 접근 통제 Access control 이며 이를 통해 전산 자료에 대한 암호화 대책을 강구해야 한다. 접근 통제에는 강제적 접근 통제 Mandatory Access Control, MAC, 임의적 접근 통제 Discretionary Access Control, DAC, 역할기반 접근 통제 Role Based Access Control, RBAC 가 포함된다.

무결성

무결성 확보를 위해서는 첫 번째로 접근 통제가 필요하지만, 훼손될 위험이 있는 정보에 대해서는 변경 사실을 즉시 감지하여 복구할 수 있는 매커니즘이 필요하다. 무결성 확인에 대표적으로 사용되는 방법은 해시 함수이다. 해시 함수는 임의의 길이를 갖는 메시지를 받아 고정된 길이의 해시값을 출력하는 함수이기 때문에 출력된 결과값을 토대로 입력값을 유추할 수 없다. 이는 메시지의 오류나 변조를 탐지할 수 있어 무결성을 확보할 수 있다.

가용성

가용성을 보장하기 위해서는 데이터가 파괴되거나 장애가 유발되는 상황에 대한 복구대책은 물론 데이터에 위협이 되는 요소로부터의 예방 대책이 필요하다. 또한, 허가 받은 사용자에게는 정보의 접근이 자유로워야 한다. 저장 장치가 갑작스레 고장나는 경우를 대비해서 복수 배열 독립 디스크 Redundant Array of Independent Disks, RAID 가 주로 사용되며, 이는 다수의 하드 디스크에 중복된 데이터를 나누어 저장하는 기술이다. 또한 데이터 복구를 위해 평상시 인적, 물적 자원을 확보하고 관리하여 유사시 재난 복구 시스템 Disaster Recovery System, DRS 을 가동할 필요가 있다.

제주 위인

제주 위인 ① 김장환 (1902 ~ ?)

▲ 김장환 | 출처 | 제주일보

김장환은 제주 조천리 출신으로 항일 운동가 김시학의 아들이고 김시범 김시은의 조카이다.

그는 서울의 휘문고등보통학교[휘문 고등학교의 전신]에서 유학을 하던 중 서울에서 일어난 만세 시위에 가담했다.

그러나, 서울에서 일본 경찰들의 시위자 색출이 심해지자 그는 제주로 돌아왔다.

그는 비밀문서 하나를 품에 안고 고향으로 돌아오게 되는데…

그가 목숨처럼 지키며 가지고 온 비밀문서는 바로 독립선언서였다.

독립선언서는 1919년 3월 1일 독립만세운동 당시 민족대표 33인이 한국의 독립을 세계만방에 공표하기 위해 작성된 선언서이다.

▲ 독립선언서 | 출처 | 한국학중앙연구원

김장환으로 시작된 제주도 만세운동

서울에서는 3월 1일에 만세운동이 시작되었지만, 제주는 그보다 20일 늦은 3월 21일에 만세운동이 시작되었다. 처음 시작된 계기는 김장환이 서울에서 독립선언서를 몰래 가지고 입도하면서 그 계획이 구체화되었다.

김장환은 제주에 오자마자 당숙인 김시범과 김시은을 찾아가 만세운동에 대해 논의하였다.

그들은 3월 21일을 거사의 날로 정하고 태극기를 준비하였다.

▲ 제주도 만세운동 재현 | 출처 | 제주항일기념관

시위대는 조천리 미밋동산에 태극기를 꽂고 김시범이 독립선언서를 낭독하고나서 김장환의 선창으로 '대한독립만세!'를 외쳤다. 조천에서 일어난 만세운동은 서귀포로 이어졌고, 제주 해녀 항일운동까지 이어졌다.

김장환이 가져온 독립선언서는 일제 치하에서 독립을 열망하는 제주도 항일운동에 불을 지핀 셈이었다.

제주 위인 ② 김만덕 (1739 ~ 1812)

김만덕은 조선시대 제주 어느 양갓집에서 태어났다. 그녀의 아버지는 뛰어난 장사수완으로 제주도와 육지를 오가며 무역을 하며 돈을 벌었다. 하지만 그녀가 11세가 되던 해에 아버지는 그만 배 사고로 돌아가시게 된다. 이윽고 어머니도 전염병으로 세상을 떠나게 되어 만덕은 한순간 고아가 되었다.

부모를 잃은 슬픔도 잠시, 생계를 위해 돈을 벌어야 했던 김만덕은 객주를 차려 장사를 시작했다. 아버지의 장사수완을 닮아서일까? 김만덕은 제주도의 특산물인 말갈기, 미역, 전복 등을 육지에 팔기 시작했고, 육지의 예쁜 옷이나 장신구, 화장품 같은 신기한 물건들을 제주도로 들여와 팔았다. 장사를 아주 잘했던 그녀는 결국 제주도에서 가장 큰 부자가 되었다.

그녀가 의녀로 칭송 받는 이유는 돈을 엄청나게 많이 벌었음에도 불구하고 늘 검소했으며, 전재산을 기부하고 쌀을 사들여 굶어 죽어가는 제주도민을 구원한 도전과 나눔의 시대적 아이콘이었기 때문이다.

▲ 김만덕의 철학 | 출처 | https://post.naver.com/viewer/postView.nhn?volumeNo=27079413&memberNo=24202420

제주 최고 부자 김만덕이 알려주는 장사의 비밀

❶ 박리다매(薄利多賣)

김만덕은 적은 이윤을 남기지만 많이 파는 것을 첫 번째 원칙으로 삼았다. 물건 하나하나의 이윤은 적지만 이를 모으면 큰 이익이 된다. 그녀는 제주의 양반집 부녀자나 기녀들에게 육지에서 사온 옷이나 장신구, 화장품들을 싼 가격에 팔면서 파는 양을 점차 늘려 나갔다.

❷ 정가매매(定價賣買)

김만덕이 세운 두 번째 장사 원칙은 적정 가격으로 물건을 사고 파는 것이다. 물건을 팔 때는 사는 사람이 모른다고 큰 값으로 물건 가격을 매기지 않고, 다른 상인에게 물건을 살 때도 적당한 가격으로 물건을 구매했다. 모두가 합리적으로 인정할 수 있는 가격에 거래하는 것을 중요하게 생각했다.

❸ 신용본위(信用本位)

세 번째 원칙은 믿음을 바탕으로 거래하는 것이다. 장사는 정직한 믿음을 파는 것이라고 굳게 믿었던 그녀는 돈을 믿는 것이 아니라 정직함과 신뢰도를 쌓아 이를 기반으로 사업을 꾸려갔다. 그것은 성실과 신용을 바탕으로 하는 참된 자본주의 정신의 표현이었다.

제주 위인: 최영(1316 ~ 1388)

최영은 고려 말의 장군으로 일생을 고려를 위해 바친 충신이었다.

고려군과 왜구의 전투가 치열했던 때 천막에서 성인 군사들이 모두 잠을 자고 있었던 밤, 잠을 이루지 못하는 작은 소년병 하나가 있었다.

소년은 "저 왜구는 한낱 해적 무리이고 우리 고려군은 정규군인데 어찌하여 해적 무리 하나 소탕하지 못하는가"라며 한탄했다.

다음 날 아침, 소년은 상관을 찾아가 말 한 필과 군인 몇십 명만 주시면 적장의 목을 가져오겠노라고 자신 있게 말했다.

하지만 상관은 코웃음 치며 말도 안 되는 소리 말라며 소년병의 의견을 무시했다.

소년은 "적을 물리치지도 못하시면서 제 의견은 듣지도 않으십니까"라며 당돌하게 말했다.

그러자 그 상관은 화가나 소년의 목을 치려하였으나, 옆에 있던 군인이 이를 말리며 "용기가 가상하니 한번 해보거라"라고 기회를 주었다.

▲ 최영의 초상화 | 출처 | 전통문화포털

그 다음날 소년은 적장의 목을 베어왔는데, 그 당돌한 소년병이 바로 최영이었다.

제주도민에게 물고기 잡는 법을 알려준 최영

유대인들의 지혜가 담긴 경전으로 불리는『탈무드』에는 이러한 격언이 담겨져 있다고 한다.

"자녀에게 물고기를 잡아주면 한 끼밖에 못 먹지만,
고기 잡는 방법을 가르쳐 주면 평생을
먹고 살게 할 수 있다"

이 말은 지식을 그대로 전해주기 보다는 지식을 얻고 창조하는 능력을 가르쳐 주는 것이 중요하다는 비유를 뜻하는 말이다.

그런데 최영은 제주 사람들에게 비유가 아닌 진짜 물고기를 낚는 법을 알려주었다고 하는데, 과연 무슨 일이 있었을까?

최영이 당시 혼란했던 제주를 진압하고자 제주로 원정을 오는 도중 풍랑을 맞아 추자도로 대피하게 되었는데, 이 때 그곳의 주민들에게 그물로 물고기를 잡는 방법을 알려주었다.

이 방법은 제주 사람들의 삶에 엄청난 변화를 가져오게 되었고, 그 후 주민들은 최영 장군을 기리는 사당을 지어 고마움을 표하는 제사를 지내고 있다.

▲ 최영 장군 사당

| 출처 | 비짓제주

보안의 3대 요소와 제주 위인들

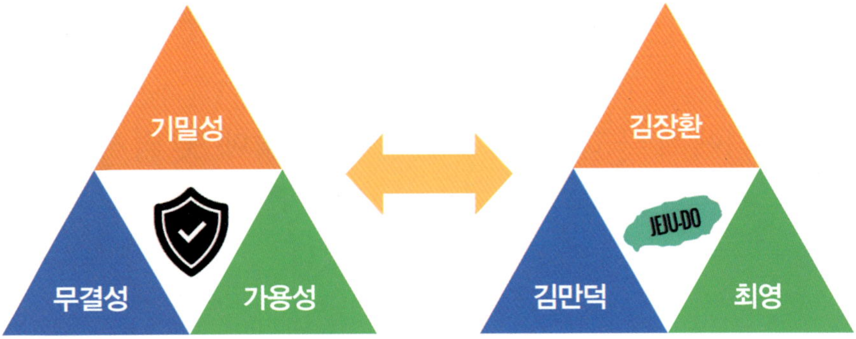

▲ 보안의 3대요소와 제주 위인들의 연관성

- **기밀성과 김장환**

김장환은 서울에서 시위자 색출을 피해 제주로 내려오며 엄청난 비밀 문서를 목숨처럼 여기며 가슴에 품고 오게 된다. 그 문서는 바로 독립선언서였는데, 이를 통해 제주의 만세운동이 시작된다.

김장환처럼 정보를 훼손되지 않도록 소중히 간직하는 것이 보안의 기밀성 요소이다.

- **무결성과 김만덕**

김만덕은 제주 누구도 따라올 수 없는 장사 수완을 가져 엄청난 부를 축적하게 되었다. 그러나, 많은 돈을 벌었어도 사치할 줄 몰랐으며, 심지어 장사로 번 돈을 제주사람들에게 다 내어주는 어진 성품으로 임금인 정조에게 큰 칭찬을 받고 금강산 유람까지 선물로 받았다.

김만덕이 가졌던 청렴하고 깨끗한 성품은 무결성이 훼손되지 않은 정보와 같다.

- **가용성과 최영**

최영은 제주에 머물면서 제주 사람들에게 그물을 가지고 많은 고기를 낚는 방법을 가르쳐주었다. 이 방법은 제주의 식생활 변화에서 시작해 상업 활동까지 다양한 면에서 생활의 변혁을 가져오는 혁신이 되었다.

최영이 고기를 낚는 효율적인 방법을 알려준 것은 많은 정보를 적시에 필요한 곳에 사용할 수 있도록 가용성을 높여준 것과 같다.

사이버 공격, 대응과 제주의 역사적 사건

점차 극심해지는 사이버 공격에 대해 대응방안 모색이 중요해지고 있다. 여러 어려움이 많았던 제주 역사 속 제주사람들의 대응방안을 알아보자.

사이버 공격

사이버 공격은 개인이나 조직이 다른 개인이나 조직의 정보 시스템을 침해하려는 악의적이고 고의적인 시도를 말한다. 일반적으로 공격자는 피해자의 네트워크를 방해함으로써 돈이나 이익을 추구한다.

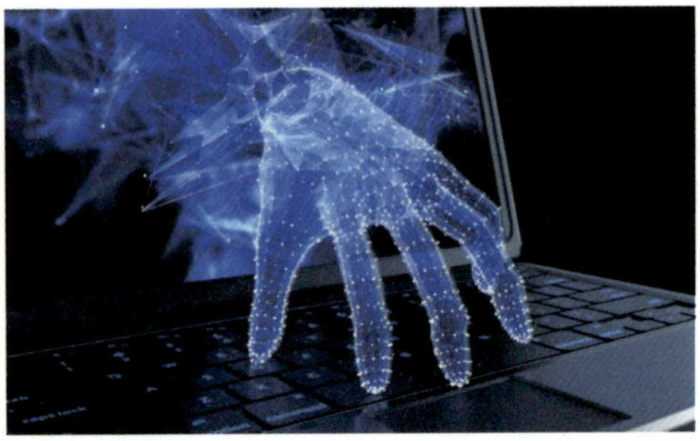

▲ 사이버 공격 | 출처 | University of Oxford

> "기업에는 두 가지 유형이 있다.
> 해킹을 당한 기업과 해킹을 당한 사실을 모르는 기업."
>
> – 시스코(Cisco) 前 CEO 존 챔버스(John T. Chambers)

유명 보안 기업 시스코[Cisco]의 연례 보고서 따르면, 사이버 범죄는 사람들이 취약한 비즈니스 시스템의 혜택을 받으려 몰려들면서 매년 증가하고 있는 추세이다. 사이버 공격의 53%는 60억원 이상의 피해를 입힌 것으로 나타났다.

요즘의 기업들은 다양한 양상을 가진 사이버 범죄와의 전쟁을 매일 매시간 벌이고 있다고 해도 과언이 아니다.

사이버 공간에서 머무르는 시간이 증가하면서 점차 늘어나는 사이버공격. 여기에 어떻게 대응하느냐에 따라 기업의 손실이 줄어들거나 늘어날 것이다.

사이버 공격의 유형

❶ 소프트웨어 공급 체인 공격

소프트웨어 공급체인 공격은 소프트웨어 개발자와 공급업체를 대상으로 하는 새로운 사이버 공격 중 하나이다. 위협 행위자는 소프트웨어가 의존하는 블록 중 하나를 수정하고 감염시켜 합법적인 소프트웨어에 악성 코드를 설치하는 방식이다.

예 개발자 회사의 소프트웨어에 악성 코드를 미리 심어 감염된 소프트 웨어를 공급업체에 배포하도록 만듦.

❷ 랜섬웨어 공격

랜섬웨어는 장치의 파일을 암호화해서 그 파일 자체와 파일에 의존하는 시스템 전체를 사용할 수 없도록 설계된 *맬웨어의 한 형태이다. 공격자는 암호를 풀어주는 대신 주로 많은 돈을 요구하여 피해자를 괴롭힌다.

맬웨어(Malware): 사용자가 프로그램을 사용할 수 없도록 손상시키거나 나쁜 의도로 설계된 모든 소프트웨어를 뜻함.

❸ 클라우드 공격

많은 사람들이 물리적 저장장치가 아닌 클라우드에 파일이나 여러 민감 데이터들을 저장하고 있다. 사이버 공격자들은 이때를 놓치지 않고 클라우드 데이터 센터를 공격한다.

예 공공 클라우드에 암호화폐 채굴 악성코드를 설치하여 클라우드 리소스를 암호화폐 채굴에 악용함.

❹ 모바일 장치 공격

코로나 19 대유행으로 인해 갑작스럽게 재택 근무가 증가하면서 모바일 장치의 사용도 함께 급증하게 되었다. 사이버 범죄자들은 모바일 장치를 사용하는 사람을 대상으로 문자나 이메일을 통한 *피싱 공격을 한다.

피싱(Phishing): 개인정보를 뜻하는 Private Data와 낚시인 Fishing의 합성어로 가짜 사이트나 이메일로 개인정보를 절도해간다는 뜻임.

❺ 사물인터넷 공격

2021년 상반기 사물인터넷 장치에 대한 사이버 공격이 전년도에 비해 전세계적으로 2배 이상 증가하였다고 한다. 스마트워치부터 스마트 가전까지 IoT가 일상의 필수 요소가 된 이후 이에 대한 공격이 급증하였다.

예 프린터를 해킹하여 알 수 없는 출력물 출력, 아기나 반려동물을 위해 설치한 CCTV를 해킹하여 집 안 상황을 감시함.

❻ 지능형 표적공격(Advanced Persistent Threat, APT)

공격이 성공(?)하여 사용자가 네트워크를 사용하지 못할 때까지 지속적으로 짧게는 몇 주에서 몇 년에 걸쳐 공격하는 방식을 뜻한다. 이 공격은 일반적으로 정치 단체, 국가, 기업 등을 목표로 한다. 네트워크 사용이 불가능해질 때까지 데이터를 감시하고 추출하는 방법이 필요하다.

예 제로 데이 공격(보안 패치가 나오기 전 취약점 공격), 피싱, 지능형 맬웨어, 각종 웹 공격 등.

사이버 공격 대응 방안 – 기업

01 사전 예방	• 사이버 범죄 공격 탐지에 대한 비용 증가 • 저렴하고 효율적인 사이버공격 기술을 사용하지 못하도록 방지 • 클라우드 백업: 클라우드 서비스를 통해 중요한 데이터를 자동으로 백업하기 • 접근 통제: 네트워크의 세분화를 실행하여 앱 접근 권한 승인 시 경고 메시지 송부하기 • 사이버 보안 교육: 직원들에게 경각심을 높일 수 있는 정기적 사이버보안 교육을 수강하게 하고 강력한 IT 정책 실시하기
02 감지와 대응	• 클라우드 기술 활용: 공격자들의 데이터 접근을 사전에 차단 • AI 활용: 기업에서 생산하고 거래되는 방대한 양의 위협 정보와 데이터 실시간 분석

사이버 공격 대응 방안 – 개인

01 사이버 백신	바이러스 탐지 솔루션을 사용하고 소프트웨어와 운영체제를 최신 버전으로 늘 업데이트 하기
02 정품 소프트웨어	불법 복제 소프트웨어 사용 금지! 신뢰할 수 있는 정품 소프트웨어 사용하기
03 비밀번호 관리	• ID별 다른 비밀번호로 설정하고, 유추할 수 없는 어려운 비밀번호 설정하기 • 주기적으로 비밀번호 변경하기
04 개인파일 백업	중요한 개인정보는 신뢰할 수 있는 저장소를 사용하고 늘 백업해두는 습관을 기르기
05 경계	• 신뢰할 수 없는 공공 WIFI에서는 개인정보 처리를 가급적 지양하기 • 디바이스에서 발생하는 평소와 다른 소리나 버벅거림에 민감하게 반응하기

제주의 역사적 사건

제주의 역사적 사건 ① 제주 4 · 3 사건

심각성에 비해 잘 알려지지 않은 제주 4·3 사건은 한국 현대사에서 6·25 전쟁 다음으로 인명피해가 가장 심했던 사건이다.

7년 동안 지속된 이 사건은 무장대와 토벌대 간의 충돌과 진압 과정에서 25,000 ~ 30,000여 명의 피해자가 발생하였다. 당시 제주도 인구의 10% 이상이 목숨을 잃은 것이다.

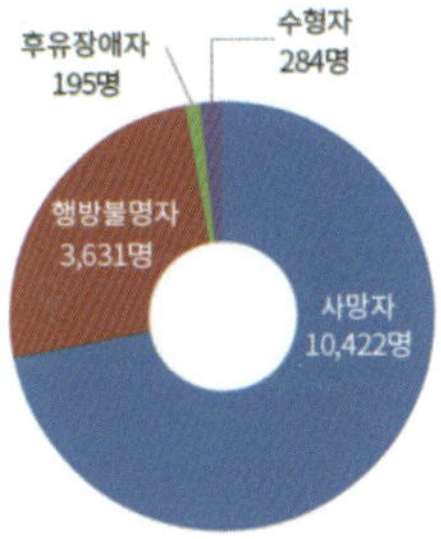

4·3희생자·유족 결정현황

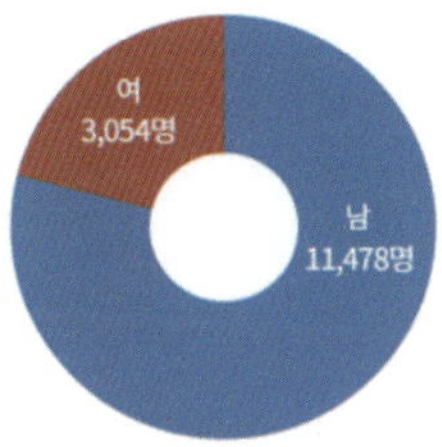

성별 희생자 현황

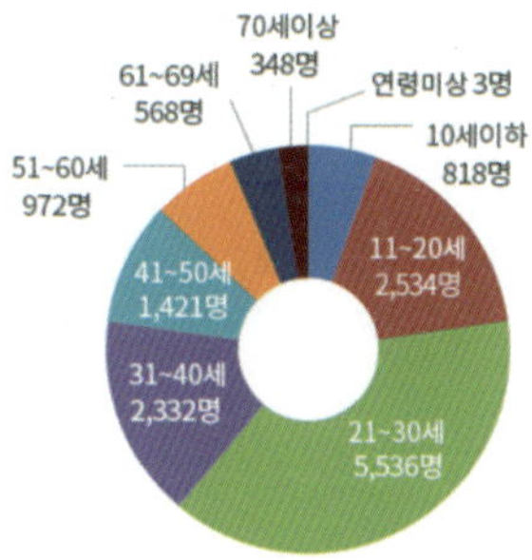

연령별 희생자 현황

| 출처 | 제주4·3사건진상규명 및 희생자명예회복위원회

제주4·3사건진상규명 및 희생자명예회복위원회[약칭 : 4·3위원회]의 심사 통계 결과, 희생자를 가해한 사람은 토벌대가 85%정도, 무장대가 12%, 기타 3%를 차지한다고 한다.

이 사건을 정말 기억해야 하는 이유는 10대 이하 어린이와 노인의 희생 비율이 전체 희생자의 11%를 차지한다는 것이며, 여성 희생자도 많았다는 점에서 남녀노소를 가리지 않은 과도한 진압 작전이었다는 점이다.

심지어 당시 무고하게 희생된 사람들의 유가족들은 가족을 잃은 슬픔을 추스를 새도 없이 연좌제에 의해 감시당하며 심각한 정신적 스트레스에 시달리고 사회생활에서 제약을 받는 고통을 겪어야 했다.

제주 4·3 사건의 배경

1947.03.01

3·1절 기념 제주도대회가 끝난 후 군중들이 가두시위에 나섰다. 이 때 기마경찰의 말발굽에 어린아이가 치여 다치는 상황이 발생했다. 이때 경찰이 다친 어린 아이를 그대로 두고 가자 흥분한 군중들은 항의했고, 무장경찰 들이 군중을 향해 총을 쏘았다. 6명의 주민이 희생되었고, 이는 제주 4·3 사건의 기폭제가 되었다.

1948.04.03

3·1 사건에 항의하는 의미로 제주 도민들은 세계적으로 유래가 없던 민·관 합동 총파업이 시작됐다. 이후 극우 단체들은 제주에 들어와 테러를 일으켰으며, 우익 단체를 막기 위한 무장대도 이에 대항했다.

1948.08.15

대한민국 수립 후 정부는 제주에서 일어나는 사건들을 진압하기 위해 강력한 진압작전을 펼쳤으며, 중산간 마을을 초토화시키는 작전이 전개됐다.

1948.11.17

이날 제주에는 계엄령이 선포되었으며, 중산간마을 뿐만 아니라 해안마을까지 협조하지도 않았지만 무장대에 협조했다는 이유로 죽임을 당했다. 군경 토벌대, 무장대, 우익단체 등의 충돌, 진압, 복수 등에 의해 7년 7개월 동안 민간인들이 학살되었다.

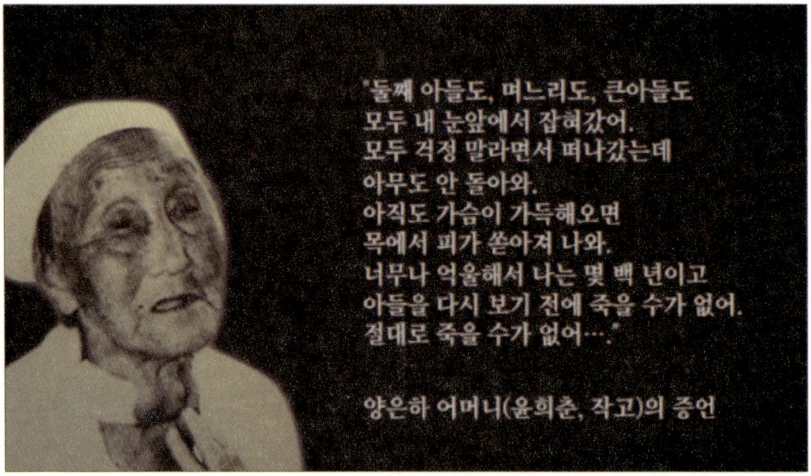

▲ 제주 4·3 사건 피해자의 증언 일부 | 출처 | 제이누리

제주의 역사적 사건 ② 삼별초 항쟁

삼별초는 본래 고려의 수도를 지키고 왕의 신변을 지키는 역할을 하는 군사 조직이었다. 고려 시대 몽골이 고려를 세 차례나 침입하자 고려는 수도를 강화도로 옮기고 40년 동안 몽골에 맞서 싸웠다. 결국 고려는 몽골과 친하게 지내는 정책으로 변경하면서 수도를 다시 개경으로 옮기려 했다.

삼별초는 이에 반대하며 강화도에 남아 대몽항쟁을 계속했다. 그리하여 당시 친몽정책을 펴고 있던 고려에게 삼별초는 고려의 적이 된 셈이다. 삼별초가 제주로 갈 것을 예상한 고려는 제주에 장수를 보내 삼별초를 막기 위한 전투를 치열하게 벌였다.

▲ 삼별초 항쟁 기록화 | 출처 | 애월읍 항몽유적지 역사기록화

한편, 몽골은 남송과 일본 정벌에 지역적으로 유리한 제주를 호시탐탐 노리고 있었다. 그래서 몽골은 탐라와 고려가 몽골과 지속적인 교류를 하기 원했다. 하지만, 삼별초가 제주에서 대몽항쟁을 계속하고 있어 몽골이 제주를 손에 넣기가 어려웠다. 결국 몽골과 고려에서 여몽연합군를 제주로 파견했고, 파군봉에서 삼별초는 큰 패배를 맛본다.

그 뒤 제주는 100년에 걸쳐 몽골의 지배를 받게 되었다.

삼별초 항쟁의 방어시설

항파두리성

삼별초는 여몽연합군을 막기 위해 제주시 애월읍 부근에 아주 견고한 성을 구축하게 되는데 이것이 바로 항파두리성이다. 이 성의 바깥쪽은 흙으로 만들었으며 안쪽은 돌로 쌓았다. 성의 문은 무쇠로 만들어 적의 침입을 어렵게 했다.

▲ 항파두리성 | 출처 | 한국경제신문

환해장성

환해장성은 고려와 조선 두 왕조에 걸쳐 600년 동안 구축한 돌담성이다. '탐라의 만리장성'이라고도 불리는 이 성은 120km에 이른다. 처음에는 삼별초를 막기 위해 고려에서 쌓았지만 나중에는 삼별초군의 방어체제로 구축됐다.

▲ 환해장성 | 출처 | 제주일보

항파두리성과 환해장성을 건축하는데 삼별초 군대를 이끄는 김통정 장군의 주도하에 제주 사람들이 동원되었는데, 당시 제주는 매우 흉년이어서 배가 고파 자기 인분을 먹으려 해도 옆 사람이 먹어버렸을 정도로 힘들었다는 이야기가 내려온다.

제주의 역사적 사건 ③ 해녀 항일운동

제주에서 일어난 해녀 항일운동은 여성들이 앞장선, 그리고 어민들이 투쟁한 항일운동 중 역사상 가장 큰 규모의 투쟁이었다. 해녀 항일운동은 아주 예전부터 제주를 괴롭혔던 일본에 대한 반감이라고 볼 수 있다.

일부 일본 어민들은 1880년대부터 제주 앞바다에 배를 타고와 마음대로 귀한 전복을 캐 가곤 했다. 해녀들이 물질작업을 아무리 해도 하루에 전복 1kg를 못 따는데 일본 어민들이 들이닥쳐 한번에 750kg이상의 전복을 캐 갔다. 우리정부가 일본 어민들이 제주 바닷가에서 해산물 캐는 것을 금지했으나, 계속해서 제주에 와 해산물을 가져갔다.

이들은 제주에 와서 해산물을 대량으로 도둑질해갔을 뿐만 아니라 제주 사람들에게 갖은 행패를 일삼아 못살게 굴었다.

화가 난 해녀들은 일본에 대항하기 위해 해녀조합을 만들었고, 해녀조합이 일본에 넘어가게 되자 해녀회를 조직하여 제주 세화리에서 대규모 해녀 항일 시위를 벌였다.

해녀 이야기

제주도 해녀가 활동한 해는 벌써 800년이 지났다고 한다. 해녀는 일본식 표현으로 원래 제주에서는 '잠수하는 여자'라는 뜻으로 잠녀, 좀녀, 좀네 등으로 불렸다. 돌이 많이 농사 짓기 어려운 땅인 제주에서 해녀들은 물질작업으로 가족의 생계를 유지했다.

▲ 제주해녀항일운동기념탑 | 출처 | 해녀박물관

해녀들이 일본에 대항하는 법

"돌래떡 전대에 담앙 허리춤에 탁 아그네
비창들엉 나갔주. 너희들이 총칼로 대항하면
우리는 죽음으로 대항한다고 외쳤주."

– 해녀 항일운동 주역 김계석

▲ 해녀항일운동 애국지사 흉상 | 출처 | 해녀박물관

해녀 항일운동에 참여했던 김계석 선생은 한 언론 인터뷰에서 이같이 말했다. "돌레떡[도래떡의 제주어]을 전대에 넣어 허리춤에 차고 손에는 비창[해산물 채취용 쇠갈고리]을 들고 거기로 나갔다. 너희[일본 무장경찰] 들이 총칼로 진압하면 우리는 죽음으로 대항한다고 외쳤다"고 증언했다.

해녀들은 호미, 작살, 비창을 들고 해녀옷을 입고 세화리 장터로 몰려갔다. 일본 사람들에게 몇십 년간 착취당한 해녀들은 일본에 맞서 만세운동을 펼쳤다. 형사들은 주동자들을 체포하고 호송하였으며, 체포된 사람들은 끔찍한 고문까지 겪어야 했다.

제주 여성들은 자신들을 끊임없이 괴롭히던 일본인에게 앞장서 대항했다. 이 사건으로 제주 여성들의 강인함을 엿볼 수 있다.

사이버 공격, 대응과 제주의 아픈 사건들

이 책에서 이야기한 사건들 외에도 제주에서는 콜레라 창궐로 수백 명이 사망하고, 가설극장에서 수류탄의 폭발로 수많은 관객들이 사망하였으며, 중공군의 폭동으로 많은 사람들이 사망하는 등의 아픈 사건들이 수두룩하다. 이렇게 사람들에 의해 빚어진 비극 외에 자연 역시 제주에게 가혹했다. 해마다 태풍으로 사망, 실종, 재산피해가 속출하였으며 호우와 눈사태로 많은 사람들이 피해를 입었다. 이러한 상황에서도 제주 사람들은 특유의 강인함으로 일제, 몽골, 정치적 세력으로 인한 군대 등 다양한 적들의 침공으로부터 자신들을 지켜냈다.

사이버 공격은 개인, 조직, 국가 등 어떤 사용자인지를 막론하고 이익만 창출할 수 있다면 무자비하게 행해진다. 특히 최근 지능적으로 펼쳐지는 APT공격은 목표물이 항복할 때까지 집요하게 물고 늘어지는 공격방식이다. 이러한 끈질긴 공격에는 강력하고 단호한 태도로 맞대응해야 한다.

세계적으로 냉전체제의 형성, 그리고 한반도에서 분단체제의 고착화과정에서 발발·전개된 제주 4·3 사건은 국가공권력에 의한 집단희생으로 귀결되었다. 그 후 반세기를 넘어 진상규명을 요구하는 운동을 거쳐 명예회복을 통한 화해와 상생의 해결 과정을 밟고 있으며 피해자에 대한 구제대책도 계속하여 마련되고 있다. 이렇게 단순한 사건으로 치부하지 않고 끊임없는 진상규명운동과 관련대책마련을 통하여 다시는 이러한 비극이 발생하지 않도록 노력하는 제주 사람들의 정신은 우리가 배워야 할 부분이다.

▲ 제주 4 · 3 사건 진상규명 운동 시위 | 출처 | 제이누리

제주 사람들의 이러한 정신을 이해하면 지속적으로 사이버위협을 감지하고 끈질기게 추적하여 미연에 공격을 방지하는 태도를 배워볼 수 있을 것이다.

04

제로 트러스트와 정주석, 정낭

제로 트러스트와 정반대되는 보안 시스템은 제주의 옛 대문에 설치된 정주석과 정낭이다.

제로 트러스트 (Zero Trust)

제로 트러스트는 네트워크 경계의 내부에 있든 외부에 있든 네트워크에 접근하려는 모든 사람과 장치에 대해 엄격하게 ID를 확인하는 IT 보안 모델을 말한다. 즉, 네트워크 구조에서 신뢰의 개념인 트러스트[trust]를 제거하여 어떠한 데이터 침해도 일어나지 않도록 예방하는 전략이다.

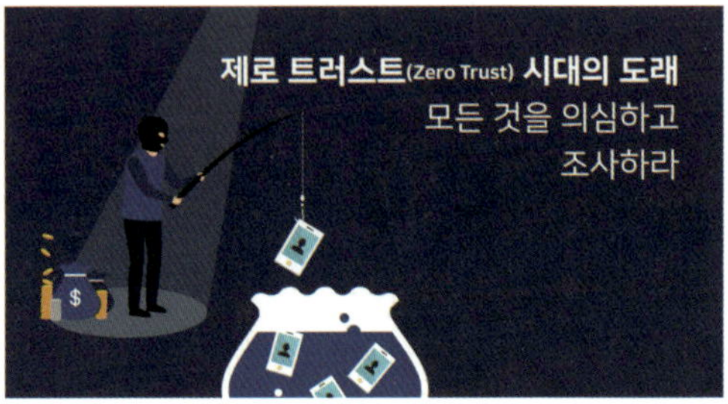

▲ 제로 트러스트 | 출처 | Igloosecurity

전통적인 IT 네트워크의 보안에서는 '성과 해자[castle-and-moat]' 개념을 기반으로 한다. 성과 해자 보안에서는 성 밖[네트워크 외부]에 있는 사람은 접근 권한을 얻기 어렵지만, 성 안[네트워크 내부]의 사람은 기본적으로 신뢰한다는 전제 하에 보안 시스템을 가동하는 것이다. 그러나 이 접근 방식은 공격자가 내부에 침입하면 내부의 정보를 자유롭게 제어할 수 있다는 문제가 있다. 이러한 전통적 기법의 성과 해자 보안 시스템은 최근 기업들이 데이터를 여러 곳에 보관하기 시작하면서 그 취약성이 더욱 드러나기 시작했다.

제로 트러스트는 기본적으로 네트워크 내·외부의 누구도 신뢰하지 않기 때문에 데이터 침해 방지에 효과적이다. IBM Security의 데이터 침해 비용 리포트에 따르면, 단일 데이터 침해 평균 비용은 300억원에 달한다고 한다. 이 때문에 최근 많은 기업에서 제로 트러스트 보안 시스템을 기업 정책으로 도입하기를 원하고 있다.

제로 트러스트(Zero Trust) 원칙

모니터링

제로 트러스트는 네트워크 내부와 외부 모두에 공격자가 있다고 전제하여 자동으로 사용자나 시스템이 신뢰되는 것을 막는다. 따라서, 사용자와 장치의 ID와 권한을 지속적으로 감시한다. 로그인을 했더라도 시간이 지나면 자동으로 해지되어 지속적인 로그인이 필요하도록 한다.

최소 권한

사용자나 장치가 신뢰할 수 있다고 여겨졌다고 하더라도 그것이 필요한 아주 최소한의 정보만 노출하고 제공한다. 이렇게 하면 네트워크의 민감한 부분은 최소한으로 노출할 수 있다. 이를 구현하려면 사용자 권한을 신중하게 관리해야 한다.

장치 접근 제어

사용자에 대한 접근 제어 외에도 장치에 대한 접근을 엄격하게 관리한다. 이 시스템에서는 네트워크에 접근하려는 모든 장치를 확인하고 평가하여 손상된 장치가 접근하지는 않았는지 모니터링해야 한다.

미세 분할

미세 분할은 네트워크의 개별 부분에 대한 별도의 접근 권한을 지정하기 위하여 보안 경계를 작은 영역으로 나누는 방식을 뜻한다. 단일 데이터에서도 다양한 영역으로 세분화하여 사용자와 장치의 권한을 최소화하여 별도의 승인 없이 데이터의 다른 영역에 접근하지 못하게 막는다.

측면 이동 방지

네트워크 보안에서 측면 이동은 공격자가 어떠한 네트워크에 접근한 후 네트워크 안에서 이동하는 것을 말한다. 공격자가 네트워크 안에서 계속해서 공격을 실시할 경우 공격자의 진입 경로를 파악하더라도 탐지가 어려울 수 있다. 제로 트러스트에서는 측면 이동을 불가하도록 설계했다.

MFA

Multi-Factor Authentication[MFA]은 다중 인증 혹은 다단계 인증으로 불리는데, 이는 사용자 인증을 하는 경우에 둘 이상의 증거를 요구하는 것을 말한다. 우리가 은행 시스템에 접근할 때 휴대폰 인증과 공인인증서 인증을 둘 다 요구할 때가 있는데, 그것이 바로 MFA이다.

제로 트러스트(Zero Trust)는 어떻게 발달했을까?

제로 트러스트라는 용어를 처음 제안한 사람은 포레스터 리서치Forrester Research 보안 위협팀에서 근무하던 수석 애널리스트 존 킨더백John Kindervag 이다.

▲ 존 킨더백(John Kindervag) (前 포레스터 리서치 수석 애널리스트, 現 Zero Trust. SVP 대표)

| 출처 | Security Roundtable

그가 2010년 이 개념을 창립하고 나서, 구글 네트워크에서 제로 트러스트 보안을 도입하고 구현했다고 발표한 이후 이에 대한 관심이 높아졌다. 2019년 가트너에서 제로 트러스트 보안을 Secure Access Service Edge SASE의 핵심 구성 요소로 선정하면서 다시금 주목받고 있다.

현재는 구글을 비롯하여 코카콜라, 웨스트젯WestJet 항공 등 다양한 기업에서 이를 도입하여 보안 시스템을 구축하고 적용하고 있다.

제로 트러스트(Zero Trust) 적용 방법

STEP 01

중요 데이터 식별

- 데이터 민감도 계산 및 식별 수행
- 계산된 데이터 민감도를 기준으로 네트워크의 중요 데이터 분류

STEP 02

민감한 데이터 흐름 매핑

- 네트워크와 시스템 개체 매핑
- 최적의 데이터 흐름 구성
- 기존 데이터와 네트워크 흐름도 활용

STEP 03
경계선 설계

- 민감데이터 기준 데이터 경계선 정의
- 물리적 또는 가상 보안 제어 기능을 보유한 경계선 설계
- 정책 자동화

STEP 04
모니터링

- 기업에 적합한 모델을 결정하여 배포
- 기업에서 자동화 경로를 따라 조작이 가능한 제품 활용

STEP 05
보안 자동화

- 기업의 결정권자와 협력하여 자동화 정책 정립
- 자동화 프로세스 평가 및 문서화

제로 트러스트 보안 모델을 기업에 적용하기 위해서는 먼저 기업에서 보유하고 있는 인프라의 구조와 민감한 데이터를 파악하여 데이터의 흐름을 매핑Mapping해야 한다. 이를 바탕으로 데이터의 경계선을 촘촘하게 설계한다. 그리고 기업에 적절하게 활용될 수 있는 모델을 설계하여 모니터링을 거친 다음, 기업의 결정권자와 협의하여 보안을 자동화할 수 있는 정책을 수립해야 한다. 이렇게 수립된 보안 모델은 기업 내 보안 담당자들이 접근할 수 있는 문서로 변환하여 보관한다.

환경 변화와 기업의 구조에 적절한 제로 트러스트 모델 적용은 공격으로부터 데이터를 지킬 수 있는 효과적인 방안이 될 것이다.

정주석과 정낭

제주는 바람, 돌, 여자가 많아 '삼다三多'의 섬이라고 불리고 있지만, 동시에 대문, 도둑, 거지가 없어 삼무三無의 섬으로 불리기도 한다. 예로부터 제주에는 도둑과 거지가 없어 대문을 설치할 필요가 없었다. 그렇다면, 아예 대문이 없었을까? 대문은 없었을지라도 집주인의 상태를 표시하고 대문의 역할을 하던 정주석과 정낭이 있었다.

▲ 정주석

▲ 정낭(정주목)

| 출처 | 공공누리

정주석은 정낭을 끼울 수 있는 정낭 양 쪽에 있는 돌을 뜻하고, 정낭은 정주목이라고 불리는데, 정주석에 끼워서 주인의 상태를 표시하는 긴 나무 막대를 말한다. 정낭은 보통 서너 개를 한 묶음으로 사용한다.

정주석과 정낭은 대부분 제주의 옛 초가집의 입구인 올레목에 설치한다. 이 정주석과 정낭은 일반적인 대문과 비슷하게 집에 출입을 막는 역할을 한다. 그러나, 정낭의 상태에 따라 집주인의 의사를 표시할 수 있다는 점과 사람보다는 소나 말의 출입을 막기 위해 세웠다는 점이 일반적인 대문과 다르다.

정주석과 정낭의 의미

제주 사람들은 정낭을 다양한 방식으로 정주목에 걸쳐 놓음으로써 여러 의미를 표현하곤 했다. 다음 그림들을 보면서 집주인이 어떤 메시지를 전달하려는 것인지 알아보자.

▲ 정주석과 정낭 | 출처 | 지역N문화

이 그림을 보면 정주석의 모든 구멍에 정낭이 직선으로 끼워져 있다. 이렇게 되면 누군가가 통행하기 매우 불편할 것이다. 이것은 무슨 뜻일까?

정답은 집주인이 멀리 외출하였다는 뜻이다!

지나가던 사람들은 이것을 보고 집주인이 당분간 돌아오지 않을 것을 알게 되고 혹시 지나가던 말이나 소가 집에 침입하여 집을 어지르거나 부수지 못하게 하는 역할을 한다.

자, 이번에는 두번째 퀴즈이다!

▲ 정주석과 정낭 | 출처 | 지역N문화

이 그림을 보면 방금 전에 보았던 그림과 반대로 모든 정낭이 한쪽만 정주석에 끼워져 있고 한쪽은 전부 다 빠져 있는 것을 볼 수 있다.

이렇게 되면 앞 그림과 반대로 사람들의 통행이 원만하게 이루어질 수 있고 심지어 소나 말도 들어올 수 있다. 그렇다면 이 정낭의 뜻은 무엇일까?

정답은 집주인이 집에 있다는 뜻이다!

집주인이 집에 있으니 지나가던 사람들에게 들어와도 좋다는 집주인의 의사를 표현한 것이다. 그런데, 혹시 말이나 소가 지나가다 들어오면 어쩌나? 집주인이 집 안에서 나와 동물들을 내쫓거나 배고픈 동물들에게는 양식을 내주지 않았을까?

세번째 퀴즈를 맞혀보자!

▲ 정주석과 정낭 | 출처 | 지역N문화

앞에 있었던 2개의 그림은 쉽게 유추했을 것 같지만, 이번에는 조금 어려울 수도 있겠다. 이번 그림은 가장 아래에 정낭은 양쪽이 정주석과 연결되어 있고 중간과 가장 위의 정낭은 한쪽만 걸쳐져 있는 형태이다. 이것은 무슨 뜻일까? 집주인이 집 안에 있을까?

정답은 집주인이 잠시 외출하였다는 뜻이다.

이웃 사람들은 집주인이 잠깐 집을 비웠으나 곧 돌아온다는 의미로 이해할 수 있다. 집주인에게 바쁜 볼일이 있는 사람은 집 근처에서 기다리고 있다가 집주인을 만나고 돌아갔을 것이다. 휴대폰이 있었으면 언제 돌아올지 물었다가 다시 오면 되었겠지만, 옛날에는 그럴 수 없으니 말이다. 그런데 집 안에 들어가서 기다리는 사람도 있었을까? 멀리서 집주인을 보러 온 사람은 그랬을 수도 있었을까? 그건 여러분의 상상에 맡기겠다.

이제 마지막 퀴즈이다.

▲ 정주석과 정낭 | 출처 | 지역N문화

자, 이 그림은 가장 위쪽의 정낭만 한쪽이 빠져 있고, 중간과 아래쪽의 정낭은 정주석 양쪽에 모두 걸쳐져 있다. 앞에 본 그림보다는 좀 더 출입이 어려울 것 같은데, 그렇다면 이 정주석과 정낭을 통해 집주인이 전하고자 하는 메시지는 무엇일까?

정답은 집주인이 외출하였으나 오늘 중으로는 집에 돌아온다는 의미이다!

옛 제주도 사람들은 이렇게 정주목과 정낭을 통해 간단한 메시지를 전달하였으며 가축의 출입도 막았다. 제주도는 바람이 많이 불기 때문에 옛날에 민가에서 주로 사용하던 싸리문은 망가지기 쉬워 사용할 수가 없었다.

정주목과 정낭은 소나 말을 방목하면서 가축들이 작물을 해치는 것을 방지하기 위해 설치한 살채기에서 유래한 것으로 바람에 쉽게 망가지지 않는 대문의 역할을 해냈다.

제주의 주(住)생활

제주의 전통가옥은 일반적으로 띠로 지붕을 얽어 맨 초가의 형태로 일자형의 지붕을 가지는 것이 특징이다. 또한, 마당을 중심으로 안거리[안채], 밖거리[바깥채], 모커리[별채] 등으로 공간이 분할되며, 안거리와 밖거리에는 상방[마루], 구들[방], 정지[부엌], 고팡[곳간]이 있다.

안거리에는 부모 세대가 살고 밖거리에는 자녀 세대가 살다가 자녀가 혼인하여 자식을 낳으면 부모가 밖거리로 나오고, 자식이 안거리로 들어간다. 한 집에 살지만 각 세대에 별개의 부엌과 장독대를 가지고 취사와 식사도 따로 하는 것이 특징이다.

안거리와 밖거리는 저마다 필요한 것들이 구비되어 있어 각각 독립된 생활을 영위할 수 있지만, 조상의 제사를 지내거나 제사를 준비하고 제수를 보관하는 일은 안거리에서만 할 수 있다.

아래 그림은 제주도 전통 집의 구조를 보여준다. 통시, 우영, 정주먹, 우영 등 제주만의 독특한 집 구조를 살펴보자.

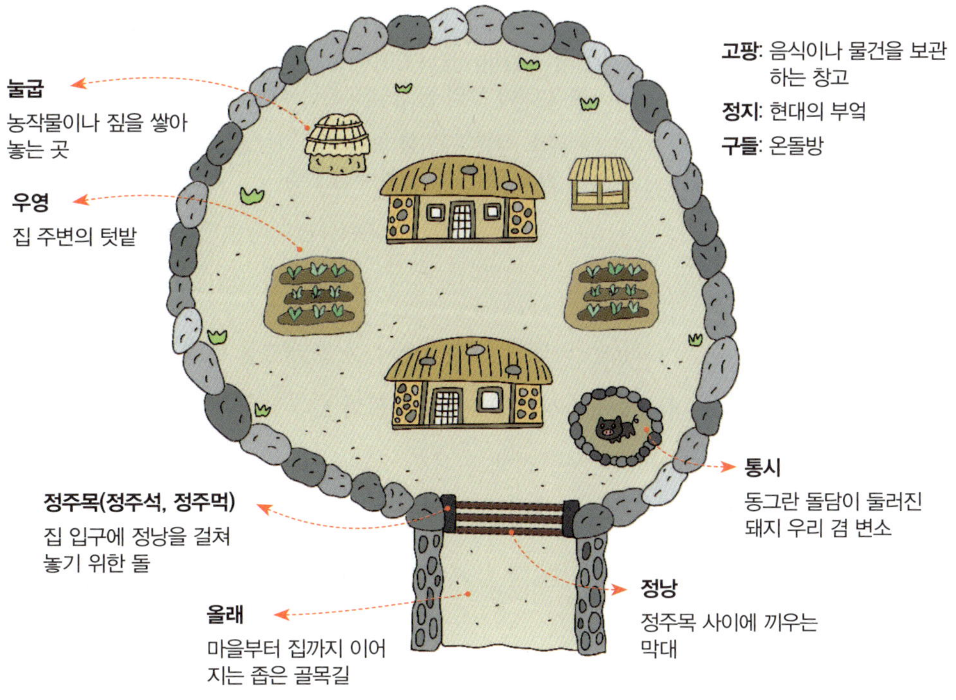

제로 트러스트와 옛 제주의 보안 대책(정주석과 정낭)

제로 트러스트는 '아무도 믿지 마!'라는 기조 아래 설계된 보안 아키텍처이다. 그러나, 반대로 정주석과 정낭은 '모두를 신뢰해.' 라는 전제로 만들어진 보안 대책이다.

안타깝게도 최근 발생한 사이버 공격 중 대규모 개인정보유출이 자행된 사례의 상당수는 네트워크 내부에 있던 사용자로 인해 발생된 것이었다.

표 | 정보 유출 사고

발생일	사고명	사고개요
2011.04	캐피탈사 홈페이지 고객정보 유출공격	A캐피탈사의 전직 직원이 퇴사 후 재직 시 부여받았던 5개의 계정을 해커에게 유출하여 화면 복사나 다운로드 방식으로 금융회사 내부 서버에서 개인정보 약 175만 건이 유출됨
2013.05	캐피탈사 개인정보 유출공격	내부직원이 고객 8,000여 명의 개인정보와 신용정보를 조회한 후 유출했으며, 회사의 개인정보처리시스템에서 고객성명, 휴대전화번호, 회사명, 신용등급이 담긴 정보를 별도 문서로 작성하여 제3자에게 유출함
2014.01	카드 3사 고객정보 유출공격	국내 카드 3사 고객 거래 정보의 약 1억 400백 만 건이 개발 용역직원을 통해 외부로 유출됨
2017.06	B사	B사 직원의 개인 PC에서 고객 개인정보를 탈취한 후 인증정보를 알아내 70억 원 상당의 가상통화 부정 인출
2018.06	C사	거래소 직원의 PC를 해킹하여 가상통화 지갑을 탈취한 후 350억 원 상당의 가상통화 부정 인출

| 출처 | 금융보안원, 전자금융과 금융보안 제 14호

위와 같은 개인정보유출 사고들은 막대한 금전적 손실을 초래했을 뿐만 아니라 기업을 믿었던 고객들의 신뢰, 기업 내부에서 자사 직원에 대한 신뢰 모두를 잃게 하는 중대한 사건들이다. 이웃에 대한 믿음에서 비롯된 보안정책은 이제 모두를 믿을 수 없는 보안 정책으로 바뀌었다. 어찌 보면 참 슬픈 현실이지만, 모두를 믿지 않음으로써 반대로 소중한 데이터의 유출을 막는 현대 방비책의 역할을 제로 트러스트가 해내고 있는 것이다.

Chapter 5

지속가능한 미래 기술과 제주 자연

지속가능한 미래 기술이란?

지속가능한 미래 기술의 정의와 기술 혁신 사례에 대해 알아보자.

지속가능한 미래 기술의 정의

마이크로소프트의 창업자 빌 게이츠는 코로나 19 이후 10~20년 안에 기후 변화로 인류는 코로나 19 만큼이나 엄청난 피해를 입게 될 것이라고 경고했다.

하단 좌측의 그림은 2021년 환경재단이 발표한 한국환경위기시계이다. 환경재단의 최열 이사장은 기후변화의 심각성에 비하여 사람들의 위기감이 높지 않다고 아쉬움을 드러내며, 코로나 19에 직면했을 때처럼 기후위기와 환경문제에도 긴박하게 대응해야 한다고 주장했다.

▲ 2021 한국환경위기시계 | 출처 | 환경재단

▲ 친환경 기술 | 출처 | The Independent

지속가능한 미래 기술이란 지구 환경 보호 및 모든 인류가 함께 공존하는 세상을 조성하기 위한 기술적 노력을 뜻한다. 이는 에너지, 환경오염 방지, 생물 다양성의 보존 등을 위한 친환경 기술, 가난, 기아, 질병, 불평등과 같은 인류사회의 보편적인 문제 및 주거, 생산, 소비와 관련된 경제사회문제를 해결하기 위한 여러 기술을 포괄하고 있는 광의적인 개념이다.

지속가능한 미래를 위한 기술 혁신 사례

다음은 유명 전략컨설팅기업 맥킨지 앤 컴퍼니McKinsey & Company의 지속가능성 분야 전문가들이 예측한 지속가능한 미래 달성을 위한 기술 혁신 사례 일부이다.

① 친환경 연료 자동차

이제는 전기, 하이브리드, 수소와 같은 친환경 연료를 사용한 자동차들을 우리 주변에서 흔히 만나볼 수 있다. 전기차 1대 보급으로 연간 이산화탄소 2톤 감축의 효과가 있다.

참고: 일부 글로벌 자동차 업체에서는 내연 엔진 개발 중단을 선언하고 있다. 아우디(Audi)-2026년부터 가솔린, 디젤 엔진 기반 자동차 판매 중단

② 배터리

배터리 시장이 확대되면서 배터리의 가격이 하락하고 에너지 저장 시간이 늘어났다. 저비용 스토리지의 개발과 장기 저장으로 개인과 기업은 비용 수준을 지속적으로 절약할 수 있다.

참고: 2010년 이후 리튬 이온 배터리의 평균 가격이 내연기관차에 비해 경쟁력을 지닐 수 있을 정도로 킬로와트시당 100달러 선에 다가섰다.

③ 플라스틱 재활용

친환경 정책의 일환으로 정부는 일회용 플라스틱 사용을 제재하고 있으며, 재활용을 권장하고 있다. 플라스틱 산업은 단순한 취득, 제조, 폐기 모델에서 벗어나 폐기물 제거와 재활용을 통해 경제적·환경적 혜택을 창출하는 것으로 목표를 설정하여 순환 모델 구조로 변환하고 있다. 열분해와 산소 부재를 사용하여 플라스틱 폐기물을 공급 원료로 다시 전환하게 되면 이에 따른 경제적 이익은 2027년까지 500억 달러로 추산된다.

❹ LED 조명 효율

LED 조명이 개발되면서 기존 백열 전구를 빠르게 대체하고 있다. 전문가들은 LED 조명이 2030년까지 84%의 시장 점유율을 달성할 것이며, 에너지 소비가 40% 가량 줄어들어 현재 에너지 가격으로 최대 260억 달러가 절약될 것으로 예상한다.

참고: 미국의 경우 LED 조명에 대한 투자를 지속적으로 늘려 20%의 추가 에너지 절감 효과를 기대할 수 있을 것으로 예상된다.

❺ 탄소 포집 및 저장

플라스틱이나 시멘트를 사용하는 상품 생산 시 배출되는 탄소에 대해 탈탄소화를 목적으로 하기도 하지만, 탄소를 원천적으로 안전하게 포집하고 압축하여 영구 저장 장소에 보관하는 기술이 개발되고 있다.

참고: 이 기술을 통해 온실가스 배출량을 크게 줄일 수 있을 뿐만 아니라 포집된 탄소를 사용하여 새로운 제품을 개발한 후 수익성을 창출할 수 있도록 활용되기도 한다.

❻ 태양광 주택 시스템

재생에너지는 지속적으로 더 저렴해지고 더 쉽게 접근할 수 있도록 연구·개발되고 이러한 추세는 그동안 전기 사용이 어려웠던 전세계의 약 10억 명의 사람들에게 중요한 영향을 미치게 될 것이다. 태양 에너지의 확장은 경제성을 갖춰 그리드 패리티*를 달성하는데 도움이 될 것이다.

참고: 우리나라에서는 주택, 공장, 건물 등에서 태양광 판넬 설치 시 정부보조금과 지자체 보조금을 지원하고 있다.

*그리드 패리티: 신재생에너지의 전력생산 비용과 현재 전력망의 전력 구매 비용이 균형을 이루는 형태.

SDGs와 제주형 SDGs

청정 제주에서 펼쳐지는 다양한 SDGs 활동, 우리 함께 실천해보자.

SDGs (Sustainable Development Goals, SDGs)

2015년 9월 뉴욕에서 열린 UN 지속가능한 개발 정상회담에서 17개의 SDG를 포함한 지속가능한 개발을 위한 2030 의제가 채택되었다. 2030 지속가능한 개발 의제는 현재와 미래의 인류와 지구를 위한 평화와 번영을 위한 공유 청사진을 제공한다. 그 중심에는 17개의 SDGs가 있으며, UN은 이 SDGs를 달성하기 위해 선진국과 개발도상국을 포함한 모든 국가에서 행동으로 나서줄 것을 강력하게 요구하고 있다.

▲ 지속가능한 개발 목표 | 출처 | UN지원SDGs한국협회

그들은 빈곤과 기타 결핍을 종식시키는 것이 건강과 교육을 개선하고 불평등을 줄이며 경제 성장을 촉진하는 전략과 함께 가야 한다는 것을 인식하고 있다. 동시에 기후 변화에 대처하고 바다와 숲을 보존하기 위해 노력하는 의제를 포함하고 있다.

SDGs 17가지 목표

앞에서 언급했던 것처럼 SDGs는 총 17가지의 목표로 구성되어 있다. 다음에서 각 목표가 설정된 이유에 대해 자세히 알아보자.

빈곤 종식

1990년 이래로 빈곤률은 이전의 절반 이하로 줄어들긴 했지만, 아직도 개발도상국의 국민 25%는 하루에 1.9 달러 미만의 생활비로 살고 있다. 빈곤은 기아, 사회적 불평등, 기본 의식주 생활 영위의 어려움을 포괄한다.

기아 종식

토양, 식수 등 지구 환경이 훼손되면서 기후 변화가 급속도로 진행되고 있고, 심각한 자연 재해의 위험성이 높아지고 있다. 이로 인해 농경삼림이 훼손되고 이에 의존하는 인간들은 점점 더 식량 부족을 겪게 된다.

건강한 삶과 웰빙 증진

인류의 기대수명은 과학의 발전으로 인해 크게 늘어났으며 질병 발병률도 저하되어 사망률이 낮아졌다. 그러나 우리는 여전히 감염병의 위협과 수많은 질병과 끊임없이 싸우며 해결하려는 노력을 해야 한다.

양질의 교육

질 높은 교육에 대한 수혜의 확장은 지속가능 개발을 달성하는데 든든한 뿌리가 될 것이다. 교육에서의 양성평등은 아직도 많은 국가들에게 숙제로 남아있으며, 고등교육을 제공하지 못하는 국가들도 많다.

성평등 실현 및 여성의 권익 신장

21세기에 들어섰지만, 아직도 성평등은 이루지 못한 숙제이다. 아직도 많은 국가의 여성들은 여성이라는 이유로 차별과 폭력을 감내하고 있다. 성평등을 통해 진정한 인류사회의 복지를 실현할 수 있다.

깨끗한 물과 위생

깨끗한 물은 인류가 살아가는데 필수가 되는 요소이다. 그러나 전 세계의 40%에 달하는 국가에서 물 부족을 경험하고 있다. 수질환경을 개선하여 더 이상 열악한 위생환경으로 인해 사망하는 사람이 없도록 해야 한다.

접근가능한 현대적인 에너지

첨단 IT기술이 개발되고 혜택을 누리고 있지만, 세계 인구의 13%는 여전히 전기 사용에도 어려움을 겪는다. 환경 오염의 주범이 되는 에너지 사용을 줄이고 청정 연료를 개발하여 에너지에 대한 접근성을 높여야 한다.

양질의 일자리 증진과 경제 성장

높아져가는 실업률에 대한민국 국민들을 포함해 많은 국가의 청년들이 힘들어하고 있다. 지속가능한 미래를 위한 교육과 일자리 창출에 대한 투자를 통해 노동 생산성을 향상하여 경제 성장 이룩에 도움이 될 것이다.

성평등 실현 및 여성의 권익 신장

21세기에 들어섰지만, 아직도 성평등은 이루지 못한 숙제이다. 아직도 많은 국가의 여성들은 여성이라는 이유로 차별과 폭력을 감내하고 있다. 성평등을 통해 진정한 인류사회의 복지를 실현할 수 있다.

불평등 해소

국가 간, 국가 내 모든 곳에서 경제적, 사회적, 환경적 차원의 불평등이 존재한다. 불평등 해소를 위해 소외 계층에 대한 다양한 정책이 필요하다. 또한, 첨단기술에 대한 모든 계층의 접근성을 높이는 것이 중요하다.

지속가능한 도시와 거주 생활

풍부한 생활 인프라와 일자리 등의 이유로 점점 더 많은 사람들이 도시로 이주하고 있다. 2030년까지 도시에 거주하는 사람은 50억명으로 증가할 것으로 예상되고 있으므로 효율적인 도시계획의 마련이 요구된다.

책임감 있는 소비와 생산

지속가능한 소비와 생산은 삶의 질을 높이면서 자원의 낭비와 오염을 줄여 경제 활동으로 인한 복지 혜택을 향상할 수 있다. 과도한 자원의 낭비를 막고 모두를 위한 소비를 실천할 때 지속가능한 발전에 기여할 수 있다.

기후 변화 대응

코로나 19 이후 사람들에게 더 큰 위협이 될 것으로 전망되는 기후 변화는 전 지구적 문제이다. 한 국가의 노력이 전세계 모든 국가에 영향을 미친다. 친환경 기술과 정책 마련으로 기후재난에 대응해야 한다.

해양 자원 보호

바다는 지구 생활 공간의 99%를 차지하는 만큼 인류에게 미치는 영향이 막대하다. 바다 속 해양 생물의 다양성 보존과 바다 환경 관리는 어업 관련 종사자들의 일자리 보전과 세계 경제 안정에 기여할 것이다.

육지 생태계 보존과 생물 다양성 유지

삼림은 인류에게 안정적 식량을 제공할 뿐만 아니라 공기 오염으로 인한 재난 방지에 매우 효과적이다. 안정적인 식량 공급과 기후 변화 방지를 위해 육지 생태계 보존이 필요하다.

평화적이고 정의로운 사회 증진

모두가 안전하게 살아갈 수 있는 평화적인 사회 구축을 위해서 공정한 법제도와 정책의 확립이 요구된다. 또한, 효율적이고 투명한 규제와 정부의 안정적 투자는 국가 인권 신장에 기여할 것이다.

목표 달성을 위한 글로벌 파트너십 강화

지속가능 발전 목표 달성을 위해서는 범 지구적 노력이 필요하며, 정부 · 민간 · 시민의 총체적 협력이 중요하다. 개도국의 에너지, IT, 인프라 등의 분야에 대해 선진국과 기업들의 신속한 투자 이행이 요구된다.

제주형 SDGs

SDGs 달성에 기여하기 위해 대한민국은 선도적인 역할을 하고 있다. 제주도는 '미래 세대를 위태롭게 하지 않으면서 현재 세대의 요구에 부응하는 개발' 이라는 UN의 지속가능발전의 기본 원칙에 맞게 도의 정책을 돌아보고 현실성 있는 대책 마련을 통해 도민과의 공감대를 형성할 수 있도록 지속적인 연구와 노력을 하고 있다.

아래는 2019년 개최된 제주형 SDGs 수립을 위한 방향과 전략 토론회의 사진이다. 이 토론회에서는 서울시 SDGs의 수립 과정을 비교 연구하여 제주형 SDGs 수립에 제언을 하였으며, 이에 대한 자세한 추진 방안에 대해 각계의 전문가들과 함께 논의하였다.

▲ 제주형 SDGs 수립을 위한 방향과 전략 토론회 | 출처 | 제주연구원

제주에는 제주특별자치도지속가능발전협의회를 중심으로 제주형 SDGs 수립을 이어 나가고 있는데, 본 협의회는 UN이 권고한 지방의제21[환경적으로 건전하고 지속가능한 지역사회 만들기] 원칙에 근거하여 지속가능 발전 실천사업을 추진하는 민·관 협력기구이다.

다음 페이지에서부터 제주에서 진행되는 다양한 SDGs 실천 사업들을 만나보자.

제주형 SDGs 실천 사업

제주 플로깅

플로깅Plogging은 스웨덴어로 '이삭을 줍는다'는 뜻의 polcka upp과 '달리는 운동'인 영어 단어 jogging의 합성어로 조깅을 하며 쓰레기를 줍는 활동을 의미한다. 제주에서는 것구리오름과 조천읍 용천수 역사 탐방길, 곽지 해수욕장 등 관광객들이 자주 다녀 쓰레기가 많은 곳에서 본 활동을 진행했다. 아래 사진은 2020년 것구리오름에서 진행된 플로깅 행사이다.

▲ 2020 제주 플로깅 행사 | 출처 | 뉴스1

이 행사에는 환경자원지킴이와 활동가, 장애인 등 40여명이 참석하였으며, 약 한시간 동안 오름 일대를 걸으며 쓰레기를 주웠다. 행사에 참여한 사람들은 생각보다 사람의 발길이 잘 닿지 않는 곳에도 쓰레기가 많았다며 놀라움과 안타까움을 표출하였고, 플로깅의 취지가 더욱 확산되길 바란다는 의견이 있었다.

직접 길가의 쓰레기를 주워 보는 활동을 통해 자연 환경을 더욱 사랑하는 마음을 가질 수 있으며, 일상생활에서도 플라스틱과 일회용품 사용을 줄이는 등의 노력으로 환경 보전의 가치를 이어가고 있다.

SDGs, 뭐우꽈?

'SDGs, 뭐우꽈?'는 제주특별자치도 지속가능발전협의회에서 발간하였으며, SDGs를 홍보하기 위해 만화로 제작되어 배포된 책자이다.

이 책자는 지속가능발전은 무엇인지, SDGs는 어떤 것들이 있는지, 일상 속에서 실천할 수 있는 SDGs 달성에 기여하기 위한 활동에는 어떤 사례들이 있는지를 만화 형식으로 구성하였다.

모바일 기기나 컴퓨터를 자주 사용하는 사람들을 위해 웹툰 형식으로도 제공하고 있다. 아래는 'SDGs, 뭐우꽈?' 웹툰의 일부이다.

제주특별자치도 발간 SDGs 홍보 도서, SDGs, 뭐우꽈?

| 출처 | 제주특별자치도지속가능발전협의회

자원순환 문화운동

본 활동은 'Goal 12-책임감 있는 소비, 생산' 달성에 기여하기 위한 특별 활동으로 사람과 자연이 공존하는 청정제주 실현을 위해 도민과 관광객이 참여하는 자원순환 문화운동이다.

비영리 생활협동조합인 한살림제주소비자생활 협동조합과 함께 진행했다.

제주시민속오일장에서 장바구니를 사용하는 사람에게 천연 주방 고체 비누를 나누어주었으며, 비닐 대신 천주머니나 종이 봉투를 사용하는 사람에게는 다용도로 활용 가능한 네트백을 증정했다. 또한, 음식을 구매하여 집에서 직접 가져온 다회용 용기로 담아가면 한살림제주에서 사용할 수 있는 물품 이용권 1만원권을 제공했다. 본 활동을 통해 많은 사람들에게 장바구니 활용의 이점을 알리며 일상생활에서의 제로웨이스트 Zero Waste 실천을 널리 알리는 계기가 되었다.

*제로웨이스트(Zero Waste): 일회용기 사용을 없애고 모든 제품이 재활용될 수 있도록 쓰레기 배출을 최소화하자는 취지의 운동

| 출처 | 제주특별자치도지속가능발전협의회

SDGs 달성을 위한 제주의 노력

2015년 UN 총회에서 193개국이 SDGs에 합의한 후 우리나라에서는 UN의 SDGs 이행 절차에 따라 K-SDGs 지표를 설정하고 2030년까지 달성해야 하는 목표치를 설정했다.

또한, 목표달성을 위한 이행과제 등 이행전략을 수립하고 있다.

▲ 2019 지속가능발전 제주 국제컨퍼런스
| 출처 | 매일경제

제주는 평화의 섬으로 지속가능발전을 위해 부단히 노력하고 있다. 노력의 일환으로 『UN SDGs 2030을 위한 제주형 지속가능발전 추진 방향』 현안보고서를 통해 제주 지방정부의 SDGs 달성을 위한 전략 가이드라인과 함께 중앙과 지역의 추진 실태와 타 지역사례를 분석하고 앞으로 추진해야 할 제주형 SDGs의 방향을 제시했다. 아울러, 지속가능정책을 위한 전담조직을 꾸려 관련 정책 및 지표를 개발하고 이를 지속가능성의 관점에서 평가하고, 우선순위를 수립하여 이행계획을 구체화하고 실행 과정을 관리하여 평가하며 다시금 개선으로 연결되는 순환 체계를 정립했다. 그리고 제주에서 일어나는 다양한 갈등을 관리하며 현재 세대와 미래 세대의 공동의 번영을 위한 제주형 지속가능발전 모델을 규범화하려는 노력을 펼치고 있다. 더불어, 제주어를 활용한 SDGs 안내 책자나 친환경 활동, 양성 평등 관련 활동 등을 통해 제주의 지속가능 발전을 위한 협치형 모델을 주도적으로 모색하고 있다.

▲ 제주형 SDGs
| 출처 | 제주특별자치도지속가능발전협의회

SDGs 달성은 한 국가와 소수의 노력이 아닌 전 세계가 같이 협력해야 이루어질 수 있다. 누구도 소외되지 않는 포용적 사회를 구축하기 위해 우리 모두 SDGs에 대한 관심과 적극적인 행동이 필요한 시점이다.

Net-Zero와 제주 오름

지속가능성을 위한 발걸음, Net-Zero. 탄소중립 도시 제주로 함께 한다.

Net-Zero (넷-제로)

국제 사회는 지구 온난화, 폭염, 태풍, 산불 등 기후변화로 몸살을 앓고 있다. 2019년 가을부터 다음해 봄 사이에 호주에서 발생한 사상 최악의 산불은 한국의 국토면적에 해당하는 대지가 불에 타 없어졌고, 여기에 살고 있던 많은 동물들이 화재로 인해 죽거나 서식지를 이주하게 되었다. 이는 기록적인 고온 현상과 긴 가뭄으로 이어진 기후 변화 때문임이 밝혀졌다. 또한 과도한 화석연료 사용으로 인해 나타나는 결과인 온실가스의 배출은 지구온난화 또는 기후 변화의 원인이 된다.

▲ Net-Zero의 의미 | 출처 | SK텔레콤 뉴스룸

Net-Zero는 6대 온실가스의 순배출을 제로화하여 기후중립의 달성을 목표로 한다. 다음 페이지에서부터 Net-Zero에 대해 자세히 알아보자.

탄소중립 vs Net-Zero

많은 언론에서 탄소중립을 Net-Zero와 같은 개념으로 혼돈하여 사용한다. 그러나, 엄연히 말하면 이 둘은 다른 개념이다.

먼저, 탄소중립은 6대 온실가스 중 이산화탄소^{CO2}의 순배출을 영점화시키는 활동을 말한다. 여기에서 영점화라는 말은 배출량(+)과 흡수량(−)을 같도록 하여 순^{Net} 배출을 0으로 만드는 것을 의미한다. 탄소중립의 실현은 이산화탄소의 배출량을 상쇄시킬 만큼의 이산화탄소 흡수 대책을 세우거나 탄소배출권을 구매하게 하는 정책을 실천함으로 이루어진다.

그렇다면, Net-Zero는 무엇을 의미할까? Net-Zero란 이산화탄소를 포함한 6대 온실가스인 수소불화탄소^{HFCs}, 육불화황^{SF6}, 아산화질소^{N2O}, 과불화탄소^{PFCs}, 메탄^{CH4}을 모두 영점화시키는 것을 뜻한다. 이 때문에, Net-Zero는 기후중립이라는 표현으로 사용되기도 하며, 순우리말로는 '순 배출 영점화'로 사용된다. 기후 변화에 관한 정부간 협의체 Intergovernmental Panel on Climate Change, IPCC의 1.5 ℃ 보고서에 따르면 지구 온도 상승을 1.5 ℃까지 억제하기 위해서는 2050년부터 2052년까지 탄소중립이 되어야 하고, 2063년부터 2068년 사이에 기후중립이 달성되어야 한다는 목표를 제시하고 있다. 아래 표에서 확인할 수 있는 것처럼 이산화탄소의 온난화기여도가 가장 높고, 총배출량이 다른 온실가스에 비해 가장 높은 것을 확인할 수 있다. 그렇기 때문에 탄소중립을 기후변화를 막기 위해 중요한 정책으로 여기지만, 나머지 온실가스도 지구온난화에 영향을 미치기 때문에 궁극적으로 Net-Zero의 실현이 중요해지는 것이다.

표 | 온실가스의 온난화 기여도 비교

	CO_2	CH4	N2O	HFCs, PFCs, SF6
배출원	에너지사용/산업공정	폐기물/농업/축산	산업공정/비료사용	냉매/세척용
지구온난화지수 (Co2 = 1)	1	21	310	1,300~23,900
온난화기여도(%)	55	15	6	24
국내총배출량(%)	88.6	4.8	2.8	3.8

| 출처 | 에너지관리공단

Net-Zero를 달성해야 하는 이유

우리가 Net-Zero를 달성해야 하는 가장 큰 이유는 무엇일까? 다음 그림을 살펴보자. 지구 평균 온도가 1.5 ℃ 오른다면, 2 ℃와 비교했을 때 보다 해수면의 상승이 10cm 낮아진다. 10cm는 작아 보이지만, 이 10cm로 천만명의 사람이 기후변화의 위협에서 살아남을 수 있다.

▲ 지구 평균 온도 상승에 따른 기후변화 위협 | 출처 | IPCC

기후변화는 생물다양성에도 지대한 영향을 미친다. 지구 평균 기온이 1.5 ℃~ 2.5 ℃ 로 오르면 생물종의 20~30%가 멸종하며, 4 ℃를 넘으면 40%가 멸종할 것으로 예상된다. 이렇게 되면 동물들의 생태계 교란과 함께 인간의 의식주 생활에 모두 문제가 생길 것이다. 생물다양성의 유지는 인간다운 삶의 영위를 위해 반드시 필요하다.

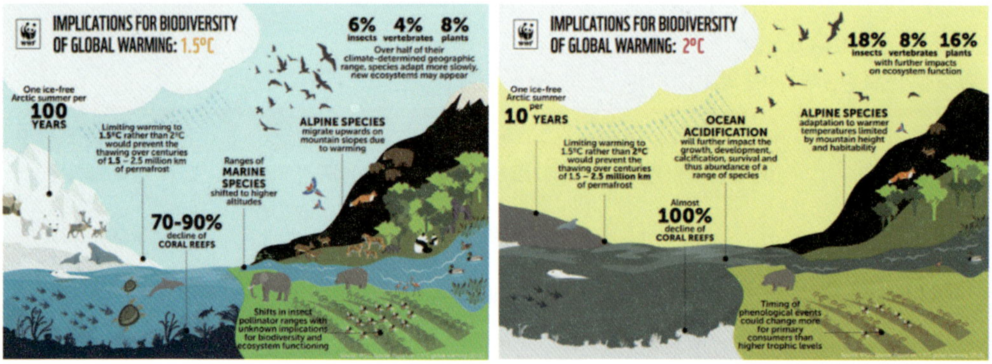

▲ 지구 평균 온도 상승에 따른 생물다양성 변화 | 출처 | IPCC

Net-Zero 달성 방안

환경과 에너지를 연구하는 세계자원연구소World Resources Institute, WRI에서는 Net-Zero 달성을 위한 솔루션으로 다음 그림과 같은 10가지를 제안하였다. Net-Zero 달성을 위한 솔루션을 순서대로 살펴보면, 석탄발전 감축, 청정에너지와 에너지효율에 투자, 건축물 개축, 시멘트, 철강, 플라스틱의 탈탄소화, 전기 자동차로의 전환, 대중교통 증가, 항공과 해운의 탈탄소화, 산림 복원, 음식폐기물 감량, 채식 권장이 있다.

▲ Net-Zero 달성을 위한 솔루션 | 출처 | WRI

제주 오름

제주에는 한라산을 중심으로 360여 개의 오름이 분포되어 있다. 단일 지역에 존재하는 오름 수로는 세계 최다를 자랑한다고 한다. 이러한 특징 때문에 제주는 '오름의 왕국'으로 부르기도 한다. 오름은 '측화산' 또는 '기생화산' 이라고 불리기도 하는데, 이 오름이 형성된 과정을 살펴보자.

▲ 제주의 오름

| 출처 | 제주특별자치도 자연환경생태정보시스템

제주와 오름의 형성과정

제주는 원래 바다 속에 있었다? 전문가들에 의하면 제주는 본래 모래층이 있던 바다였는데, 180만 년 전에 화산활동으로 인해 물 위로 올라왔다고 한다. 아래 그림을 보고 제주와 오름이 형성된 과정을 알아보자.

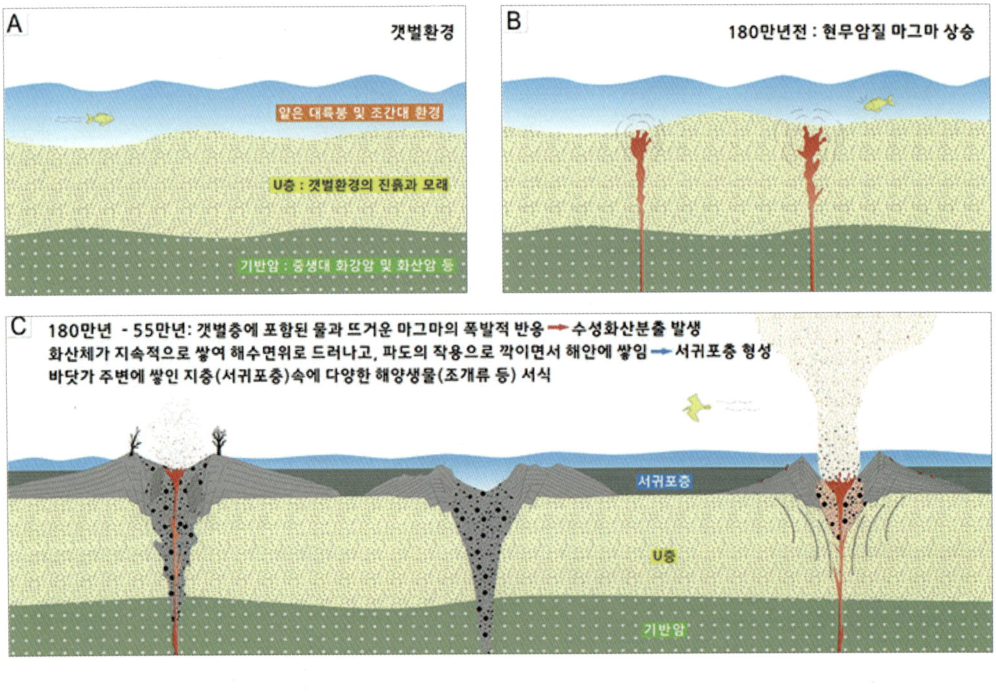

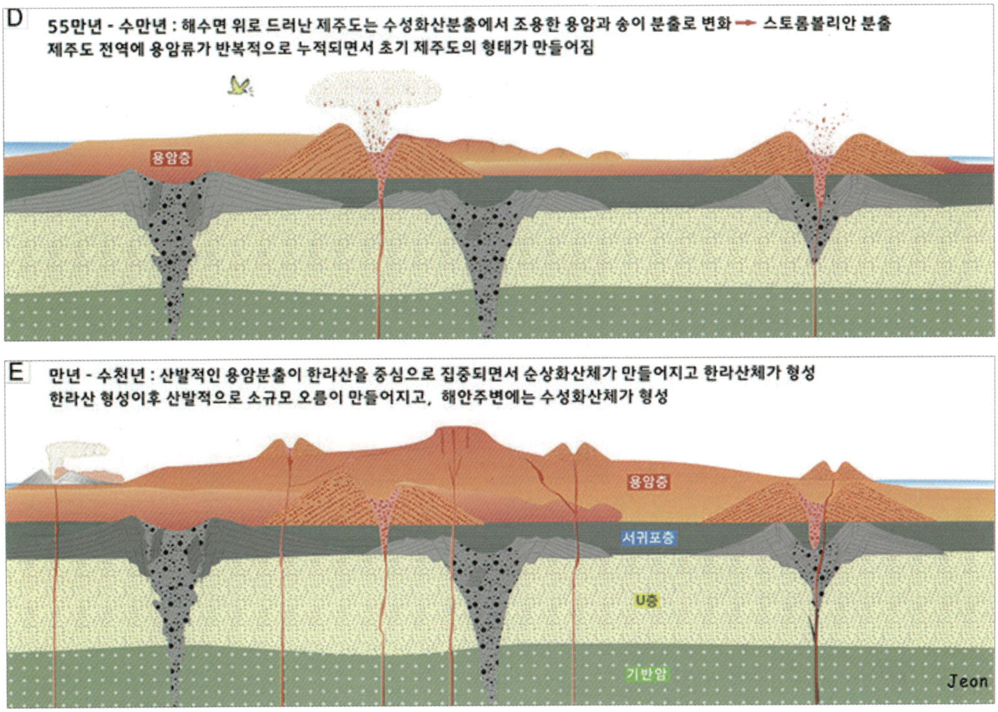

▲ 제주와 오름이 형성된 과정 | 출처 | 세계자연유산 제주

제주 동부의 오름

붉은 오름

- **위치** : 서귀포시 표선면 남조로 1487-73
- **면적** : 585,044㎡
- **특색** : 이름의 유래는 삼별초와 여몽연합군 전투에서 흘린 피 때문이라는 설도 있고, 흙이 붉은 색을 띠기 때문이라는 설도 있다. 자연휴양림이 조성되어 있어 많은 사람들이 찾고 있다.

▲ 붉은 오름 | 출처 | 제주특별자치도 서귀포시 산림휴양관리소

따라비오름

- **위치** : 서귀포시 표선면 가시리 산 62
- **면적** : 448,111m^2
- **특색** : 3개의 분화구(굼부리)와 6개의 봉우리로 이루어져 있다. 부드러운 산세로 정상에 오르기까지 30분 정도 소요되며, 가을이면 억새군락이 흐드러지게 펼쳐진다. 이를 두고 사람들은 '오름의 여왕'으로 부른다.

▲ 따라비오름 | 출처 | 비짓제주

제주 서부의 오름

새별오름

- **위치** : 제주시 애월읍 봉성리 산 59-8
- **면적** : 522,216m^2
- **특색** : 정상에서 비양도를 볼 수 있어 멋진 경관을 자랑한다. 특히 제주에는 매년 소 방목을 위해 묵은 풀과 해충을 제거하기 위해 불을 놓는 문화가 있었는데 이러한 문화를 계승한 들불축제가 정월 대보름 전후에 새별오름에서 개최된다.

▲ 새별오름 들불축제 | 출처 | 비짓제주

저지오름

- **위치** : 제주시 한경면 저지리 산 51
- **면적** : 379,316㎡
- **특색** : 올레길 13코스 종점에 위치한 저지오름은 2005년 생명의 숲으로 지정되었고, 2007년 아름다운 숲 전국대회에서 대상을 수상했다. 저지오름에는 보리수나무, 닥나무 등 울창한 숲을 품은 자연 그대로를 만날 수 있다.

▲ 저지오름 | 출처 | JOSEON TRAVEL

큰노꼬메오름

- **위치** : 제주시 애월읍 유수암리 산 138
- **면적** : 923,692㎡
- **특색** : 족은노꼬메오름과 형제오름인 큰노꼬메오름은 해발 800m의 비교적 가파른 경사의 큰 화산체이다. '노꼬'의 어원은 한자어로 녹고(鹿高)로 표기되어 있는 것으로 미루어 보아 사슴이 내려와 살았던 곳에서 비롯된 것으로 추정된다.

▲ 큰노꼬메오름 | 출처 | 비짓제주

제주 오름과 Net-Zero

지구 온난화로 인한 자연재해를 방지하고 Net-Zero를 달성하기 위해 제주도는 2030 온실가스 로드맵에 따라 감축 사업을 지속적으로 추진하고 있다. 그 중에서도 산림은 탄소를 흡수할 수 있는 최적의 저장 탱크로 산림을 관리하여 탄소 흡수 능력을 개선하는 것이 중요하다. 아래 차트와 같이 우리나라의 산림은 1970년대 대규모 조림되어 2050년경이 되면 산림의 영급(수목의 나이를 10년 단위로 구분한 것. 1영급: 1~10년생)이 점차 높아져 6영급 이상이 70%를 넘을 것으로 예상되고, 이에 따라 탄소 흡수 능력도 점차 저하될 것으로 예상된다.

표 | 산림 영급별 면적 비율과 이산화탄소 흡수 전망

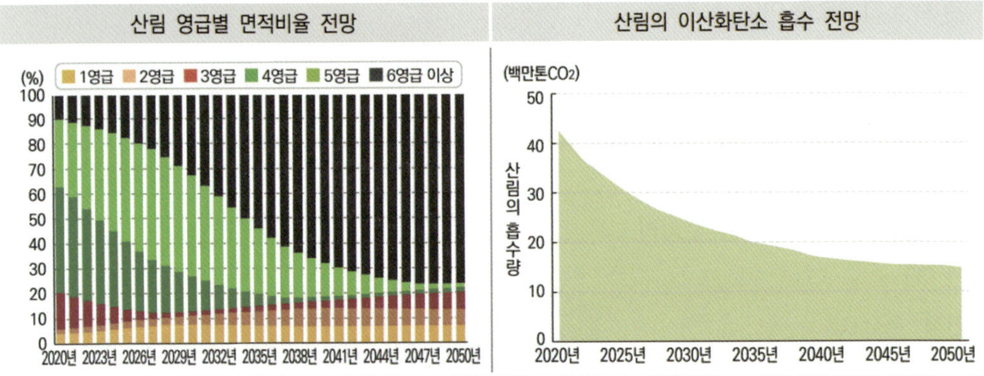

| 출처 | 대한민국2050 탄소중립 전략

제주에서도 탄소중립과 Net-Zero를 달성하기 위해 각고의 노력을 하고 있는데, 2022년 2월 산림과학연구 100주년을 기념하여 사려니오름에서 나무심기 행사가 열렸다. 탄소 흡수원을 늘려 Net-Zero에 다가가기 위해 오름과 숲을 가꾸고 관리해야 할 것이다.

▲ 사려니오름 나무심기 행사 | 출처 | 산림청

04

ESG 경영과 제주형 ESG 경영

지속가능 경영을 위한 ESG 경영, 제주에서는 어떻게 하고 있을까?

ESG (Environmental·Social·Governance) 경영

ESG는 환경[Environmental], 사회[Social], 지배구조[Governance]의 머리글을 딴 단어로 기업의 장기적 가치 실현과 지속가능 미래 구축에 영향을 미치는 비재무적 지표를 의미한다. 글로벌 기업들은 이미 ESG를 기업의 주요 경영전략으로 삼고 있으며, 시장을 선도하고 있다.

▲ ESG의 의미 | 출처 | SK텔레콤 뉴스룸

2021년 대한민국 정부는 자산가치가 2조원 이상인 기업들은 2025년부터 의무적으로 ESG 리포트를 공시해야 한다고 발표했다. 이에 따라, 대한민국의 기업들도 리스크 관리와 신사업 기회를 창출하고 파트너십을 구축하여 통합적 ESG 경영에 나서고 있다. 2021년 글로벌 회계·컨설팅 법인 EY한영에서 전 세계 320개 기관의 투자자를 대상으로 실시한 설문조사에 따르면, 글로벌 기관의 투자자 74%는 ESG 성과가 저조하면 기업에 대한 투자를 회수할 것이라는 의견을 밝혔다고 한다. 이처럼 ESG는 글로벌 기업으로 성장하기 위해서는 필수적으로 고려해야 할 지표이자 핵심 방향으로 설정되어야 할 것이다.

ESG의 요소

ESG의 요소에는 다음과 같이 E[Environmental], S[Social], G[Governance]가 있다. 세 가지의 요소에 관해 아래 그림과 설명을 통해 자세히 알아보도록 하자.

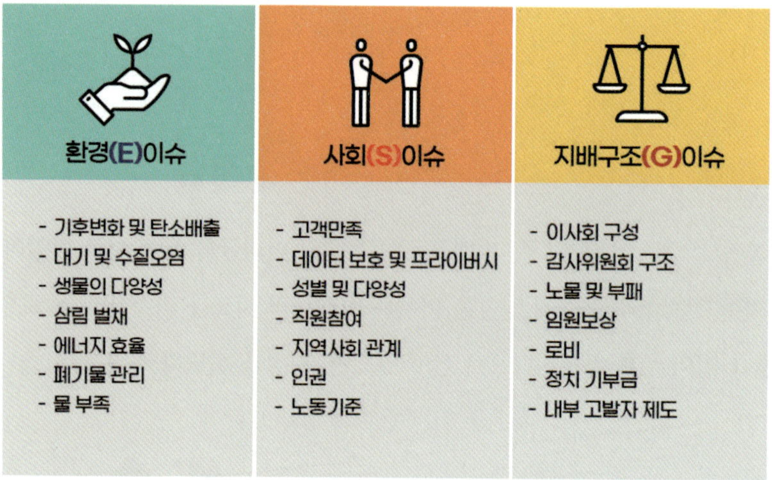

▲ ESG의 3가지 요소 | 출처 | 금융투자협회, 서울신문

❶ 환경(Environmental)

자연재해와 이상기후로 지구 상의 많은 사람들이 고통 받고 있다. 기업들의 친환경 정책은 일회성에 그치는 활동이 아니라 장기적 경영 플랜으로 지속적인 기업 행동의 변화로 드러나야 환경 문제를 해결하는데 기여할 수 있을 것이다.

❷ 사회(Social)

기업은 사회구성원 없이는 이익 창출이 불가능한 구조를 가지고 있다. 이에, 기업은 기업의 이득을 사회에 환원하고 사회의 불평등 및 구조적 문제를 해결하는데 앞장서야 한다.

❸ 지배구조(Governance)

기업은 기업 내부의 구조에 있어서 투명성과 공정성을 강화해야 한다. 임직원의 노력에 대한 정직한 보상과 기업 윤리 준수를 통해 건전한 기업 구조를 실현하는 것이 중요하다.

글로벌 기업들의 ESG 경영

구글은 2030년까지 구글의 모든 운영과 밸류 체인에서 Net-Zero를 달성하고, 매일 24시간 무탄소 에너지로 운영되는 최초의 기업이 되며, 핵심 제조 지역에 새로운 5GW의 탄소 제로 에너지 구축에 투자할 것을 목표로 삼고 이를 시행중이다. 2021년 미국 구글맵은 저탄소 내비게이션 서비스를 제공하기 시작했다. 도로의 경사와 혼잡도, 속도 등을 기반하여 연료를 가장 효율적으로 사용할 수 있는 경로를 추천하는 것이다. 구글은 이 기능의 도입을 통해 연간 100만톤의 이산화탄소 절감 효과를 가져 올 것으로 예상했다.

2021년 테슬라 CEO 일론 머스크는 560억원의 상금을 걸고 온실가스 배출량을 효과적으로 줄일 수 있는 방법으로 각광을 받고 있는 '탄소 포집' 기술 경연대회를 연다고 밝혔다. 더불어, 2019년 전기 자동차 생산으로 확보된 탄소배출권을 판매하여 자동차 판매보다 더 많은 수익을 올리기도 하였다.

ESG 경영과 지속가능한 개발이 대두되면 기존의 석유화학 기업들은 어떻게 될까? 세계최대의 석유회사였던 BP PLC는 2020년 회사의 핵심사업인 석유화학 사업 부문을 매각하고, 영국 최대 저배출 수소화 식물성 오일 공급업체의 지분 30%를 인수하는 등 글로벌 재생에너지 기업으로 전환을 꾀하고 있다. 그들은 2050년까지 Net-Zero 기업이 되기 위한 프레임워크와 경영 전략을 수립하고 실천하고 있다.

ESG 경영과 지속가능한 미래

지속가능한 미래 달성을 위해서는 기업들의 ESG 경영이 필수적이다. 기업은 기업 자체적 이득이 아닌 지구의 환경을 지키고 사회적 책임을 다하며, 투명한 기업 경영을 실천해야 한다.

ESG와 SDGs 목표들은 아래 그림과 같은 연관성을 가진다.

UNGC-ESG-SDGs 연계표

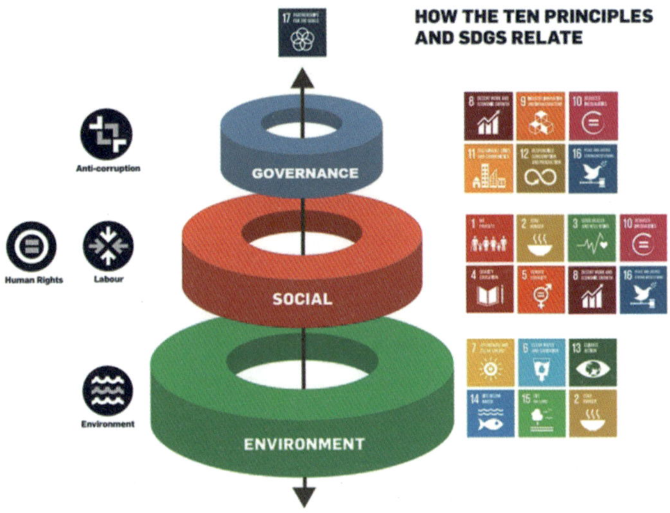

▲ SDGs 와 ESG 연계 | 출처 | UNGC 한국협회

첫째로, 환경 부분에서는 SGDs 중 'Goal 2 – 식량안보 및 지속가능한 농업의 강화', 'Goal 6 – 건강하고 완전한 물관리', 'Goal 7 – 에너지의 친환경적 생산과 소비', 'Goal 13 – 기후변화와 대응', 'Goal 14 – 해양 생태계 보전', 'Goal 15 – 육상생태계 보전'이 속한다.

둘째로, 사회 부분에서는 'Goal 1 – 빈곤층 감소와 사회 안전망 강화', 'Goal 2 – 식량 안보 및 지속가능한 농업 강화', 'Goal 3 – 건강하고 행복한 삶의 보장', 'Goal 4 – 모두를 위한 양질의 교육', 'Goal 5 – 성평등 보장', 'Goal 8 – 좋은 일자리 확대와 경제성장', 'Goal 10 – '불평등 해소', 'Goal 16 – 평화, 정의, 포용'을 포괄한다.

셋째로, 지배구조 부분에서는 'Goal 8 – 좋은 일자리 확대와 경제성장', 'Goal 9 – 산업의 성장과 혁신 활성화 및 사회기반 시설 구축', 'Goal 10 – 모든 종류의 불평등 해소', 'Goal 11 – 지속가능한 도시와 주거지 조성', 'Goal 12 – 지속가능한 생산과 소비', 'Goal 16 – 평화, 정의, 포용'을 포함한다.

제주형 ESG 경영

그렇다면, 제주에서는 친환경 녹색도시와 지속가능한 개발을 위하여 어떤 노력들을 하고 있을까? 제주 ESG 경영 사례를 알아보자.

제주도개발공사(제주삼다수)

제주삼다수를 생산하고 있는 제주도개발공사는 ESG 선도 공기업으로 발돋움하기 위해 2019년 기업 지속가능 경영 지원 국제 기구인 UNGC에 가입하였으며, 2020년부터 지속가능 경영보고서를 발간하고 있다. 아래는 제주도개발공사의 2030 환경가치 경영전략을 도식화한 것이다. 플라스틱의 생산을 저감하는 동시에 신재생에너지로의 전환을 늘리며, 감귤부산물을 재활용하며 재활용과 업사이클링으로 자원순환 시스템을 구축하는 것이 목표이다.

| 출처 | 2030 제주도개발공사 환경가치 경영전략

▲ 무라벨 생수병 출시 | 출처 | 제주삼다수

▲ 페트병 업사이클링 의류 제작 | 출처 | 제주삼다수

제주유나이티드

제주유나이티드는 스포츠를 통한 ESG 확산을 위해 노력하고 있다. 먼저 환경적으로는 제주의 천혜자연을 지키기 위한 환경 캠페인으로 제주 곳곳에서 소속선수들이 플로깅을 실천하고 있으며 팬들이 모은 페트병으로 재생유니폼을 제작하기도 하였다. 사회적으로는 지자체와 제주도민, 팬, 선수, 구단의 모든 행복을 위해 사회적 가치 창출에 기여하고 있다. 이를 위해 발달장애인 축구단 육성 지원금을 전달하고, 제주 지역의 축구꿈나무들을 찾아가 축구 수업을 실시하기도 한다. 나아가 지배구조에서는 투명한 구단 운영을 통해 신뢰관계를 공고히 하기 위하여 노력하고 있는데, 파트너사의 입찰 과정을 공개하고 투명한 경쟁 입찰을 통해 이를 실현하고 있다. 아래는 제주 유나이티드의 ESG 실천 사례이다.

▲ 폐 페트병 활용 재생 유니폼

▲ 제주 발달장애인축구단 육성지원금 전달 | 출처 | 제주유나이티드

제주관광공사

제주관광공사는 ESG 경영을 실천하기 위해 제주관광 통합 홍보물 제작에 친환경 인쇄를 도입하여 배포하였다.

본 홍보물은 제주특별자치도와 제주관광공사가 발행하는 공식적 홍보물인 '혼저옵서'이다. 관광지도 1종과 포켓북 2종으로 구성되어 있다.

새롭게 배포되는 홍보책자는 목재 펄프를 사용하지 않고 사탕수수 농업 부산물을 100% 재활용하여 만들어진 제품이다. 또한, 석유화학 제품의 표백이 첨가되지 않아 사용 후 매립하면 자연 생분해되어 친환경적이다.

향후 제주관광공사는 '혼저옵서' 책자 외에도 기타 홍보물에 대해 이러한 친환경 인쇄를 적용할 계획이라고 밝혔다.

▲ 친환경 관광안내책자 | 출처 | 제주관광공사

▲ 친환경 인쇄 적용 | 출처 | 제주관광공사

메종 글래드 제주

메종 글래드 제주는 글래드 호텔앤리조트의 제주 지역 호텔이다. 본 호텔은 사회공헌 활동에 앞장서며 ESG 경영 실천을 위해 다양한 활동을 수행하고 있다. 이들은 그린 제주를 위해 객실 내 침구 및 수건 세탁을 지양하고, 플라스틱 사용 저감을 위해 객실 내에 디스펜서를 설치했다. 그 외에 호텔에서 제공되는 생수는 무라벨로 교체하였고, 호텔에서 수거되는 폐린넨을 활용하여 옷, 쿠션, 가방 등의 업사이클 제품을 제작하는 등 조치를 취하여 소비자의 가치소비를 증진시키고 있다. 뿐만 아니라 월드비전과 연계하여 취약계층 아동들을 돕는 꿈지원 사업을 진행하고 있고 침구류를 지원하기도 한다. 나아가 지역사회와의 상생을 취지로 제주 양식 어가를 돕기 위하여 제주에서 양식된 광어요리를 호텔에서 선보이고 제주 친환경 업사이클 기업과 제휴도 체결하였다.

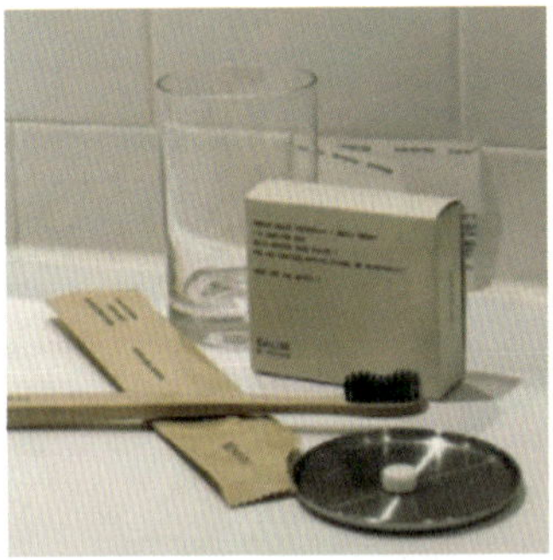

GLAD X TOUN 28 그린 호캉스

必환경을 위한 브랜드 굿즈

GLAD X GREENFRIENDS
그린 호캉스

GLAD X UNLEASHIA 어썸 어텀

GLAD X SANSU i'm eco

GLAD X BALTGLAS
제주 착한 여행

▲ 가치소비를 촉진하는 프로그램

| 출처 | 글래드 호텔앤리조트

제주 ESG 경영으로 만들어가는 지속가능한 미래

제주에서는 앞서 소개한 ESG 경영 사례 외에도 다양한 활동과 실천으로 지속가능한 미래를 만들어 가기 위해 분발하고 있다. 선택이 아닌 필수로 자리잡은 ESG 경영은 환경을 보호하고 빈곤을 구제하여 현재를 살고 있는 우리와 미래 인류의 필요를 충족시켜 지속가능성을 유지하기 위한 효과적인 방법이다.

ESG 경영을 효과적으로 실천하기 위해서는 각 기업의 노력도 중요하지만, 기업의 ESG 경영을 촉진시키기 위한 정부의 정책 마련과 소비자로서 가치소비를 추구하기 위한 우리의 개인적인 신념도 필요할 것이다. 우리 모두 지구촌의 구성원으로써 노력하여 모두가 행복한 지구촌 만들기에 동참할 것을 제안한다.

▲ 제주 ESG와 지속가능한 미래

친환경 기술과 한라산

지구를 위한 친환경 기술, 한라산에서는 어떻게 펼쳐지고 있을까?

친환경 기술

'친환경'은 지구에 친화적이거나 환경에 무해한 것을 의미한다. 친환경 정책은 일반적으로 물이나 에너지 같은 지구의 유한한 자원을 보존하는데 도움이 되며 유해한 영향을 끼치지 않는 국가나 기업 혹은 기관의 전략을 의미한다. 대한민국은 2020년 대한민국의 대전환 10대 과제로 '한국판 뉴딜' 정책을 제시했다. 이 중 녹색전환을 통해 저탄소와 친환경 경제로 도약하기 위한 정책으로 '그린 뉴딜'을 제안하였다. 그린 뉴딜의 5대 대표과제는 아래 그림과 같다.

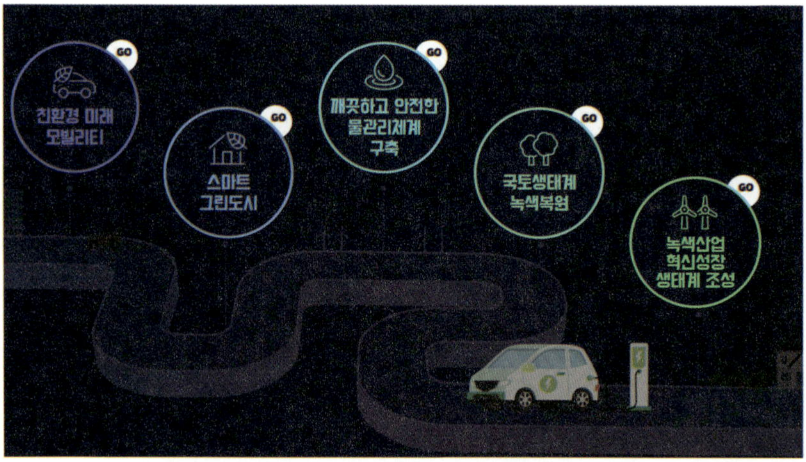

▲ 그린 뉴딜의 5대 대표과제 | 출처 | 환경부

친환경 정책에 따른 관련 기술로는 친환경 에너지를 개발하거나 환경 오염이나 파괴를 줄일 수 있는 기술을 의미한다. 친환경 에너지로는 태양광, 풍력, 바이오, 지열, 해양, 수소 에너지 등이 포함된다. 또한, 일상적 제품에서 환경에 유해한 물질을 사용하지 않고 환경 보호에

도움이 되는 재생 물질 등을 사용하는 기술들이 있다. 더불어, 재활용과 같은 재료를 사용하여 건축에 사용하는 기술들을 친환경 기술의 예시로 들 수 있다.

그린 뉴딜 핵심과제

우리나라는 2019년 기준 세계에서 9번째로 많은 이산화탄소를 배출하는 국가이다. 2017년 국제에너지기구의 연구에 따르면, 우리나라의 이산화탄소 배출량은 영국과 프랑스의 2배 가까이 된다고 한다. 감염병의 위협, 산업문명의 위기, 이상기후, 멸종위기에 처한 동식물종 등 오늘날 지구촌에서 발생하고 있는 다양한 문제들은 모두 생태계의 파괴 및 기후변화와 높은 연관성이 있다고 할 수 있다.

정부는 그린 뉴딜의 핵심 과제로 친환경 이동수단의 확대, 녹색산업의 혁신, 생태계 회복, 친환경 기술의 개발, 신재생에너지의 확산, 공공시설의 제로에너지화를 꼽았다. 이에 대한 상세한 세부 목표는 다음 그림과 같다.

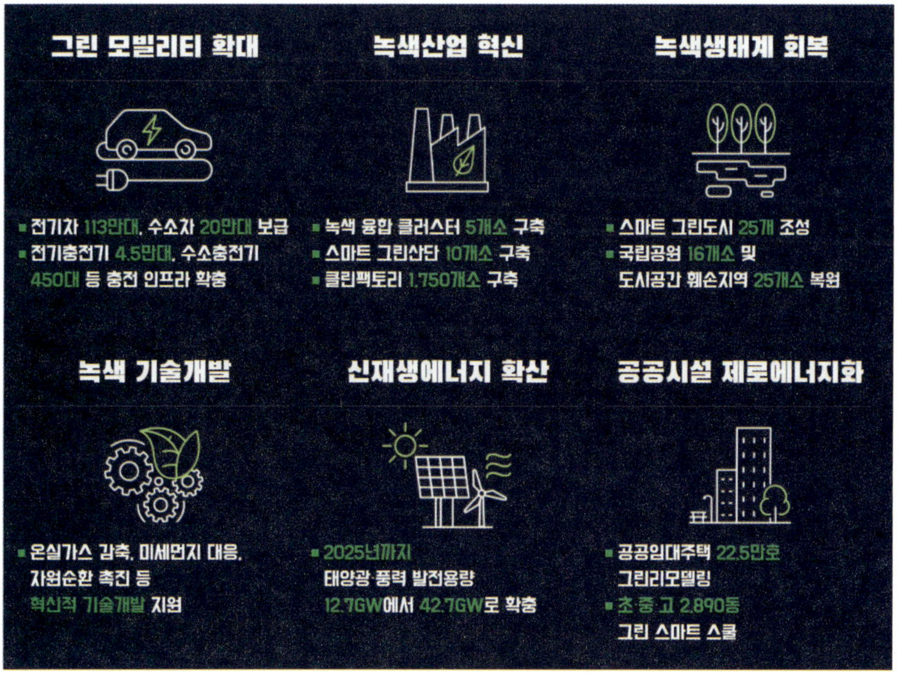

▲ 그린 뉴딜의 핵심 과제 | 출처 | 환경부

해외의 친환경 정책

베이징시 미세먼지 저감대책

중국 베이징시에서는 대기질 개선을 위해 차량공해저감 사업에 역점을 두고 추진하고 있다.

이 목표를 달성하기 위해 2018년부터 2020년까지 디젤차량의 운행을 제한하였으며 2021년부터는 가솔린차량을 폐차하거나 운행을 제한다는 정책을 펼치고 있다. 2018년 이전 5년 동안에는 석탄화력발전 감축 사업을 추진했다.

나아가 전기차의 보급을 확대하고 있다. 2021년 베이징시의 전기차 보유량은 약 40만대로 추정되며, 베이징시의 차량 640만대의 약 6%에 달하는 숫자이다. 앞으로 친환경 에너지 차량의 수요와 보급은 더욱 늘어날 것으로 예상된다.

또한 베이징, 톈진, 허베이 지역의 이동오염원을 협동하여 관리하고 규제 내용이나 관련 법안, 평가 기준을 통일하여 관리할 수 있도록 하고 있다.

베이징시에서 난방의 주 원료로 사용하는 석탄은 다량의 오염물질을 배출하여 가을, 겨울 대기질 오염의 주 원인으로 꼽힌다. 이에, 베이징시는 청정에너지로의 전환을 위해 장기 전략을 수립하여 석탄보일러, 난방보일러를 청정에너지로 전환하는 작업을 실시하였고, 평원지역에 '제로 석탄' 목표를 달성하였다.

다양한 정책으로 미세먼지를 저감시켜 깨끗한 공기질을 유지할 수 있도록 정책 시행에 박차를 가하고 있다.

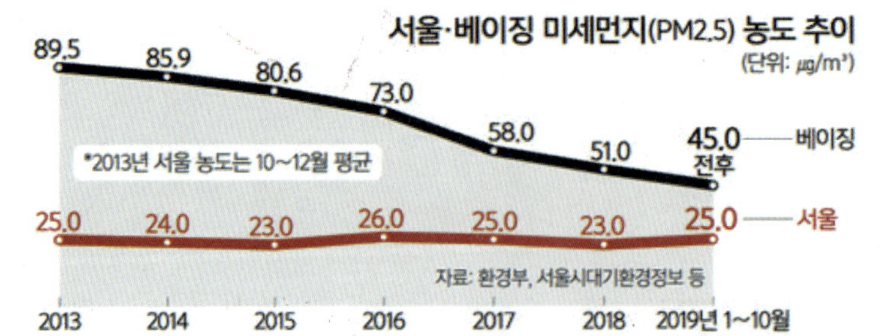

▲ 서울과 베이징 미세먼지 농도 | 출처 | 환경부

환경생태도시 프라이부르크

1992년 독일의 환경수도로 지정된 프라이부르크는 효율적 기후와 환경정책을 실시하여 녹색 도시를 일구어냈다. 이 도시에서는 1986년부터 일찍이 환경정책을 실시했는데, 시 의회에서는 핵에너지 사용을 반대하며 태양광 에너지를 새로운 주요 에너지원으로 합의하기도 하였다. 이 도시에서 이루어진 주요 친환경 정책은 다음과 같다.

재생에너지 사용

이 도시에서는 도시의 큰 건물인 축구경기장, 시청, 학교, 교회 등 지붕, 전면, 외벽 등에 태양광 판넬을 설치했다.

폐기물 관리

'처리보다는 분리, 분리보다는 방지'의 전략을 사용했다. 폐기물을 소각 처리하고 가구에 에너지를 공급했다.

친환경 교통정책

도시 거주민의 65%를 전차역 근처에 거주할 수 있도록 배치하고 자전거 도로를 확대 설치하였다.

산림 관리

도시 면적의 43%를 차지하는 산림 관리를 통해 이산화탄소의 흡수를 막는 효율적 정책을 사용하였다.

한라산

한라산은 지리산, 금강산과 함께 한반도의 3대 영산으로 불린다. 한라산은 해발 1,950m로 대한민국에서 가장 높은 산이며 최남단에 위치하고 있다. 그 보전가치를 인정받아 1966년에는 천연기념물 제182호로 지정되어 천연보호구역으로 보호받고 있으며, 1970년 한라산국립공원이 국립공원으로 지정되었고, 2002년에는 UNESCO 생물권보전지역으로 지정되었다.

한라산에는 1,800여종의 육상식물이 분포되어 있으며 287종의 수목이 있는데, 그 중 31%가 상록수로 구성되어 있다. 동물상은 한대성과 열대성이 섞여 서식하고 있으며 노루가 많고 제주족제비도 살고 있다.

제주도 한 가운데 위치한 한라산은 신생대 제4기에 만들어진 화산섬이며, 한라산 주변에는 360개의 기상화산인 오름이 분포되어 있어 특이하면서도 신비로운 경관을 창출한다. 사진으로 철마다 다른 한라산을 만나보자.

▲ 계절에 따른 한라산의 변화 | 출처 | 비짓제주

한라산 등산코스 ① 영실코스

영실코스는 한라산 등산로 중 가장 짧지만 제일 아름답다고 한다. 총 등산로 길이는 5.8Km, 소요시간은 2시간 30분이다. 차량을 이용하여 등산로 앞까지 갈 수 있기 때문에 초보자들의 환영을 받고 있다. 영실코스는 영실휴게소에서 출발해서 5.8Km 지점인 남벽분기점까지 갈 수 있지만 백록담까지의 구간은 안전상의 문제로 통제되어 등반할 수 없다.

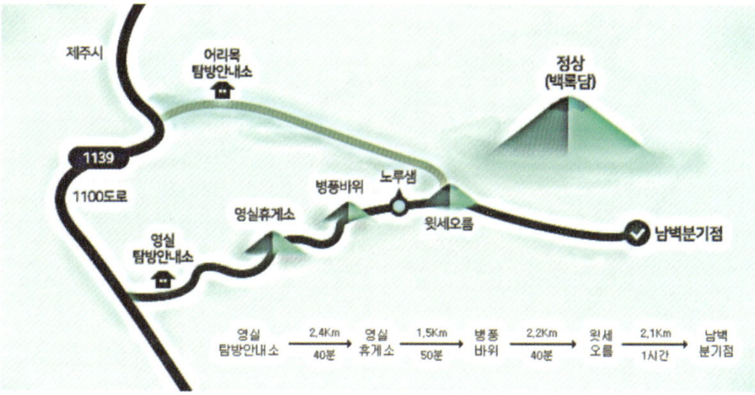

▲ 영실코스 탐방로 안내 | 출처 | 제주도청

▲ 영실코스 전경 | 출처 | 비짓제주

한라산 등산코스 ② 어리목코스

한라산 등반코스의 두 번째인 어리목코스는 영실코스보다 조금 긴 6.8Km의 등산로이며, 정상까지 3시간정도 소요된다. 어리목 매표소에서 시작해 남벽분기점까지 오르는 코스로 오르면서 장구목, 윗세오름, 한라산 정상을 바라볼 수 있어 등산의 묘미를 느낄 수 있다.

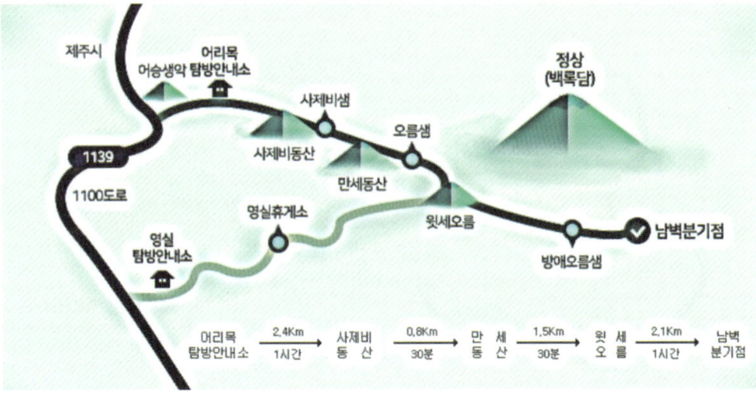

▲ 어리목코스 탐방로 안내 | 출처 | 제주도청

▲ 어리목코스 전경 | 출처 | 비짓제주

한라산 등산코스 ③ 성판악코스

성판악코스는 해발 750m의 성판악 입구에서 시작하여 마지막 백록담까지 등반하는 코스로서 총 길이는 9.4Km이고 소요시간은 4시간 30분 정도이다. 하산 시에는 성판악코스가 아닌 관음사코스를 택할 수도 있다. 이 코스는 정상까지 대부분 숲으로 조성되어 있어 산림욕을 즐기기에 안성맞춤이다.

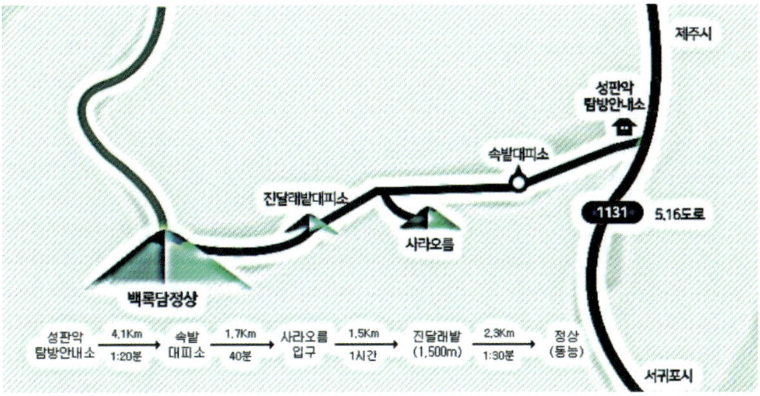

▲ 성판악코스 탐방로 안내 | 출처 | 제주도청

▲ 성판악코스 전경 | 출처 | 비짓제주

한라산 등산코스 ④ 관음사코스

관음사코스는 성판악과 마찬가지로 백록담까지 올라갈 수 있는데, 등산로의 총 길이는 8.7Km이고 백록담 정상까지 5시간 소요된다. 이 코스는 계곡이 깊고 산의 높이 차이가 크기 때문에 등산 애호가들의 찬사를 받는 곳이다. 이곳을 통과하면 박쥐가 있는 구린굴과 용진각 계곡을 만나볼 수 있다.

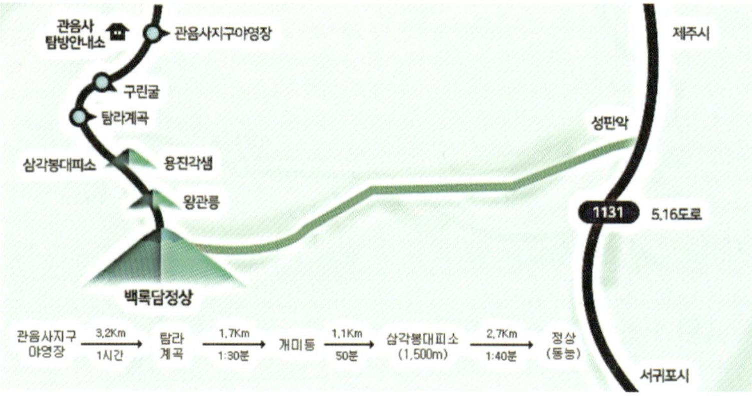

▲ 관음사코스 탐방로 안내

| 출처 | 제주도청

▲ 관음사코스 전경

| 출처 | 비짓제주

한라산과 친환경

한라산에서 안 좋았던 기억이 있었다면, 그것은 바로 화장실의 경험이었을 것이다. 한라산 국립공원에 있던 기존 화장실은 기반시설이 없어 자연발효 화장실을 설치했는데, 악취가 심하고 헬기로 분뇨를 수거해야 하는 번거로움이 있었다. 이러한 단점을 보완하고자 제주세계자연유산센터는 2015년부터 무방류 수세식 화장실로 개선하여 변기에서 내려가는 물을 정화하여 반복적으로 사용할 수 있는 친환경 화장실을 구축했다.

▲ 한라산 무방류 수세식 화장실

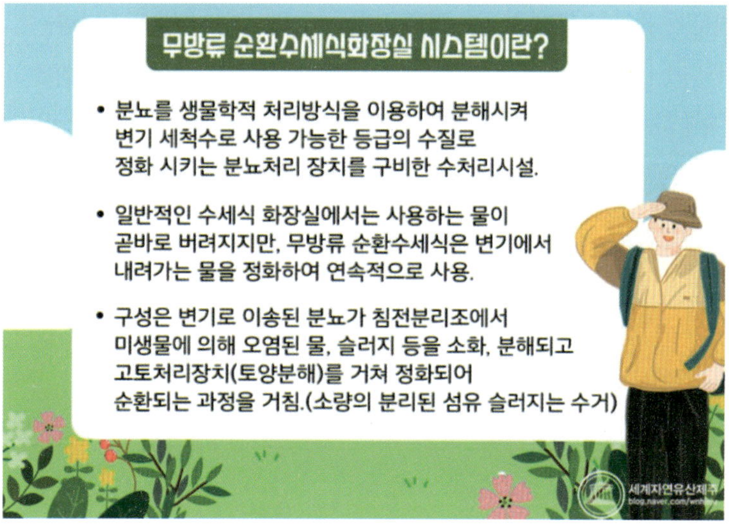

▲ 한라산 무방류 수세식 화장실 특징 | 출처 | 제주세계자연유산센터

마무리

"배움은 미래를 위한 가장 큰 준비이다."

기원전 384년부터 322년을 살았던 고대 그리스의 위대한 철학자 아리스토텔레스가 남긴 위의 글처럼 우리는 역사상 가장 미래를 예측하기 어려운 시대에 살고 있는 만큼 그 어느 때보다도 미래에 대한 준비를 위해 끊임없이 새로운 지식과 기술을 배우고 학습해야 합니다. 인문학적 소양을 갖추고 미래의 기술을 자유자재로 활용할 수 있는 사람, 그런 사람이 바로 미래를 주도할 것입니다.

세계적 IT기업의 총수나 임원은 모두 IT 전공자라고 생각하시나요? 애플의 창업자 스티브 잡스는 대학에서 철학을 공부했고, 유튜브의 CEO 수전 워치츠키는 역사와 문학을 전공한 인문학자로 알려져 있습니다. 이들은 인문학적 소양을 가지고 하이테크놀로지에 접목하는데 탁월한 능력이 있었습니다. 앞으로는 사람을 위한 기술을 만들어내거나 나의 분야에 기술을 적용하려면 IT인문학 융복합 역량은 필수적으로 갖춰야 할 소양이 될 것입니다.

문화의 보물섬 제주의 문화적 요소들과 함께 알아본 미래 IT 트렌드 어떠셨나요? 이 책으로 모든 미래 기술들과 제주의 유구한 문화를 전부 이해하기는 어려우셨겠지만, IT인문학 융복합 역량을 갖추는데 조금은 도움이 되었을까요?

이 책을 보신 모든 분들이 융복합적 사고력과 창의성을 키워 예측할 수 없는 미래에 대한 대비책을 세우고 인문학 소양과 기술 능력을 동시에 갖춘 훌륭한 인재로 성장하는데 조금이라도 기여하였기를 바라는 바입니다.

- 관광지식정보시스템. (2021). 요즘 누가 줄 서서 여행하나요? 첨단기술과 관광의 콜라보, 스마트관광도시. https://know.tour.go.kr/ptourknow/cardnewsView19Re.do?mstSeq=262
- 과학기술정보통신부. (2020). 사람이 중심이 되는 『인공지능(AI) 윤리기준』. 제19차 4차산업혁명위원회 심의안건 제 2호.
- 과학기술정보통신부, 한국과학기술기획평가원(KISTEP). 2019년 기술영향 평가 결과 소셜 로봇의 미래. 서울: 주식회사 동진문화사.
- 강남화(2018). 융합인재교육(STEAM) 프로그램이 학생에 미친 효과에 대한 메타분석. 한국과학교육학회지, 38(6), 875–883.
- 강태욱. (2018). 블록체인 기반 건설 스마트 계약 기술 동향. 한국건설기술연구원. Summer 2018, 19.
- 권영민. (2001). 디지털 시대 인문학의 방향. 국어국문학. 129. 5–13.
- 기상청 기후정책과. (2018). 『지구온난화 1.5℃』 SPM 주요 내용. 서울: 기상청.
- 김덕수. (2014). (결과보고)파이데이아(paideia)와 후마니타스(humanitas) : 그리스 로마의 교육과 서양 인문정신의 형성. 고전라틴문학.
- 김명호. (2021). 난생처음 컴퓨팅 사고 with 파이썬. 서울: 한빛아카데미.
- 김바로. (2014). 해외 디지털인문학 동향. 인문콘텐츠. 33. 229–254.
- 김상윤. (2019). 기업은 어떻게 AI를 도입하는가?. POSRI 이슈리포트. POSCO 경영연구원.
- 김재연. (2017). 디지털 인문학, 인문학 변화를 이끌 것인가. 주간경향. 1242. https://www.weekly.khan.co.kr/khnm.html?mode=view&artid=201708281902091&code=116.
- 김정숙, 백민정. (2021). 컴퓨팅 사고(Computational thinking) 전략을 활용한 고전 읽기 교과목 설계. 인문학연구. 125. 117–149.
- 김종대. (2015). 독일의 디지털인문학 동향. 철학과 문학. 32. 55–76.
- 김창현. (2020). Do it! 파이썬 생활 프로그래밍. 서울: 이지스퍼블리싱.
- 김택우. (2019). 데이터 인문학: 세상을 움직인 역사 속 데이터 이야기. 서울: 한빛미디어.
- 김혜영, 김유정. (2021). 국내 마이데이터 동향과 제언. 2021 한국경영정보학회 학술대회논문집. 2021(6). 463–466.
- 김헌수, 권혁준. (2018). 보험 산업의 블록체인 활용: 점검 및 대응. 보험연구원 연구보고서 2018–24.
- 김현. (2002). 디지털 정보시대의 인문학: 인문학의 e–R&D 환경 구축을 위한 제언. 오늘의 동양사상. 7. 176–189.
- 김현. (2013). 디지털인문학–인문학과 문화콘텐츠의 상생 구도에 관한 구상. 인문콘텐츠. 29. 9–26.
- 김현. (2016). 디지털 인문학: 아카이브와 인문학 연구의 통섭. 기록인. 36. https://www.archives.go.kr/next/common/archivedata/render.do?filePath=2F757046696c652F70616c67616e2F3230313631303237

5f303030342e706466

- 김현, 임영상, 김바로. (2016). 디지털 인문학 입문. 서울: HUEBOOKs.
- 김호연. (2016). 디지털 기술과 인문학의 융합: 데이터(data)활용을 중심으로. 시민인문학. 30. 70–95.
- 대통령직속4차산업혁명위원회, 관계부처 합동. (2021). 마이데이터 발전 종합정책. 제23차 4차산업혁명위원회 심의 안건 제1호.
- 디지털제주문화대전. http://jeju.grandculture.net/jeju
- 문상호, 강지훈, 이동열. (2016). 디지털 인문학의 이해. 경기: 아람출판사.
- 민춘기. (2016). 디지털 시대에 인문학의 변화 가능성 모색. 용봉인문논총. 48. 59–88.
- 박소영. (2018). 생활 속에 스며드는 스마트 컨트랙트 현황 및 준비과제. 한국과학기술기획평가원. ISSUE WEEKLY. 2018–40.
- 박소영, 신윤선, 이유경, 민자원, 김진희. (2021). 학생 핵심역량에 관한 연구동향 분석. 아시아교육연구. 22(4). 769–799.
- 박진주, 정수연, 박래현, 한창훈. (2017). 금융권을 위한 가상화폐기반의 블록체인 플랫폼. 한국정보처리학회:학술대회논문집. 55–58.
- 박치완, 김기홍. (2015). 디지털인문학, 인문학의 창발적 변화인가? 현대유럽철학연구. 38. 185–219.
- 박혜정. (2017). 스토리가 살아있는 엑셀 2016. 서울: 영진닷컴.
- 박찬욱. (2013). 인문학 융합의 현상진단 및 정책방향 연구. 한국문화관광연구원.
- 서강림. (1996). 제주무속과 관습규범. 법과 정책. 2. 41–58.
- 손정훈, 김민규. (2018). 프랑스의 디지털인문학 동향과 정책, 프랑스문화예술연구. 64. 125–151.
- 송근혜, 이승민. (2018). 4차 산업혁명과 보안 패러다임 변화. 주간기술동향. ICT 신기술. 16–27.
- 심재호, 이양락, 김현경. (2015). STEM, STEAM 교육과 우리나라 융합인재교육의 이해와 해결과제. 한국과학교육학회지. 35(4). 709–723.
- 안성원. (2019). 엣지 컴퓨팅을 갖춘 클라우드의 급성장. 월간SW중심사회 2019년 1월호. 소프트웨어정책연구소.
- 양영훈. (2008). 자연의 신비를 간직한 평화의 섬 제주도. 경기: 주니어김영사.
- 오시몬, 조충호. (2021). 디지털트윈을 이용한 스마트시티 도시행정. TTA 저널. 196호. 2021 07/08호.
- 윤영도. (2008). 유비쿼터스 시대의 인문학. 황해문화. 60. 203–225.
- 이범석(2016). IT, 인문을 만나다. 서울; 한빛미디어.
- 이재요, 김현배, 박남제, 박선주, 배영권, 성영훈, 안성훈, 이용배, 전우천, 한규정, 한정혜. (2020). 인공지능 교육개론. 서울: 도서출판 홍릉.
- 이제인. (2014). 독일 프라이부르크 친환경 정책. https://news.seoul.go.kr/ env/policy_example#view/3
- 이지성. (2019). 에이트 인공지능에게 대체되지 않는 나를 만드는 법. 서울: 차이정원.
- 이지수(2017). 디지털 인문학의 정의 및 연구 현황: 일본학 지식정보의 디지털화를 중심으로. 일본어문학

회. 74. 41-62.

- 이지수, 이혜은(2019). 미국 대학의 디지털 인문학 교육 프로그램 연구. 정보관리학회지. 36(4). 107-128.
- 이종관, 김종규, 민규홍, 오민정, 이진일, 박승억, 변영경, 임형택 (2018). 인공지능과 미래인문학. 산과글.
- 이학준. (2021). 다시 주목 받고 있는 기업 보안의 패러다임, 제로 트러스트. Samsung SDS. 인사이트 리포트. https://www.samsungsds.com/kr/ insights/zero_trust.html.
- 제주 4·3 평화재단. (2020). 제주 4·3이란. https://jeju43peace.or.kr/kor/sub01_01_01.do
- 제주대학교 창의교육거점센터. (2021). 2021 창의교육 실천프로그램 마스터북 - 인공지능 인문학. 제주: 제주대학교 창의교육거점센터.
- 제주특별자치도. 문화/역사. https://www.jeju.go.kr/culture/index.htm
- 좌혜경. (2021). 제주민요의 문화사적 가치. 한국문학연구. 65. 73-109.
- 장현경. (2010). 삼무(三無)의 섬 제주도의 대문, 정주석과 정낭. 지역N문화. https://local.nculture.org/7ov1x
- 정기인, 정상우. (2021). 대학 교양수업으로서의 "디지털 인문학" 수업 개발. 교양 교육 연구. 15(5). 25-39.
- 정유경. (2020). 디지털 인문학 분야의 국내외 연구 동향 분석. 정보관리학회지. 37(2). 311-331.
- 정은경. (2021). 디지털 인문학 연구 동향 분석: Digital Humanities 학술대회 논문을 중심으로. 한국문헌정보학회지. 55(1). 393-413.
- 조성은, 이호영, 손상영, 이운태, 강홍렬, 한은영, 김사혁, 김희연, 이시직, 홍성욱, 이종관, 남영. (2015). ICT 인문사회 혁신기반 구축(Ⅲ) 총괄보고서. 미래창조과학부 정책연구 15-55.
- 조영임. (2020). 미래 인공지능 기술과 서비스 생태계. SPRi 월간SW중심사회. 2020년 8월호.
- 진성기. (1997). 제주도 민속. 제주민속연구소.
- 최은선, 박남제. (2021). K-NN 알고리즘 이해를 기반한 머신러닝 교육 프로그램의 개발 및 적용. 정보교육학회논문지. 25(1). 175-184.
- 최은선, 고전, 최근배, 김희필, 이호수, 박남제. (2021). 창의적 융복합 '미래융합IT인문학' 교과목 개발 및 운영 효과성 검증. 멀티미디어학회논문지. 24(4). 569-582.
- 최은선, 현도익, 주연수, 최근배, 박남제. (2021). 인공지능 K-NN 핵심원리를 적용한 IT인문학 교재 설계. Proceedings of KIIT Conference. 253-254.
- 최은희. (2017). 국내 스마트관광 사례분석과 시사점. KIET 산업경제분석.
- 피터 디아만디스, 스티븐 코틀러. (2021). 컨버전스 2030. 서울: 비즈니스북스.
- 한국정보통신기술협회 정보통신용어사전. 용어사전. 정보 기술. http://terms.tta.or.kr/dictionary/dictionaryView.do?word_seq=045875-1.
- 홍성욱. (2012). 융합이란 무엇인가: 융합의 과거에서 미래를 성찰한다. 서울: 사이언스북스.
- 홍정욱. (2015). 디지털기술 전환 시대의 인문학: 디지털인문학 선언문을 통한 고찰. 인문콘텐츠. 38. 41-74.

- 홍정하, 이강찬, 이승윤. (2020). 엣지 컴퓨팅 기술 동향. ETRI Electronics and Telecommunications Trends. 한국전자통신연구원.
- 환경정책과. (2021). 베이징시 대기질 관련 정책자료. 서울–베이징 통합위원회 환경팀 회의('21.3.4)에서 공유된 자료.
- Aiden, E., & Michel, J. (2015). 빅데이터 인문학: 진격의 서막, 김재중 역. 사계절.
- Igloo security. (2019). 제로 트러스트(Zero Trust)의 시대 도래, 모든 것을 의심하고 조사하라. 서울: Igloo Security.
- 미리캔버스, 셔터스톡
- Appen. (2021). What is AutoML? https://appen.com/blog/automl/
- Battershill, C., & Ross, S. (2017). Using digital humanities in the classroom. London. UK: Bloomsbury Academic.
- Balaouras, S. (2018). Five steps to a zero trust network. https://www.forrester. com/report/five–steps–to–a–zero–trust–network/RES120510?objectid= RES120510.
- Berry, D. M. (2021). Understanding digital humanities. Houndmills, Basingstoke, Hampshire: Palgrave Macmillan.
- Berry, D. M., & Fagerjord, A. (2017). Digital humanities: Knowledge and critique in a digital age. Cambirdge, UK: Polity.
- Borgman, C. L. (2009). The digital future is now: A call to action for the humanities. Digital Humanities Quarterly, 3(4), http://www.digitalhumanities.org/dhq/vol/3/4/000077/000077.html.
- Burdick, A., Drucker, J., Lunenfeld, P., Presner, T., & Schnapp, J. (2012). Digital humanities. Cambridge. MA: MIT Press.
- Burrows, S., & Falk, M. (2021). Digital humanities. Oxford Research Encuclopedias. https://doi.org/10.1093/acrefore/9780190201098.013.971
- Charlene Li. (2021). Understanding convergence: The next wave of digital transformation. San Francisco: Altimeter, a Prophet company.
- Cloud flare. (2021). What is zero trust security? Cloud flare. https://www. cloudflare.com/ko–kr/learning/security/glossary/what–is–zero–trust/
- Denisova, O. P., Smirnova, Z. V., Vaganova, O. I., Gladkova, M. N., & Tsarapkina, J. M. (2019). Development of partnerships in additional education. International Journal of Innovative Technology and Exploring Engineering. 8(8). 639–643.
- Denning, P. J. (2009). Beyond computational thinking. Communications of the ACM. 52(6). 28–30.
- de Smedt, K. (2002). Some relfections on studies in humanities computing. Journal of Linguistic and Literary Computing. 17. 89–101.
- Doug Laney. (2001). '3D Data Management: Controlling Data Volume, Velocity and Variety', Gartner, file No.949. 6 February 2001

- Grigoriev, S. G., Shabunina, V. A., Tsarapkina, J. M., & Dunaeva, N. V. (2019). Electronic library system as a means of self-development of students of digital generation Z (on the example of studying the course "Basics of the counselor activity"). Scientific and Technical Libraries. 7. 78–99.
- Guler, Gulsen. (2019). Data literacy from theory to reality: How does it look?. 10.13140/RG.2.2.27537.35680.
- Harverd University. (n.d.). Introduction to digital humanities. Retrieved Februrary 8, 2022, from https://pll.harvard.edu/course/introduction-digital-humanities?delta=2.
- Harold J. Leavitt, Thomas L. Whisler. (1958). Management in the 1980's. Harvard Business Review.
- Hockey. S. (2004). History of humanities computing. In S. Scheibman, R. Siemens, & J. Unsworth (eds.). A companion to digital humanities. New York: Blackwell Publishing. 1–19.
- IBM security. (2020). Cost of a data breach report. IBM corporation 2020. https://www.ibm.com/downloads/cas/QMXVZX6R
- Iyashenko, L. K., Smirnova, Z. V., Vaganva, O. I., Chelnokova, E. A., & Kaznacheeva, S. N. (2019). Methods of conducting practical training on the subject "Power sources for welding". International Journal of Mechanical Engineering and Technology. 10(2). 908–917.
- Kamenez, N. V., Smirnova, Z. V., Vaganova, O. I., Bystrova, N. V., & Tsarapkina, J. M. (2019). Development of instructing techniques in professional training. International Journal of Mechanical Engineering and Technology. 10(2). 899–907.
- Kirsh, A. (2014). Technology is taking over English departments: The false promise of the digital humanities. The New Republic, https://newrepublic.com/article/117428/limits-digital-humanities-adam-kirsch.
- Koshechko, N. V. (2018). Innovations from educational discipline "Pedagogical conflictology" in professional preparation of students. Scientific Vector of the Balkans, 1, 59–63.
- Locke, B. T. (2017). Digital humanites pedagogy as essential liberal educationL A framework for curriculum development. Digital Humanities Quarterly. 11(3). http://www.digitalhumanities.org/dhq/vol/11/3/000303/000303.html
- Mackey, T. P., & Jacobson, T. E. (2014). Metaliteracy: Reinventing information literacy to empower learners. College & Research Libraries. 72. 62–78.
- Matt Rogers. (2019). These 9 technological innovations will shape the sustainability agenda in 2019. McKinsey Sustainability. https://www.mckinsey.com/business-functions/sustainability/our-insights/sustainability-blog/these-9-technological-innovations-will-shape-the-sustainability-agenda-in-2019.
- Mesko, Bertalan & Görög, Márton. (2020). A short guide for medical professionals in the era of artificial intelligence.npj Digital Medicine. 3(1).
- McCarty, W. (2005). Humanities Computing. New York and Basingstoke: Palgrave Macmillan.
- Melville, D., Allan, C., Crampton, J., & Fothergill, J. (2009). Higher Education in a Web 2.0 World.

The Committee of Inquiry into the Changing Learner Experience to the Joint Information Systems Committee.

- Morozova, I. M., Lyusev, V. N., Gladkova, M. N., Smirnova, E. V., & Kulagina, J. A. (2021). Information technologies in teaching humanitarian disciplines. Propósitos y Representaciones. 9(1). e817. http://dx.doi.org/10.20511/pyr2021.v9nSPE1.817.
- National Academies of Science, Engineering, and Medicine (2020). Information Technology Innovation: Resurgence, Confluence, and Continuing Impact. Washington, DC: The National Academies Press.
- National Endowment for the Humanities. https://www.neh.gov/
- Pinkovetskaia, I. S., Arbeláez-Capillo, D. F., Rojas-Bahamón, M. J., & Veas Iniesta, D. (2020). Motivation of new entrepreneurs in modern economies. Amazonia Investiga. 9(29). 368–373.
- Presner, T. (2010). Digital humanities 2.0: A report on knowledge, emerging disciplines, In M. Bailar (ed.) Emerging disciplines: Shaping new fields of scholarly inquiry in and beyond the humanities. Houston, TX: Rice University Press, 63–86.
- Ramsay, S. (2012). Programming with humanities. Digital Humanities Pedagogy: Practices, Principles and Politics, 239.
- Ross Intelligence. https://rossintelligence.com/features
- Schnapp, J., & Presner, P. (2009). Digital humanites manifesto 2.0. https://www.humanitiesblast.com/manifesto/Manifesto_V2.pdf
- Schreibman, S., Siemens, R., & Unsworth, J. (2008). A companion to digital humanities. Blackwell Publishing.
- Spiro, L. (2011). Knowing and doing: Understanding the digital humanities curriculum. https://pdfs.semanticscholar.org/8f15/5abedf0ad4cb9ecf8bbe0219b3a59670e70d.pdf.
- Spiro, L. (2012). Opening up digital humanities education. In B. D. Hirsch (ed.) Digital humanites pedagogy: Practices, principles and politics. OpenBook Publishers.
- Tableau. A Guide To Data Driven Decision Making: What It Is, Its Importance, & How To Implement It. https://www.tableau.com/learn/articles/data-driven-decision-making.
- Terras, M. (2006). Disciplined: Using educational studies to analyse 'Humanities computing. Literary and Linguistic Computing. 21(2). 229–246.
- Terras, M. (2011). Quantifying digital humanities. https://www.ucl.ac.uk/infostudies/melissaterras/DigitalHumanitiesInfographic.pdf.
- Morozova, I. M., Lyusev, V. N., Gladkova, M. N., Smirnova, E. V., & Kulagina, J. A. (2021). Information technologies in teaching humanitarian disciplines. Propósitos y Representaciones. 9(1). e817. http://dx.doi.org/10.20511/pyr2021.v9nSPE1.817.
- National Academies of Science, Engineering, and Medicine (2020). Information Technology Innovation: Resurgence, Confluence, and Continuing Impact. Washington, DC: The National Academies Press.

- Pinkovetskaia, I. S., Arbeláez–Capillo, D. F., Rojas–Bahamón, M. J., & Veas Iniesta, D. (2020). Motivation of new entrepreneurs in modern economies. Amazonia Investiga. 9(29). 368–373.
- Presner, T. (2010). Digital humanities 2.0: A report on knowledge, emerging disciplines, In M. Bailar (ed.) Emerging disciplines: Shaping new fields of scholarly inquiry in and beyond the humanities. Houston, TX: Rice University Press, 63–86.
- Ramsay, S. (2012). Programming with humanities. Digital Humanities Pedagogy: Practices, Principles and Politics, 239.
- Schnapp, J., & Presner, P. (2009). Digital humanites manifesto 2.0. https://www.humanitiesblast.com/manifesto/Manifesto_V2.pdf
- Schreibman, S., Siemens, R., & Unsworth, J. (2008). A companion to digital humanities. Blackwell Publishing.
- Spiro, L. (2011). Knowing and doing: Understanding the digital humanities curriculum. https://pdfs.semanticscholar.org/8f15/5abedf0ad4cb9ecf8bbe0219b3a59670e70d.pdf.
- Spiro, L. (2012). Opening up digital humanities education. In B. D. Hirsch (ed.) Digital humanites pedagogy: Practices, principles and politics. OpenBook Publishers.
- Tableau. A Guide To Data Driven Decision Making: What It Is, Its Importance, & How To Implement It. https://www.tableau.com/learn/articles/data–driven–decision–making.
- Terras, M. (2006). Disciplined: Using educational studies to analyse 'Humanities computing. Literary and Linguistic Computing. 21(2). 229–246.
- Terras, M. (2011). Quantifying digital humanities. https://www.ucl.ac.uk/ infostudies/melissaterras/DigitalHumanitiesInfographic.pdf.
- Terras, M. (2016). A decade in digital humanites. Journal of Siberian Federal University. Humanities & Scocial Sciences. 9(7). 1637–1650.
- Vaganova, O. I., Rudenko, I. V., Markova, S. M., Smirnova, Z. V., & Kutepov, M. M. (2019). The use of educational video materials in educational process of a higher educational institution. Amazonia Investiga. 8(22). 216–222.
- Vaskovskaya, G. A. (2018). Features of implementation of pedagogical technologies of profile training. Balkan Scientific Review. 1. 76–79.
- Wang, Q. (2018). Distribution features and intellectual structures of digital humanities. Journal of Documentation. 74(1). 223–246.
- Wang, X., Tan, X., & Li, H. (2020). The evolution of digital humanities in China. Library Trends. 69(1). 7–29.
- Will Douglas Heaven. (2021). Why GPT–3 is the best and worst of AI right now. MIT Technology Review. https://www.technologyreview.kr/gpt3–best–worst–ai–openai–natural–language/
- Wing, J. M. (2006). Communications of the ACM. Computational Thinking. 49(3). 33–35.

제주 문화로 만나는
미래기술 인문학

2022년 9월 19일 초판 1쇄 인쇄
2022년 9월 26일 초판 1쇄 발행

저자 : 최은선, 박남제

발행인 : 송준
발행처 : 도서출판 홍릉

주 소 : 서울시 강북구 인수봉로 50길 10
전 화 : 02－999－2274～5 **팩 스** : 02－905－6729
e-mail : hongpub@hongpub.co.kr
홈페이지 : www.hongpub.co.kr

ISBN : 979-11-5600-046-4(03000)

이 저서는 2021년 대한민국 교육부와 한국연구재단의 지원을 받아 수행된 결과입니다.(NRF-2019S1A5C2A04083374)